Entdecke deine Möglichkeiten – und lebe sie

ROBERT HAROLD SCHULLER

Entdecke deine Möglichkeiten – und lebe sie

Titel der Originalausgabe:
Move ahead with Possibility Thinking

1. Auflage 2009
ISBN 978-3-941980-00-6

Übersetzung: Martin Sakals
Umschlaggestaltung: Andreas Peake (www.the-peake.de)
Umschlagfoto: http://www.sxc.hu/photo/1070609
Satz, Druck und Verarbeitung: CPI – Ebner & Spiegel, Ulm

Liebe Freundin, lieber Freund,

ich habe gesehen, was das MÖGLICHKEITSDENKEN bei Tausenden von Menschen bewirkt hat. Ich habe die verschiedensten Menschen gesehen, die vor jeden nur denkbaren Herausforderungen gestanden haben. Ich habe gesehen, wie der Unmöglichkeitsdenker jedes Mal besiegt wurde. Und ich habe gesehen, wie der MÖGLICHKEITSDENKER jede noch so unmögliche Situation bezwungen hat.

Warum bin ich so sicher, dass dieses Buch Ihnen helfen wird? Das MÖGLICHKEITSDENKEN hat in meinem persönlichen Leben Berge versetzt. Ich weiß, dass es bei mir funktioniert hat. Wenn ich Ihnen diese Prinzipien weitergebe, wird es auch bei Ihnen funktionieren.

Gott liebt Sie, und ich auch!

Robert H. Schuller

Ich widme dieses Buch meinen Kindern:

Sheila Louise
Robert Anthony
Jeanne Anne
Carol Lynn
Gretchen Joy

INHALTSVERZEICHNIS

VORWORT

VON DR. NORMAN VINCENT PEALE

Robert Harold Schuller traf ich zum ersten Mal, als er mich vor mehr als zehn Jahren in seine Drive-In-Kirche in Südkalifornien einlud. Damals beeindruckten mich seine Fantasie, Entschlossenheit und Begeisterung sehr, die es ihm ermöglicht hatten, mit einer scheinbar aussichtslosen Situation zurechtzukommen und eine Lösung zu finden. In der Gemeinde, die ihm zugeteilt worden war, gab es buchstäblich keinen Raum, wo er einen Gottesdienst hätte abhalten können. Er reagierte auf diese Situation, indem er die sonntäglichen Gottesdienste in einem Autokino feierte.

Mehrere Jahre später wurde mir die Ehre zuteil, an der feierlichen Einweihungsfeier eines neuen Gebäudes teilzunehmen – einer wunderschönen Walk-In-/Drive-In-Kirche, die durch Robert Schullers allzeit kreativen Geist, seine unerschöpfliche Begeisterung und sein positives Denken in die Realität umgesetzt worden war.

In diesem Buch werden dem Leser jene Eigenschaften des Geistes und des Verstandes vermittelt, die es einem Menschen möglich gemacht haben, seinen Traum wahr werden zu lassen. Es werden Prinzipien und Richtlinien aufgezeigt, die Sie brauchen, um die persönlichen Ziele in Ihrem Leben zu erreichen. Der Leser erfährt, wie er reale und imaginäre Hindernisse auf dem Weg zu persönlichem Fortschritt und Glück als Möglichkeitsdenker überwinden kann.

ENTDECKE DEINE MÖGLICHKEITEN – UND LEBE SIE ist ein anregendes Buch, das mich tief bewegt hat und viele großartige und inspirierende Geschichten enthält. Die religiöse Botschaft wird auf höchst interessante und außerordentlich anziehende Art und Weise in die Ausführungen eingewoben. Es ist ein äußerst lesenswertes und außergewöhnlich menschliches Dokument, das seine Botschaft mit klaren Worten vermittelt.

ICH FAND ES ABSOLUT FASZINIEREND!

Ich bin mir sicher, dass jeder, der dieses Buch liest und dementsprechend handelt, alles erreichen wird, was er möchte. Ich habe viele Bücher gelesen, die von Inspiration und Hoffnung handeln und Anleitungen zu einem besseren, positiven Leben beinhalteten.

ENTDECKE DEINE MÖGLICHKEITEN – UND LEBE SIE ist eines der Besten.

I. Unmöglichkeitsdenker kontra Möglichkeitsdenker

Humpeln Sie, wenn Sie kraftvoll voranschreiten könnten,
fangen Sie an zu klagen, wenn Sie ein Lied pfeifen
könnten, weinen Sie, wenn Sie lachen könnten?

Werden Sie von Ihren Problemen erschlagen,
erleben Frustrationen, die Sie entmutigen,
innere Verletzungen, die Sie nach unten ziehen?

Ist Ihr Leben langweilig, haben Sie es satt, ein Leben
ohne Würze und Spannung zu führen?

Erleben Sie, wie jemand eine Gelegenheit, die Sie nicht
nutzen wollten, in einen großen Erfolg verwandelt?

Kämpfen Sie noch mit Ihren Projekten und Träumen,
wo sie schon längst blühen und gedeihen könnten,
wo sie wachsen könnten, anstatt zu schrumpfen,
Erfolg haben könnten, anstatt zu scheitern?

DANN IST DIESES BUCH GENAU RICHTIG FÜR SIE!

Dieses Buch ist Ihre Gelegenheit, Ihr Denken und Ihr Leben zu verändern.

Als ich an der *Elmendorf Airforce Base* in Anchorage sprach, war ich zutiefst von der Effizienz des Führungsstabes in Alaska beeindruckt. Nachdem ich den Befehlshaber General Raymond Reeves getroffen hatte, fragte ich die Offiziere dieses Stützpunktes, der als einer der besten der Welt gilt: »Was ist das Erfolgsgeheimnis von General Reeves?« Die Antworten konnte man in einem Satz zusammenfassen: »Der General sagt uns immer, dass wir damit aufhören sollen, uns Gründe auszudenken, warum etwas nicht funktioniert und damit anfangen sollen, uns Wege auszudenken, wie wir es schaffen können.«

Unter den Menschen gibt es zwei grundlegende Denktypen. Ich habe für diese beiden Typen die Begriffe »Möglichkeitsdenker« und »Unmöglichkeitsdenker« gewählt. Wozu gehören Sie?

Es gibt viele verschiedene Vogelarten, die entlang der Wüsten Kaliforniens leben. Einige ziehen große Kreise, wenn sie auf Nahrungssuche sind, und finden nie etwas zu fressen. Dann gibt es auch dieses inspirierende Wunder, das wir den kalifornischen Kolibri nennen. Er jagt über die Einöde und sieht plötzlich eine leuchtende Blume, die auf einem weit entfernten Kaktus blüht. Er taucht ab, sticht in das blutrote Herz der süßen Wüstenblüte und trinkt ihren Honig. Wo andere nichts zu fressen finden, findet der Kolibri eine Blume. Auf seine spezielle Art und Weise ist er ein Möglichkeitsdenker.

DIE UNMÖGLICHKEITSDENKER

Unmöglichkeitsdenker sind Menschen, die mit einem raschen und oberflächlichen Blick einen Vorschlag betrachten, diesen mit scharfen Augen negativ-kritisch prüfen und dabei ausschließlich nach den schlechten Aspekten Ausschau halten. Sie suchen nach Gründen, warum etwas nicht funktionieren kann, anstatt Methoden zu finden, die zum Erfolg führen. Darum sagen sie zu einem Vorschlag gewöhnlich »Nein« und lassen es nie zu, dass eine Idee in angemessener Art in Erwägung gezogen wird.

Unmöglichkeitsdenker sind Menschen, die ohne Zögern instinktiv, impulsiv und leidenschaftlich auf jede positive Anregung leichtfertig mit einer unbedachten Auswahl von Gründen reagieren. Sie erklären, warum es nicht verwirklicht werden könne, warum es eine schlechte Idee sei und wie bereits andere sich daran versucht hätten und gescheitert seien oder – und das ist üblicherweise ihr entscheidendes Argument – wie viel es kosten würde! Es handelt sich um Menschen, die an einem gefährlichen »geistigen Geschwür« leiden, das ich den Unmöglichkeitskomplex nenne. Sie sind Beschwörer von Problemen, Weissager des Scheiterns, Seher von Schwierigkeiten, Entdecker von Hindernissen und überspitzte Kosteneinschätzer.

Ihre Einstellung bringt Zweifel hervor, erzeugt Angst und kreiert ein geistiges Klima des Pessimismus und der Erschöpfung. Sie sind Urheber von Sorgen, Zerstörer von Optimismus, Henker des Selbstvertrauens. Das Resultat? Positive Ideen werden begraben, Träume zerstört und Projekte torpediert.

DIE MÖGLICHKEITSDENKER

Möglichkeitsdenker gleichen dem Kolibri, der häufig an den unmöglichsten und ungewöhnlichsten Stellen Honig sucht und findet. Möglichkeitsdenker untersuchen jedes Problem, jeden Vorschlag und jede Gelegenheit mit großer Aufmerksamkeit, um die positiven Seiten zu entdecken, die in beinahe jeder menschlichen Situation vorzufinden sind.

Es handelt sich um Menschen wie du und ich, die im Angesicht eines Berges nicht aufgeben. Sie kämpfen weiter, bis sie den Berg überwunden, einen Pass gefunden oder einen Tunnel hindurch gegraben haben – oder sie harren einfach aus und verwandeln ihren Berg in eine Goldmine.

WARUM SIND SIE ERFOLGREICH?

Sie sind darin geschult, in allen Lebensbereichen Möglichkeiten zu entdecken. Sie haben gelernt, wie man:

- Minderwertigkeitskomplexe überwindet und zuversichtlich lebt
- neue Ideen aufnimmt und sie gewissenhaft auswertet
- Möglichkeiten aufspürt und diese mutig in Angriff nimmt
- schwierige Herausforderungen gerne akzeptiert und zu kreativen Lösungen gelangt
- persönlichem Unglück mit Gelassenheit entgegentritt und dieses, falls möglich, konstruktiv nützt.

Großartige Menschen sind: Die Architekten des Glaubens,
der Motor der Hoffnung,
die Erzeuger von Zuversicht,
der Ursprung von Begeisterung,
die Fackelträger des Optimismus!

Die Geschichte nennt sie Trendsetter
Rekordbrecher

Gott sei Dank für diese opferbereiten Träumer
diese geheiligten Opportunisten
diese himmlischen Glücksspieler
diese starken Gläubigen!

Betrachten Sie nur einmal, welch inspirierende Denkmäler sie hinterlassen:

- erfolgreiche Ehen und glückliche Familien
- gewinnbringende Unternehmen und bedeutende Institutionen
- lebensrettende Medikamente und Behandlungsmethoden
- Wolkenkratzer, die sich steil vom Horizont abheben
- Satelliten, die lautlos durch das stille Meer des Alls segeln
- lachende Kinder in einem Zuhause, das durch die Kraft der Liebe Gottes Glück erfahren hat

Diese Denkmäler erinnern uns daran, dass Möglichkeitsdenker diesen Weg schon vor uns gegangen sind.

Dieses Buch ist eine Einladung an Sie, ein MÖGLICHKEITS-DENKER zu werden und auf diese Weise ein Jemand in einer Welt zu sein, in der es zu viele Niemands gibt, ein Erfolg inmitten von Fehlschlägen.

Ich verspreche Ihnen, dass auch Sie, wenn Sie die Prinzipien des Möglichkeitsdenkers anwenden

- Träume in aufregende Errungenschaften
- Probleme zu ertragreichen Projekten
- Hindernisse zu seltenen Gelegenheiten
- Gelegenheiten zu vermögenden Unternehmen
- Tragödien zu inspirierenden Triumphen

verwandeln können.

Auf diesen Seiten finden Sie den Pfad zum Erfolg. Folgen Sie diesem Pfad sorgfältig und Sie werden eine erstaunliche neue Kraft in Ihrem Leben erfahren.

WARUM ICH MIR DESSEN SO SICHER BIN?

Ich habe beobachtet, was Möglichkeitsdenken bei Tausenden Menschen – genau solchen wie Sie es sind – bewirkt hat. Als Pastor einer der größten Kirchen der Vereinigten Staaten sind mir alle möglichen Menschen begegnet, die mit allen erdenklichen Situationen zu tun hatten. Ich habe gesehen, dass der Unmöglichkeitsdenker jedes Mal als Verlierer vom Platz geht. Ich habe jedoch auch gesehen, dass der MÖGLICHKEITSDENKER vielfach, selbst entgegen aller Wahrscheinlichkeit, den Sieg erringt.

Warum bin ich mir so sicher, dass dieses Buch Ihnen helfen kann? Möglichkeitsdenken hat in meinem eigenen Leben Berge versetzt. Ich weiß, dass es bei mir funktioniert hat. Wenn ich Ihnen die Prinzipien weitergebe, funktioniert es auch bei Ihnen.

Begleiten Sie mich nun auf der spannendsten Reise Ihres Lebens und lernen Sie, wie auch Sie als MÖGLICHKEITSDENKER Erfolg haben können.

II. Wie Möglichkeitsdenken in meinem Leben Berge versetzt hat

Sein Auto fuhr an der ungestrichenen Scheune vorbei und hielt, in eine sommerliche Staubwolke eingehüllt, vor unserer Eingangstür an. Barfuss rannte ich über die raue Holzveranda und erblickte meinen Onkel Henry, wie er aus dem Auto sprang. Er war hochgewachsen, sehr attraktiv und sprudelte voller Energie. Nach vielen Jahren als Missionar in China, auf der anderen Seite der Welt, stattete er unserer Farm in Iowa einen Besuch ab. Er eilte zur alten Türe herauf und legte seine großen Hände auf meine vierjährigen Schultern. Mit einem breiten Lächeln raufte er mein ungekämmtes Haar und sagte: »Also du musst Robert sein! Ich glaube, dass du eines Tages ein Prediger sein wirst.« In dieser Nacht betete ich insgeheim: »Lieber Gott, mach mich, wenn ich groß bin, zu einem Prediger!« Ich glaube, dass Gott dort aus mir einen MÖGLICHKEITSDENKER machte.

Sechzehn Jahre später, nachdem ich meinen Abschluss am *Hope College* in Holland, Michigan, gemacht hatte, schrieb ich mich am *Western Theological Seminary* ein. Als Student des Priesterseminars war ich bestürzt über die Einstellung, die einige ehrgeizige Studenten bei der Vorbereitung auf ihren Abschluss zeigten. Die großen Kirchen des Landes wurden immer mehr zum Objekt ihrer Begierde. »Was für eine gefährliche Einstellung, so in die Welt hinauszugehen«, dachte ich mir. »Ich kann mich selbst schon sehen, wie ich mich um eine große Kirche bemühe; wie ich vielleicht schon Pläne schmiede, um dort eine Stelle zu erhalten, nur um dann neidisch zu werden, falls die Entscheidung auf einen anderen fällt.« Ich wollte mein geistliches Amt nicht aufnehmen und dabei solch negative Gefühle riskieren.

Ungefähr zu dieser Zeit schrieb ich eine Arbeit über George Truett, einen Prediger der Baptisten. Dieser übernahm in seinen frühen Jahren eine Pastorenstelle einer krisengeplagten Kirche in Texas. »Wenn es sein muss, will ich mein Leben einsetzen ... das Beste und alles was ich habe«, sagte der junge Texaner, »um aus dieser die größte Kirche Amerikas zu machen.« Genau das tat er dann auch. Als er vierzig Jahre später in den Ruhestand trat, hinterließ er die größte und wahrscheinlich beste Baptistengemeinde Amerikas. Was für eine Inspiration! »Gib mir eine Chance, Gott«, betete ich, »eine Kirche von Grund auf aufzubauen. Ich fordere nicht die Stelle eines anderen. Ich bitte dich nur um die Möglichkeit, mir selbst eine großartige Stelle zu schaffen und etwas Wunderbares zu hinterlassen, das die kommenden Generationen segnen soll.«

Ich wurde ordiniert und begann mein Amt in Ivanhoe, Illinois, einem Vorort von Chicago. Nach viereinhalb Jahren wurde ich gebeten, eine neue protestantische Kirche in Orange County, Kalifornien, ins Leben zu rufen. Da ich mit der Westküste nicht vertraut war, entschloss ich mich, dieser Gegend erst einmal einen Besuch abzustatten. Dort fand ich Häuser auf Orangenhainen, die wie Pilze aus dem Boden schossen. Ich sah den Anfang einer unglaublichen Bevölkerungsexplosion, aber wenige Anlagen, Gebäude und Einrichtungen, die für die Gründung einer neuen Kirche geeignet wären. Immer noch unentschlossen machte ich mich auf den Rückweg nach Chicago. Im Zug betete ich in jener Nacht innig und fragte: »Gott, soll ich nach Kalifornien gehen?«

Der Zeitpunkt meiner Entscheidung war gekommen. Es war beinahe Mitternacht und ich lag hellwach auf dem obersten Bett des Schlafwaggons im Zug nach Santa Fe. Ich starrte aus dem Fenster. Der Zug kam gerade hoch oben in den Bergen von Arizona zum Stehen. Das Licht des Vollmondes fiel auf die schneebedeckten Kiefern. Hinter einem Baum tauchte plötzlich ein Reh auf und sprang in die mondhelle Nacht davon, wobei es den feinen Schnee auf seiner Fährte aufwirbelte. Dann, inspiriert von der Erfahrung George Truetts, fiel er mir ein – der positive Möglichkeitsgedanke:

»Die größten Kirchen müssen erst noch gegründet werden.«

Mehr brauchte ich nicht. Durch die Gnade Gottes erhielt ich die Antwort auf mein Gebet, das ich fünf Jahre zuvor gesprochen hatte. Hier war meine Gelegenheit, eine bedeutende Kirche aufzubauen. Meine Entscheidung war gefallen. Wir würden diese Herausforderung annehmen und nach Kalifornien ziehen. Wir würden eine neue Kirche gründen. Als ich in Chicago aus dem Zug stieg, konnte mir meine Frau die Antwort aus dem Gesicht ablesen: »Ah, wir ziehen nach Kalifornien, Liebling«, sagte sie.

Die Fahrt von Illinois nach Kalifornien kann im Februar gefährlich sein, aber alles lief gut. Die Straßen waren die gesamte Strecke über trocken. In Sioux City, Iowa, parkte ich vor einem Musikgeschäft. In meiner Hosentasche hatte ich vierhundert Dollar, ein Abschiedsgeschenk unserer Gemeinde in Chicago. Der Inhaber des Ladens, mein Freund Howard Duven, verkaufte mir eine kleine elektronische Orgel zu den Bedingungen, die ich vorgeschlagen hatte: vierhundert Dollar sofort und dann über einen Zeitraum von sechsunddreißig Monaten jeweils fünfundvierzig Dollar im Monat. Geliefert werden sollte nach Kalifornien.

Es war der 27. Februar, als wir unseren alten Chevy[1] vor dem kleinen Häuschen parkten, das uns die Kirche, die uns unterstützte, als Unterkunft zur Verfügung gestellt hatte, »bis ihr genügend Geld habt, euch ein eigenes Heim zu kaufen«. Von denselben Menschen erwartete mich auch ein Scheck über fünfhundert Dollar.

Klügere Menschen als ich hielten meine Konfessionszugehörigkeit für einen ernsthaften Nachteil, da die reformierte Kirche Amerikas im gesamten Land nur 200.000 Mitglieder zählte. Nachdem ich in Garden Grove eingezogen war, bestand meine erste Aufgabe nun darin, die Menschen ausfindig zu machen, die dort jener Konfession angehörten. Ich konnte nur zwei andere Familien finden. Wie konnten wir auf diese Weise eine starke Gemeinde errichten? Die Methodisten, Presbyterianer, Episkopalen, Baptisten, Lutheraner und Katholiken besuchten offensichtlich wohl alle ihre eigenen Kirchen. Wer würde in unsere Kirche kommen? Die Reformierten? Aber von denen gab es doch nur zwei! Es war anzunehmen, dass nicht mehr als maximal fünfundsiebzig Familien in den nächsten zehn Jahren in die Gegend ziehen würden. Wie sollten wir da Erfolg haben? Betrachtete man einige Statistiken, wurde einem schnell klar, dass die Hälfte aller Amerikaner keiner Konfession angehörten. Schnell hatten wir unsere klare Antwort auf unsere Frage. Die

1 Umgangssprachlich für Chevrolet: eine amerikanische Automarke

Tausenden von Menschen ohne Kirche – das war unsere Gelegenheit. Wir müssten auf diejenigen einen Eindruck machen, die sich – aus welchem Grund auch immer – noch nie für Religion interessiert hatten, und sie für uns gewinnen.

Drei Tage nach unserer Ankunft wurde unsere Orgel geliefert. Ich zählte meine Habseligkeiten: eine Frau, eine noch nicht abbezahlte Orgel, fünfhundert Dollar und die Freiheit, damit anzustellen, was ich wollte.

Was ich eigentlich nur noch zu tun brauchte, war eine leere Halle zu finden und mit dem Predigen anzufangen. »Nein, Robert«, klärten mich meine Ratgeber aus der Gegend auf, »wir haben uns schon umgesehen, ehe wir dich anriefen und es gibt hier einfach nichts.« NICHTS – was für ein schreckliches Unmöglichkeitswort! Ich weigerte mich, diesen negativen Rat anzunehmen. An meinem vierten Tag in Kalifornien begann ich meine Suche nach einem Ort, an dem ich Gottesdienste halten konnte. Ganz gewiss musste es einen solchen Ort geben. Ich fing an, in Möglichkeiten zu denken.

Zuerst erstellte ich eine Liste aller denkbaren Orte, an denen ich einen Gottesdienst durchführen könnte. Ich kontaktierte den Schulvorstand und erfuhr, dass das Gesetz des Staates Kalifornien es nicht zulässt, dass ein Schulgebäude für religiöse Zwecke genutzt wird. Möglichkeit Nummer 1 schied aus.

Mir fiel ein, dass die Adventisten ihre religiösen Zusammenkünfte an Samstagen hatten und deren Gebäude so am Sonntag frei waren. Ich war zu spät dran. Die Presbyterianer trafen sich bereits dort. Möglichkeit Nummer 2 schied aus.

Als nächstes, die Begräbnis-Kapelle. Die Baptisten waren mir schon einen Schritt voraus. Möglichkeit Nummer 3 schied aus.

Dann eben die *Moose Hall*[2]. Aber auch diese war bereits von einer anderen Denomination beansprucht worden. Möglichkeit Nummer 4 schied aus.

Ich machte mich an Möglichkeit Nummer 5. Fünf Jahre zuvor hatten meine Frau und ich auf unserer Hochzeitsreise einen Gottesdienst in einem Autokino am Spirit Lake in Iowa besucht. Ich stieß auf das Orange Autokino, das sich drei Meilen östlich unserer neuen Heimat in Kalifornien befand. Neugierig, jedoch höflich, hörte sich der Manager meine ungewöhnliche Bitte an. Eine Woche später rief er an und sagte: »Sie können das Kino

2 eine größere Veranstaltungshalle in Orange County

am Sonntag benutzen.« »Vielen Dank. Ich nehme es«, erwiderte ich.

Ich spürte sofort, dass dies der Auftakt einer spannenden und aufregenden Reise war. Umgehend verkündigte ich zum ersten Mal öffentlich und unbescheiden: »In drei Wochen werden wir etwas beginnen, das die neueste und inspirierendste protestantische Kirche von Orange County werden wird!« Ich fügte noch hinzu: »*Come as you are in the family car*!«[3]

Die Ankündigungen waren eindeutig: »Am Sonntag, den 27. März 1955, um 11.00 Uhr werden die ersten Gottesdienste im Orange-Autokino stattfinden.«

Es dauerte nicht lange, bis ich diverse Reaktionen verschiedener Gemeinde- und Kirchenleiter erhielt. »Was? Eine Auto-Kirche? Davon habe ich ja noch nie gehört!«

»Mir ist zu Ohren gekommen, dass du in einem Autokino anfangen musst. Du armer Kerl! Wie bedauernswert, dass du keine leere Halle auftreiben konntest«, äußerte sich ein geistlicher Kollege.

Als sich die Nachricht in meiner alten ehrwürdigen Denomination verbreitete, dass ich von dem klebrigen Teerdach der Imbissbude eines Autokinos würde predigen müssen, wurde ich sowohl bemitleidet als auch kritisiert. »Ich würde keinem wünschen, auf diese Weise eine Kirche gründen zu müssen«, bemerkten die eher wohlgesonnenen Kirchenmänner im Allgemeinen.

Acht Tage vor unserem Eröffnungsgottesdienst erhielt ich den ermüdenden Besuch eines Freundes, der wie ich protestantischer Pfarrer war. Er war der größte Unmöglichkeitsdenker, der mir jemals begegnet ist.

»Was muss ich da hören, Robert? Du hast doch nicht wirklich vor, eine neue Kirche in einem Autokino zu gründen, oder?« fragte er mit einem erschütterten Gesichtsausdruck. Während er mich mit stechendem Blick und verurteilenden Augen musterte, hielt er mir vor: »Dieser Ort ist nichts weiter als eine Lasterhöhle.« Ich erinnerte ihn daran, dass der heilige Paulus auf dem Marshügel gepredigt hatte, »und das war nicht wirklich ein ehrwürdiger Ort«. Meine einfache Verteidigung bewegte ihn nicht. Er fuhr einfach damit fort mir zwei Stunden lang aufzuzeigen, was an meiner Idee falsch war und gewährte mir so einen

3 wörtliche Übersetzung: Komm wie du bist im Familienauto.

unbezahlbaren Einblick in die Denkweise eines Unmöglichkeitsdenkers. Er warnte mich, dass es »unmöglich funktionieren könne«. Er gebrauchte seine vielschichtige Unmöglichkeits-Vorstellungskraft, um allerlei Gründe zu konstruieren, warum meine Entscheidung ein Fehler sei.

Als mich mein frommer Predigerfreund mit seinem Niederlagen-prophezeienden Denken schließlich verließ, stellte ich fest, dass er mich infiziert hatte. Unmöglichkeitsdenken ist eine höchst ansteckende Krankheit.

Den kommenden Samstag wälzte ich mich nachts in meinem Bett hin und her. Mein Besucher hatte meine Gedanken mit einer Angst gefangen genommen, die mein Vertrauen zunichte machte. Aber was sollte ich tun? Alles war öffentlich angekündigt. Ich hatte beinahe schon die gesamten fünfhundert Dollar ausgegeben: fünfundzwanzig für einen selbstgebauten Anhänger, mit dem ich die Orgel zum Kino fahren wollte; siebzig Dollar für ein Mikrophon, damit man mich durch das Lautsprechersystem des Kinos würde hören können; weitere einhundert Dollar für Holz, mit dem ich bereits eine Kanzel und einen Altar gebaut hatte, sowie ein etwa acht Meter hohes Kreuz, das ich auf dem Dach des Kinos aufstellen wollte. Massive Selbstzweifel ließen mich erschaudern. Erst gegen drei Uhr konnte ich an jenem Sonntagmorgen einschlafen.

»Lass uns doch in die Presbyterianische Kirche in Hollywood gehen und uns Ray Lindquist anhören«, schlug ich meiner Frau beim Frühstück vor. Auf dem Weg dorthin fragten wir uns, wie viele Leute wohl am nächsten Sonntag zu uns ins Autokino kommen würden. Als wir dann auf der Kirchenbank der größten Presbyterianischen Kirche der Welt saßen, sahen wir im Informationsblatt zum heutigen Gottesdienst nach, um das Predigtthema in Erfahrung zu bringen. Der Titel war »Gottes Formel für dein Selbstvertrauen«. Wunderbar! Etwas Selbstvertrauen würde mir sehr guttun. Der Prediger begann mit einem Text, mit einem Satz, an dem ich die ganze Woche, das ganze Jahr, ja sogar mein ganzes Leben festhielt: *»Deshalb bin ich auch ganz sicher, dass Gott sein Werk, das er bei euch begonnen hat, zu Ende führen wird, bis zu dem Tag, an dem Jesus Christus kommt.«* (Philipper 1, 6) Dr. Lindquist versicherte der Versammlung: »Gott hat dir das Leben geschenkt, Gott hat dir geholfen, dort hinzukommen, wo du heute stehst, und du kannst dir sicher sein, dass er dich nicht verlassen wird.«

»Gott wird dich nicht verlassen. Vielleicht verlässt du Gott, aber Gott wird dich nicht verlassen.« Wie sehr haben diese Worte meine Gedanken geheilt, mich von der Angst, die mich neu infiziert hatte, befreit. Erneut wurde ich zu einem MÖGLICHKEITSDENKER. Noch einmal erkannte ich die Möglichkeit, mich Gott anzuschließen, um in Orange County ein Wunder zu bewirken.

Die folgende Woche nahm mich die Arbeit für den Sonntagsgottesdienst voll in Beschlag. Am Samstagabend ging ich in die Garage und fuhr mit meiner Hand über die glänzende Mahagoni-Orgel. Sie war fest auf dem Anhänger verzurrt. Ich warf einen prüfenden Blick auf die Rückbank meines Autos. Sie war beladen mit Sammeltellern für die Kollekte, der Bibel für die Kanzel, dem Mikrophon, einem Regenmantel und einem Schirm. Ich kontrollierte die Luft der Anhängerreifen.

»Wie viele Leute werden wohl morgen Früh kommen?« fragte meine Frau, als ich zurück ins Haus kam.

»Nun, wir wissen, dass der Chor aus Los Angeles kommt. Es ist wirklich nett, dass uns diese Kirche ihre Musiker einen Tag lang ausleiht. Der Chor hat dreißig Mitglieder und ich habe sie gebeten, in so vielen Autos wie möglich zu kommen, damit der Platz nicht ganz leer aussieht.« Beide mussten wir lachen. »Es werden wohl noch weitere zehn bis zwanzig Autos kommen«, vermutete ich.

»Worüber wirst du morgen denn predigen?«, fragte meine Frau. Ich sagte mein Thema auf: *»Wenn euer Glaube nur so groß wäre wie ein Senfkorn, könntet ihr zu diesem Berg sagen: ›Rücke von hier dorthin!‹, und es würde geschehen. Nichts wäre euch unmöglich!«* (Matthäus 17, 20)

In jener Nacht wachte ich einmal auf und erinnerte mich sofort an den Vers: *»Er, der in euch angefangen hat das gute Werk, der wird's auch vollenden.«* (Philipper 1, 6) Danach fiel ich in einen tiefen und erholsamen Schlaf.

Den darauffolgenden Tag saßen meine Frau und ich nachmittags am Essenstisch und zählten die erste Kollekte. »Etwa fünfzig Autos. Das bedeutet, dass ungefähr zwanzig Familien von irgendwoher gekommen sind. Einige werden wiederkommen. Gott sei Dank hat es nicht geregnet. In zwei Wochen ist Ostern. Wir sind auf dem besten Weg, Schatz!« Dieser begeisterte Bericht an meine Frau bestätigte sich noch mehr, als wir die Kollekte gezählt hatten – 83 Dollar und 75 Cent. Es war ein voller Erfolg.

Mein Unmöglichkeits-denkender Prediger-Freund war anderer Ansicht. Er rief mich am nächsten Morgen an, um nachzuforschen, wie es uns ergangen war. Ich erzählte ihm: »Mehr als hundert Leute insgesamt.« (Ich erwähnte nicht, dass ich den Chor, der zu Besuch war, dazugerechnet hatte.) »Ist das alles?«, entgegnete er bedauernd und fügte herablassend hinzu: »Was kann man in einem Autokino auch schon erwarten?« – »Aber das ist ein hundertprozentiger Zuwachs im Gegensatz zur Besucherzahl von letzter Woche«, protestierte ich und fügte leicht provozierend hinzu: »Wie viel Zuwachs hattest du denn gestern im Vergleich zur letzten Woche?« Er räumte ein, dass seine Besucherzahl »aus einem seltsamen Grund, den er noch nicht herausgefunden hatte, etwas nachgelassen habe.«

Ich legte den Hörer auf, wandte mich wieder meiner Schreibmaschine zu und verfasste eine Pressemitteilung: »Gestern eröffnete die erste Autokino-Kirche Südkaliforniens mit über fünfzig teilnehmenden Autos.«

Wir waren also auf dem Weg. Es war der Anfang von etwas sehr Großem. Wir fühlten es. Wir wussten es – wie auch die Menschen, die dort gewesen waren.

In den nächsten paar Monaten erlebten wir eine rasante Entwicklung. Mit Geldern, die wir von oberster Stelle unserer Kirche geliehen hatten, kauften wir ein knappes Hektar Land, auf dem wir unsere Heimatkirche bauen wollten.

Ich hörte von einem hervorragenden Architekten in Long Beach und fuhr zu seinem Büro. »Ich bin 28 Jahre alt, Sir«, erklärte ich. »Ich habe kein Geld. Würden Sie das Risiko eingehen und einen Plan für eine wundervolle Kapelle entwerfen?« Richard Shelley ging das Risiko ein, obwohl er wusste, dass mein Gehalt nur dreihundert Dollar im Monat betrug. Ich unterzeichnete einen Vertrag und sicherte damit zu, den fällig werdenden Betrag zu begleichen, der sich auf über viertausend Dollar belief. Als er seine erste Rechnung schickte, machte ich einfach eine Ansage in meiner kleinen Kirchenversammlung. Diese steuerte dann genügend bei, um die eintausend Dollar zu zahlen. Als die endgültigen Entwürfe eingereicht worden waren, sammelten wir noch eine Kollekte ein – dreitausend Dollar. Mit den Plänen ausgerüstet liehen wir uns Geld, um unsere erste Kapelle zu bauen. Sechs Monate später – nach achtzehn Monaten Gottesdienst unter freiem Himmel – wurde die Kapelle fertig gestellt. Wie aufregend war es, als sich die Gemeinde, die jetzt zweihundert Mitglieder zählte, daran machte, vom Autokino in ihre wunderschöne neue Heimatkirche umzuziehen.

Zu etwa dieser Zeit traf ich Rosie Gray.

Alles begann mit einem Telefonanruf. »Sie kennen mich nicht, Pastor. Ich heiße Warren Gray. Meine Frau und ich besuchen Ihre Kirche, seit es den Gottesdienst im Autokino gibt. Wir wohnen einundzwanzig Meilen vom Kino entfernt. Ich weiß, dass das eine große Entfernung ist, aber könnten Sie uns dennoch besuchen kommen?«

Als ich beim Haus des alten Farmers ankam, erwartete er mich auf der Veranda vor dem Gebäude. Er nahm seinen alten Filzhut ab, schüttelte mir die Hand und sagte: »Ehe Sie meine Frau treffen, sollte ich Ihnen sagen, dass sie nicht laufen und nicht reden kann. Wissen Sie, vor einigen Jahren hatte sie einen Schlaganfall. Sie kann nur ein bisschen brummen und nur ein bisschen weinen und schwach lächeln. Aber ihr Geist ist klar. Wir verpassen keinen Gottesdienst. Ich bin alt, aber immer noch stark. Ich nehme sie einfach auf den Arm, setze sie auf den Beifahrersitz des Autos, und dann fahren wir raus und sitzen dort und hören Ihnen zu, wie Sie über den Glauben sprechen. Es ist wundervoll. Wir möchten Ihrer Kirche beitreten.«

Ich folgte Mister Gray ins Haus, wo seine Frau Rosie auf ihrem Stuhl saß. Ihr Kinn war auf die Brust gesunken und mit starrem Blick, außerstande ihren Kopf zu drehen, schaute sie geradeaus. Ihr Mund stand offen. Sie schien unter Medikamenteneinfluss zu stehen und war benommen.

»Hallo Rosie, ich bin Pastor Schuller.«

Ein schwaches Lächeln huschte über ihr Gesicht.

»Möchten Sie in die Kirche eintreten, Rosie?« fragte ich sie.

Ihre geöffneten Lippen bewegten sich unmerklich. Sie hob ihren Blick, sah mir in die Augen und Tränen rollten ihr über die Backen. Vergeblich versuchten ihre gelähmten Lippen Worte zu bilden; sie brachte nur ein beständiges Murmeln hervor. Aber die Liebe Gottes, die aus ihrem Gesicht strahlte, zeigte mir, was sie sich wünschte.

Zwei Wochen später tauften wir Rosie und ihren Mann in ihrem Auto.

Nun hatten wir 202 Mitglieder.

Als wir in der darauffolgenden Woche in der Vorstandssitzung die große Eröffnungsfeier unserer schönen neuen Kapelle planten, fragte jemand: »Was wollen wir eigentlich mit Rosie

Gray machen?« Es gab viele Vorschläge. Sie könnte eventuell Gottesdienste im Fernsehen verfolgen.

»Lasst uns doch einen Gottesdienst in unserer neuen Kapelle von 9.30 Uhr bis 10.30 Uhr feiern, und dann kann Pastor Schuller ins Autokino fahren und dort von 11 Uhr bis 12 Uhr den Gottesdienst für Rosie halten. Es gibt vielleicht noch andere mit ähnlichen Bedürfnissen, die auch lieber im Auto bleiben würden.«

Ich weiß nicht mehr, wer diese Lösung für unser Problem vorgeschlagen hatte. Die Idee jedoch setzte sich durch.

Achtzehn Monate nachdem wir nach Kalifornien gezogen waren, um eine neue Kirche zu gründen, war ich nun auf einmal für zwei wachsende Gemeinden verantwortlich, die sich drei Meilen voneinander entfernt an zwei verschiedenen Orten versammelten.

Ein Jahr verging. Die Sonntage liefen stets nach demselben Muster ab: ein Gottesdienst mit Predigt von halb zehn bis halb elf vor 200 Menschen in der Kapelle. Dann eine rasante Fahrt in meinem Auto mit dem Anhänger und der Orgel zum Autokino, wo ebenfalls 200 Menschen auf den Gottesdienst um elf Uhr warteten. Nach drei weiteren Jahren im gleichen Rhythmus entwickelte sich langsam ein Traum in meinem Kopf: Könnten wir nicht die Gemeinde in der Kapelle und die des Autokinos zu einer großen inspirierenden Versammlung verschmelzen lassen? Schließlich hat auch J. Wallace Hamilton von der *St. Petersburg Community Church* in Florida auf den Parkplätzen Lautsprecher aufstellen lassen, als die Kirche der ansteigenden Besucherzahl nicht mehr gewachsen war. Die Menschen feierten den Gottesdienst in ihren Autos. Die Menschen feierten gleichzeitig drinnen und draußen.

Könnten wir nicht einen bedeutenden Architekten finden, der eine Kirche entwirft, in der die Besucher in ihren Autos beten können? Es gab Menschen, die nicht laufen konnten; die kleine Kinder hatten, die man nicht alleine zuhause lassen konnte; die emotionale Probleme hatten und denen es schwerfiel, andere Menschen zu treffen und sich mit ihnen zu unterhalten; die als Handwerker arbeiteten und keine Zeit hatten, sich angemessen zu kleiden. Für sie war es ein Segen, in ihrem Auto sitzen bleiben zu dürfen, um dort zu beten. Andernfalls würden sie vielleicht nie zur Kirche gehen. Für die anderen würde es die üblichen Kirchenbänke und Sitzgelegenheiten geben.

In meinen Gedanken nahm der Traum langsam konkrete Formen an. Ich sah eine Kirche mit Wänden aus Glas, Gärten, Springbrunnen im Sonnenlicht, Glocken, die in offenen Türmen hingen und Bäume, die dem ganzen Grundstück Schatten spendeten. Ich sehnte mich danach, jemanden in meine Träume einzuweihen, aber ich wagte es nicht, bis ich eines Tages in einer Kirche einen Kalender mit folgendem positiven Satz bemerkte:

Lieber versuche ich etwas Großes und versage, als gar nichts zu versuchen und darin erfolgreich zu sein!

Das gab den Ausschlag. Ich fing an mit erfahrenen MÖGLICHKEITSDENKERN – unter anderem Architekten – zu reden und gelangte zu der Einsicht, dass meine Überlegung eine praktische und wertvolle Idee war. Ich war fest entschlossen, diese Idee mit Gottes Hilfe erfolgreich umzusetzen, selbst wenn ich mein ganzes Leben dafür einsetzen müsste, all meine Energie und mein letztes Geld.

Ich machte einen ersten Schritt und erzählte der Gemeinde in einer Predigt mit dem Titel »Wie du deine Träume verwirklichst« voller Begeisterung von meinem Traum. Zur Veranschaulichung gebrauchte ich das Bild einer Walk-In-/Drive-In[4]-Kirche. »Kann es sein, dass Gott sich eine Kirche wünscht, in der die Menschen zur gleichen Zeit sowohl drinnen als auch draußen beten? Kann es sein, dass Gott möchte, dass wir etwas vollkommen Neues aufbauen, um einer wirklichen Not der Menschen zu begegnen? Es könnte ein Ort des Friedens und der Schönheit werden, der von nichts übertroffen wird.«

Nun sorgten die MÖGLICHKEITSDENKER in der Kirche dafür, dass dieser Traum nicht verblasste. »Lasst uns eine Gemeindeversammlung einberufen, um diesen Vorschlag zu besprechen«, beantragten sie. Das war ungefährlich. (Kein intelligenter Mensch hat Einwände gegen ein Treffen, das sich mit einem positiven Vorschlag befasst.) Also wurde eine Versammlung einberufen. *Wir legten den Schwerpunkt unserer Aufmerksamkeit auf das zu lösende Problem.* Wir blickten den Tatsachen ins Auge. Tatsache Nummer eins: Jeden Sonntag hatten wir zwei Gottesdienste an zwei verschiedenen Orten. Tatsache Nummer zwei:

4 wörtliche Übersetzung: Geh-rein-/fahr-rein-Kirche

Die Drive-In-Kirche im Autokino begegnete einer wesentlichen Not. Tatsache Nummer drei: Wir hatten Kirchenmitglieder, die die Drive-In-Kirche brauchten. Die vierte Tatsache: Wir wussten nicht, wie lange wir das Autokino noch benutzen konnten. Wir hatten keinen Mietvertrag. Wir mussten täglich damit rechnen, dass wir uns dort plötzlich nicht mehr versammeln konnten. Tatsache Nummer fünf: Für mich als Pastor war es auf lange Sicht umständlich, zwei wachsenden Gemeinden an zwei unterschiedlichen Orten zu dienen.

Wir präsentierten der Gemeindeversammlung drei mögliche Lösungen für diese Probleme:

1. Wir trennen beide Gruppen und gründen zwei unterschiedliche Kirchen.
2. Wir schließen die Drive-In-Kirche.
3. Wir einigen uns darauf, beide Gruppen auf einem neuen Grundstück zu einer »Walk-In-/Drive-In«-Kirche zu vereinigen, um so »Gott die Gelegenheit zu geben, uns zu zeigen, wie das funktionieren kann«. Wir werden Gott nicht im Weg herumstehen und wollen Ihm erlauben, uns all das Gute, das durch solch ein Wagnis erreicht werden und wie man so etwas zufriedenstellend durchführen kann, zu zeigen.

Während die Gemeinde über die drei Vorschläge diskutierte, schrieb ein MÖGLICHKEITSDENKER, Dr. Wilfred Landrus, etwas auf ein Stückchen Papier. Nachdem die verschiedenen Alternativen ernsthaft durchgesprochen waren und sich eine einschläfernde Stille in der Versammlung breitmachte, wie es so häufig in problemorientierten, spannungsgeladenen und geistig herausfordernden Treffen der Fall ist, erhob sich Dr. Landrus und las von seinem Zettel vor: »Herr Vorsitzender, ich beantrage hiermit, dass diese Versammlung unter Gott für eine Fusion stimmt und dass wir den Kirchenrat autorisieren, weitere Bestrebungen bezüglich des Kaufs eines Grundstückes zu diesem Zwecke zu unternehmen.« Nach weiteren Debatten wurde abgestimmt. Fünfundfünfzig Personen stimmten dafür und sechsundvierzig dagegen. Die Entscheidung fiel mit einer hauchdünnen Mehrheit.

Während sich die Versammlung mit ihren verschiedenen Meinungen auflöste, blieb ich zurück und betete alleine in der dunklen Kapelle. Als ich mich erhob, um zu gehen, fiel mein Blick auf den Zettel mit dem Antrag von Dr. Landrus. Ich hob ihn auf und steckte ihn in meine Tasche. Ich spürte, dass dieses Papier ein wichtiges Dokument für mein Leben und für das anderer war.

Auf diese Weise hatte ein bedeutendes Projekt begonnen – eine Idee, ein Treffen und ein erfolgreicher Antrag.

Augenblicklich wurden Stimmen der Opposition laut. Glücklicherweise waren die Stimmen der Unterstützung stärker. Ein Immobilienhändler rief mich an und unterbreitete mir ein Angebot: »Wenn Sie es ernst mit Ihrem Plan meinen, kann ich Ihnen sagen, wo sie vier Hektar gutes Land für sechsundsechzigtausend Dollar kaufen können; neunzehntausend als Anzahlung und vierhundert monatlich über fünfzehn Jahre. Wenn Sie jetzt sofort eintausend Dollar anzahlen, um einen Treuhandvertrag über 120 Tage abzuschließen, können Sie das Land haben. Wenn Sie innerhalb der 120-Tage-Frist die übrigen achtzehntausend Dollar der Anzahlung nicht aufbringen können, werden Sie die eintausend Dollar, mit denen Sie das Kaufangebot offiziell angenommen haben, verlieren.« Wir präsentierten der Gemeindeversammlung diesen Vorschlag.

Auf der einen Seite standen diejenigen, die auf Nummer sicher gehen wollten. »Lasst uns dem Kauf dieses Grundstücks nicht zustimmen, solange wir nicht die gesamten neunzehntausend Dollar Anzahlung beisammen haben. *Lasst es uns nicht riskieren, eintausend Dollar zu verspielen.*«

Andere äußerten sich genau entgegengesetzt: »Lasst uns noch heute Abend das Angebot annehmen. Wir haben elfhundert Dollar auf der Bank. Lasst uns eintausend abheben und darauf vertrauen, dass wir in den nächsten 119 Tagen die verbleibenden achtzehntausend Dollar der Anzahlung aufbringen werden. *Lasst es uns nicht riskieren, diese Gelegenheit zu verspielen.* Wenn wir darauf warten, bis wir die ganzen neunzehntausend Dollar haben, ist es vielleicht schon zu spät.« Nur äußerst knapp konnte sich diese Meinung bei der Abstimmung durchsetzen. Am nächsten Morgen hoben wir eintausend Dollar von der Bank ab und der Treuhandvertrag wurde unterschrieben. Uns blieben noch 119 Tage, um achtzehntausend Dollar aufzutreiben.

Dreieinhalb Monate vergingen. Zwölftausend Dollar waren bereits eingegangen. Vom Kirchenvorstand war ich angewiesen, die achtzehntausend Dollar abzuheben und so den Treuhandvertrag zu erfüllen, sobald ich den gesamten Betrag beisammen hatte. Einhundertfünfzehn Tage verstrichen. Ich ließ mir die Lebensversicherungen für die Familie auszahlen. Nun hatte ich alle Quellen angezapft und ausgeschöpft, und wir hatten nur fünfzehntausend Dollar.

Am Mittag des Tages, als unsere Anzahlung fällig war, blieben mir noch vier Stunden, bis das Büro des Treuhänders für das Wochenende schließen würde. Mir fehlten immer noch dreitausend Dollar. An diesem letzten Tag, um 12 Uhr mittags, sah ich schon, wie mir diese Gelegenheit endgültig zwischen den Fingern zerrann. Ich ging in eine Telefonzelle und rief meine Frau an. »So wie es aussieht, Liebling, werden wir es nicht schaffen.« »Ruf Mister Gray an«, erwiderte sie. »Aber das kann ich nicht«, versuchte ich zu argumentieren. Zwei Wochen zuvor hatte man Warren Gray mit unheilbarem Krebs aus dem Krankenhaus entlassen. »Robert, ich weiß, dass Gott dieses Grundstück haben möchte. Auch weiß ich, dass du Warren anrufen sollst«, meinte meine Frau beharrlich. Ich legte den Hörer auf und betete im Stillen. Ich wählte die Nummer. Meine Augen waren feucht. Ich hätte weinen können. Meine Lippen bebten. Das Telefon der Farm klingelte. Kurz und knapp erzählte ich der Krankenschwester, die an den Apparat gegangen war, worum es ging. Sie sagte: »Einen Moment bitte. Ich denke, Warren wird persönlich mit Ihnen darüber reden wollen.« Einen Augenblick später ertönte die schwache Stimme des alten Farmers am anderen Ende der Leitung. »Ich habe gute Neuigkeiten für Sie, Warren«, hörte ich mich sagen. Ich kann Ihnen die zweitausend Dollar zurückgeben, die Sie für das Grundstück gespendet haben. Der Treuhandvertrag läuft heute ab und wir haben unser Ziel nicht erreicht, verstehen Sie?«, fügte ich hinzu und versuchte zuversichtlich zu klingen. »Oh nein, Pastor!«, hielt seine müde Stimme dagegen. »Ich kann noch mehr geben als bisher. Kommen Sie in einer Stunde zur *Bank of America* in der North Main Street in Santa Ana und treffen Sie mich dort. Ich habe dreitausend Dollar für Sie.« Wie betäubt lief ich die vier Häuserblocks zur Bank. Warren traf ein, ging zum Banktresen, drückte mir dreitausend Dollar in die Hand und sagte: »Pastor, ich glaube, dass Gott diese vier Hektar Land haben möchte. Rosie braucht die Drive-In-Kirche, und wenn Rosie einmal nicht mehr da sein wird, wird es andere geben, denen es ähnlich geht.« Er drehte sich um, verließ das Gebäude und fuhr die zwanzig Meilen zurück nach Hause, während ich die Straße entlang zur

Orange County Title & Trust Company ging und eine Stunde vor Ablauf der 120-Tage-Frist achtzehntausend Dollar auf den Schreibtisch des Treuhänders legte. So wurden die vier Hektar Gottes Eigentum.

Wir hatten bei unserem Projekt viele Hürden genommen. Zwei hitzige Versammlungen gehörten bereits der Vergangenheit an. Ein Hindernis stand uns jedoch noch bevor: der Verkauf unserer drei Jahre alten Buntglaskapelle. Der Verkauf von Grundbesitz erforderte die Zustimmung der Kirchenleitung. Eine Versammlung der Amtsträger der Kirche wurde einberufen. Mitglieder der Kirche, die dagegen waren, sprachen sich gegen »Schullers Plan« aus. Sie erhielten Unterstützung einiger traditioneller Geistlicher, die in einer Drive-In-Kirche nur eine Gefahr sahen. Aber wiederum wurde ein Antrag gestellt, der uns autorisieren sollte, das Grundstück zu verkaufen. Er fand Zustimmung und nach einer heftigen Debatte wurde abgestimmt. »Die ›Ja-Stimmen‹ haben die Mehrheit«, entschied der Vorsitzende. Ehe das Abschlussgebet gesprochen werden konnte, sah ich, dass die fünf leitenden Mitglieder meiner Kirche sich erhoben und den Saal verließen. Als ich am nächsten Tag in mein Büro kam, fand ich die Protokolle des Kirchenvorstands auf meinem Schreibtisch. Der Vorstandssekretär erklärte seinen Rücktritt. Ich fand auch das Schreiben des Schatzmeisters. Er trat zurück. Ich öffnete den Brief des Vizepräsidenten – auch er trat von seinem Amt zurück. Mein Magen wurde plötzlich ganz flau. Drei der wichtigsten Leute der Kirche ließen mich im Stich. Das Telefon schellte. Aus irgendeinem Grund ging meine Sekretärin nicht dran. Ich hob den Hörer ab. Meine Sekretärin antwortete: »Es tut mir leid, Robert. Ich halte wirklich viel von dir, aber mit dieser Spannung kann ich jetzt erst einmal nicht mehr für dich weiterarbeiten. Es tut mir leid.« Damit legte sie auf. Ich fühlte mich so alleine wie noch nie in meinem Leben.

In diesem dunklen Augenblick fiel mir plötzlich ein Bibelvers ein, den ich als Kind gelernt hatte: *»Wer beim Pflügen nach hinten blickt, den kann Gott in seiner neuen Welt nicht brauchen.«* (Lukas 9, 62) Ich schrieb diese Worte auf einen Zettel, schob ihn unter die Glasabdeckung meines Schreibtischs und las ihn dutzende Male jeden Tag. Dieser Vers gab mir einen *beständigen, starken Glauben.* Neben diese Worte heftete ich ein Zitat von Dr. Butler, der an der Universität von Baylor unterrichtete: »Wenn es hart auf hart kommt – verharre. Menschen und

Drucksituationen verändern ihre Position, aber der Boden bleibt gleich, ganz egal wohin du gehst.« Als ob es noch nicht genug wäre, fügte ich noch ein alte Sportlerweisheit aus der High-School hinzu: »Gewinner geben niemals auf, und Menschen, die aufgeben, gewinnen niemals.«

Dennoch nahm ich wahr, dass die Kirche zerfiel und unsere Träume vor dem endgültigen Aus standen. »Bitte sag mir, Herr, was ich tun soll!«, betete ich. *»Ich werde Meine Kirche bauen!«* (Matthäus 16, 18) – sehr klar und unvermittelt fielen mir diese Worte Jesu ein. Bis zu diesem Augenblick hatte ich mich als Kirchenoberhaupt gesehen. Hatte nicht ich diese Kirche gegründet? Hatte nicht ich mir die Füße wund gelaufen, um die ersten fünf, zehn, fünfzehn, zwanzig Mitglieder zu sammeln? Hatte nicht ich die Anzahlung und die folgenden monatlichen Raten für die Orgel bezahlt? War ich etwa nicht der Präsident des Vereins und Vorstandsvorsitzender?

Plötzlich realisierte ich, dass Jesus mir anbot, die gewaltige Verantwortung als Kirchenoberhaupt auf sich zu nehmen. Vielleicht war es etwas zu theatralisch, aber ich erhob mich tatsächlich aus meinem Stuhl, zeigte mit meiner offenen Hand auf meinen leeren Sitzplatz und sagte: »Dann, Herr, ist das Dein Platz. Wenn Du möchtest, dass diese Walk-In-/Drive-In-Kirche gebaut wird, freu ich mich. Auch wenn Du aus einem bestimmten Grund nicht willst, dass dieser Traum wahr wird, werde ich das ebenso akzeptieren. Im Moment wäre ich nur ungemein entlastet, wenn Du bitte das Kommando übernehmen würdest.«

Ich drehte auf dem Absatz um, verließ das Büro und, in der festen Überzeugung, dass der Traum nun in den Händen von Jesus Christus lag, machte ich Urlaub.

Zehn Tage später begann sich dieser Berg der Unmöglichkeiten zu bewegen. Auf wunderbare Art und Weise lösten sich die Probleme allmählich wie von selbst.

Wir verkauften unsere Kapelle mit einem achtbaren Gewinn. Baupläne für eine herrliche Walk-In-/Drive-In-Kirche wurden gezeichnet und genehmigt. Wir gaben die Feier zur Grundsteinlegung bekannt. Sie sollte den Startschuss einer millionenschweren Einrichtung verkünden, die sich »Inspiration« auf ihre Fahnen geschrieben hatte.

Ungefähr einhundert Autos rollten auf unsere unansehnlichen vier Hektar, um der Grundsteinlegung beizuwohnen. Pfosten mit langen Bändchen markierten die Grenzen unseres zukünftigen Gebäudes. Wir feierten den ersten Spatenstich. Fotografen hielten diesen Augenblick fest. Wir waren auf dem Weg – und das alles wegen einer Frau, die weder laufen noch sprechen konnte.

Nur eines stimmte uns traurig. Rosie Gray war zwei Tage zuvor gestorben. Einen Tag nachdem Gott uns in dieses Projekt geführt hatte, wurde Rosie Gray beerdigt. Als ich mit Warren Gray auf dem Landfriedhof nahe des Ozeans stand, und der Wind an unseren Kleidern zerrte, zitierte ich mit eigenen Worten sehr bewegt ein altes amerikanisches Sprichwort: »They also serve who only sit and wait.«[5]

Zwei Jahre später wurde das Projekt vollendet. Wir hatten uns erfolgreich die benötigten mehreren hunderttausend Dollar geliehen, die wir – laut Wirtschaftsexperten – als eine solch kleine Kirche in finanzieller Hinsicht gar nicht hätten bewilligt bekommen dürfen. Ein Stück Land, das etwa die Größe von vier Häuserblocks hatte, wurde planiert, geteert und bebaut. Unter den vier Hektar Land, die jetzt erschlossen waren, verliefen kreuz und quer über fünfzehn Kilometer Kabel, weitere sechzehn Kilometer Rohre, Abwasserkanäle und elektrische Leitungen. Wir hatten auf einer Gesamtlänge von vierhundert Metern Straßen, Bordsteinkanten, Rinnsteine und sowohl Wasser- als auch Gasleitungen gebaut. Eine großartige gläserne Kathedrale mit über eintausend Sitzgelegenheiten und ein landschaftlich ansprechend gestalteter Parkplatz, der mit über einhundert Hi-Fi-Lautsprechern zur Übertragung des Gottesdienstes in die Autos der Besucher versehen war – all das war fertig gestellt. Vier Türme mit zwölf Glocken ragten über 30 Meter in den Himmel empor und zeichneten eine beeindruckende Silhouette an den Horizont. Zwölf Brunnen, die uns auf die zwölf gewöhnlichen Männer hinwiesen, die zu zwölf ungewöhnlichen Leitern des christlichen Glaubens wurden, entsprangen einem Wasserbecken. Dieses hatte die Länge eines Häuserblocks und schmückte die 80 Meter lange Ostwand des Gotteshauses. Würde das vollendete Werk auch ein Erfolg sein? Am 5. November 1961, einem Sonntagmorgen, flog Norman Vincent Peale aus New York ein, um die erste Predigt von der Kanzel dieser Kirche zu halten – einer Kirche, die in den Geschichtsbüchern vergeblich ihresglei-

5 Freie Übersetzung: Auch die verrichten einen Dienst, die nur sitzen und warten.

chen suchte. Er stieg auf die Kanzel und konnte von dort einen Drive-In-Parkplatz mit fünfhundert Fahrzeugen sehen, in denen annähernd zweitausend Gottesdienstbesucher saßen. Auf den gepolsterten Kirchenbänken im Inneren saßen über eintausend Menschen eng beisammen. Der Chor sang »Heilig, heilig, heilig«. Ich drückte den Knopf, und – Engelsflügeln gleich – öffneten sich langsam zwei acht Meter hohe Abschnitte der Glaswand neben der Kanzel und glitten auseinander. Nun hatte der Prediger auf der Kanzel einen freien Blick sowohl auf die Walk-In- als auch auf die Drive-In-Besucher. Es funktionierte. Wunderbar! Mehr als viertausend Menschen konnten es bezeugen – es war ein Erfolg. Eine Handvoll MÖGLICHKEITSDENKER hatte die Wirklichkeit des MÖGLICHKEITDENKENS erprobt und bewiesen. Zu dem Zeitpunkt kümmerten sich jede Woche fünf Geistliche hauptberuflich um sechstausend Personen in dieser Kirche. Der Wert unseres Grundbesitzes belief sich auf über eineinhalb Millionen Dollar, und wir planten weiter zu bauen.

Was will ich damit belegen? Dass es möglich ist, scheinbar unmögliche Ziele durch Möglichkeitsdenken zu erreichen. Dass eine vermeintlich hilflose Person wie Rosie Gray von Gott auf bedeutende Weise gebraucht werden kann.

Es beweist, dass Gott sein Versprechen hält. *»Er, der in euch angefangen hat das gute Werk, der wird's auch vollenden.«*

Was bedeutet das für Sie? Ich hoffe, dass Sie erkennen, dass auch Sie Ihre Träume verwirklichen können.

»Wenn euer Glaube nur so groß wäre wie ein Senfkorn, könntet ihr zu diesem Berg sagen: ›Rücke von hier dorthin!‹, und es würde geschehen. Nichts wäre euch unmöglich!« (Matthäus 17, 20)

Welches Ziel verfolgen Sie? Eine Kirche? Wahrscheinlich nicht. Eine Firma? Eine Karriere? Ein eigenes Zuhause? Eine Ehe? Einen hervorragenden Ruf? Ein Leben, in dem Sie es wirklich zu etwas bringen?

Dann können Sie es!

Der erste Schritt besteht darin, diesen Unmöglichkeitskomplex loszuwerden.

III. Wie Sie in acht Schritten den Unmöglichkeitskomplex ablegen

Sie wissen, dass es auf der Welt zwei Arten von Menschen gibt: MÖGLICHKEITSDENKER und UNMÖGLICHKEITSDENKER. Wozu gehören Sie?

Testen Sie sich selbst, um Gewissheit zu bekommen, und beantworten Sie die folgenden Fragen so ehrlich wie möglich:

1. Suche ich nach Gründen, warum etwas nicht funktionieren kann, anstatt Wege zu erforschen, die eine Lösung bieten?
2. Treffe ich manchmal Entscheidungen aus Angst heraus?
3. Tendiere ich dazu, neue Ideen eher abzulehnen und bevorzuge ich es, die Dinge so zu erledigen, wie ich es schon immer getan habe?
4. Mache ich erst einen nächsten Schritt, wenn ich alle Unklarheiten ausgeräumt habe?
5. Neige ich dazu, ohne Erfolgsgarantie gar nicht erst anzufangen?
6. Halte ich mir die Widerstände vor Augen, auf die ich treffen könnte, ohne die Unterstützung zu beachten, die ich bekommen kann?
7. Verwerfe ich ohne Weiteres eine Idee, nur weil sie mir auf den ersten Blick nicht gefällt, weil ich mir meine Meinung bereits gebildet habe oder weil ich schon andere Pläne habe?
8. Lehne ich manchmal einen Vorschlag ab, bevor ich die vollständige Erklärung gehört habe?
9. Weise ich zuerst auf die Nachteile einer Idee hin, bevor ich die Vorzüge erwähne?
10. Treffe ich manchmal eine negative Entscheidung, weil ich müde bin und es einfacher ist?
11. Wende ich mich tendenziell von einem Problem ab, wenn ich dafür keine Lösung sehe?
12. Bin ich davon überzeugt, dass die menschliche Natur nicht beeinflussbar ist und das Leben eines Menschen nicht geändert werden kann?

Wenn Sie viele dieser Fragen bejaht haben, ist es relativ wahrscheinlich, dass Sie einen Unmöglichkeitskomplex haben.

Sie können diesen Unmöglichkeitskomplex jedoch bezwingen. Sie können ein Möglichkeitsdenker werden, wenn Sie es möchten!

GROSSE DISZIPLIN ERZEUGT UNGEHEURE STÄRKE

Können wir tief verwurzelte negative Gedankenmuster ausmerzen? Ja und abermals ja! Wenn einem Hund Disziplin beigebracht werden kann, funktioniert das auch beim Menschen. Das ist eine Realität, die Pawlows Psychologie eindeutig belegen konnte. Der russische Psychologe Iwan Pawlow hat in einem Hundeexperiment bewiesen, dass es möglich ist, die Denkprozesse des Menschen vollkommen neu zu strukturieren. Daher »erfand« er ein Verfahren, das der – wie sie landläufig genannt wird – »Gehirnwäsche« zugrunde liegt und von den Kommunisten missbraucht wurde. Es kann jedoch auch als positives, konstruktives, heilsames und lebensveränderndes Verfahren angewandt werden. Wenn man sein Gehirn stets mit positiven Gedanken füttert, wird das schließlich die Denkweise verändern.

AUS EINEM UNMÖGLICHKEITSDENKER KANN EIN MÖGLICHKEITSDENKER WERDEN

Erproben Sie nun diese acht Schritte zur Überwindung des Unmöglichkeitskomplexes.

Es wird nicht ausreichen, dieses Kapitel nur zu lesen. Sie werden vielleicht die Abschnitte, die auf Sie zutreffen oder Ihnen am Wichtigsten erscheinen, immer und immer wieder lesen müssen. *Lesen Sie sie laut vor.*

Wenn Sie wirklich an diese acht Punkte glauben,
wenn Sie jeden Punkt wirklich gewissenhaft befolgen,
wird Ihr Leben sich verändern.
Die Welt um Sie herum wird sich verändern.
Denn Sie werden Ihr Denken verändert haben.
VERÄNDERTES DENKEN verändert alles.

1. WERDEN SIE IHREN UNZULÄNGLICHKEITSKOMPLEX LOS

Entwickeln Sie ein starkes Selbstvertrauen und Sie sind auf einem guten Weg. Sie können das tun, indem Sie dem Unzulänglichkeitskomplex zu Leibe rücken. Lassen Sie es nicht zu, dass Sie einer der folgenden Unzulänglichkeitskomplexe, sofern Sie davon betroffen sind, betrügt, zum Stolpern bringt oder gefangen hält.

»Ich bin zu alt.«

In Wahrheit sind Sie niemals zu alt für Veränderung. Sie sind nicht zu alt für Veränderung, bis Sie aufgeben. Erst wenn Sie einen Punkt erreicht haben, an dem Ihnen alles gleichgültig geworden ist, dann – und nur dann – sind Sie alt. Sie sind nicht alt, solange Sie ihre Vision noch nicht verloren haben. Aus eben diesem Grunde haben Tausende von Achtzigjährigen die Welt mit der plötzlichen Entdeckung von Talenten überrascht, die tief in ihnen über acht Jahrzehnte lang schlummerten, bevor sie entdeckt wurden. Großvater Moses ist nur ein Beispiel von vielen.

»Ich habe eine Behinderung.«

Die schlimmste Behinderung, die man haben kann, ist der Unmöglichkeitskomplex (und den merzen Sie ja gerade aus). Meine Frau hat einen Cousin, der Frank Vander Maaten heißt. Mit achtzehn zählte er zu den talentiertesten Geigenspielern in Sioux County, Iowa. Dann ereignete sich ein schrecklicher Unfall in der Schmiede seines Vaters: Ein glühendes Eisen fiel auf seine linke Hand. Die vier Finger, mit denen er die Saiten der Geige griff, wurden abgetrennt! Er hatte nur noch den Daumen an seiner verunstalteten Hand. Behindert? Das dachte er nicht! Er war fest entschlossen, die Geige mit links zu spielen. Das tat er auch, indem er den Bogen mit seiner entstellten Hand führte. Er wurde ein bekannter Geigenspieler im Symphonie-Orchester von Sioux City, Iowa.

Ein Blinder sagte einmal: »Als ich mein Augenlicht verlor, dachte ich, dass ich nie wieder glücklich werden könnte. Jetzt habe ich herausgefunden, dass ich ohne Augenlicht glücklicher bin. Was mich unglücklich gemacht hatte, war größtenteils das, was ich gesehen habe: Ich habe einen neuen Modestil gesehen und war auf einmal unzufrieden mit dem, was ich hatte. Ich sah die hübschen Gesichter anderer Menschen und wurde unzufrieden mit meinem Aussehen. Die meisten Gedanken, die Freude erzeugen, kommen den Menschen sowieso im Dunkeln. Schließt du nicht die Augen, wenn du jemanden küsst, den du liebst? Schließt du nicht die Augen, wenn du dir gute Musik anhörst? Schließt du nicht die Augen, wenn du betest?« Dieser blinde Mensch hatte es gelernt, ohne Augenlicht zu malen. Sie sind nicht behindert, solange Sie es nicht selbst glauben.

»Ich habe keine Zeit, kein Geld oder keine Kraft, das zu tun, was ich gerne möchte.«

Sind Sie sicher? Lesen Sie die Kapitel dieses Buches über Zeit, Geld und Kraft. Lesen Sie sie ohne Vorurteile, bevor Sie diesen Unmöglichkeitsgedanken akzeptieren und glauben.

»Ich bin von einfacher Abstammung.«

Na und? Die Abstammung oder Vergangenheit einer Person ist nie ein Nachteil, außer man macht sie in seinem Denken zu einem solchen! Vergessen Sie nicht, dass man – wenn man es richtig anstellt – aus jedem Nachteil einen Vorteil machen kann. Ein junger Mann, der vom Land kam, hätte einen Minderwertigkeitskomplex entwickeln können, als er in die große Stadt zog. Aber er war ehrlich, freundlich, natürlich und warmherzig. Statt seinen »Nachteil« zur Beeinträchtigung werden zu lassen, verwandelte er ihn zu seinem Vorteil. Ich rede von Tennessee Ernie Ford[6].

»Ich komme aus einer kaputten Familie. Ich hatte eine schreckliche Kindheit.«

»Meine Eltern haben sich gestritten, scheiden lassen und ich war inmitten dieses ganzen Trubels. Es tut mir leid, ich werde für den Rest meines Lebens ein emotionaler Krüppel sein.« Stimmt das? Nur wenn Sie wollen, dass dem so ist. Mir fällt ein Kind einer Prostituierten ein. Die Mutter, deren Ruf ihr vorauseilte, setzte ihr Baby auf der Türschwelle des Vaters aus. Die eifer-

6 Tennessee Ernie Ford war ein US-amerikanischer Country- und Gospel-Sänger.

süchtige Frau des Kindsvaters jagte es jedoch gleich auf die Straße. Der Junge wuchs in den Slums auf – arm, abgelehnt, ungeliebt und verlassen. Was geschah dann? Dieser Bursche begegnete Jesus Christus! Christus kam in das Leben dieses Jungen. Aus ihm wurde der bedeutendste Prediger und Dichter Japans im 20. Jahrhundert. Sein Name, Kagawa, inspiriert noch immer Millionen von Menschen.

»Mir fehlen die richtigen Beziehungen.«

Na und? Lernen Sie wichtige Menschen kennen, wenn Sie einen Grund dazu haben. Haben Sie keine Angst. Erfolgreiche und einflussreiche Menschen zeigen sich meistens interessiert, anderen Menschen mit guten Ideen zu helfen. Sie brauchen nur den Mut einen Brief zu verfassen, ein Telefonat zu führen oder eine E-Mail zu schreiben. Und schon werden Sie mit bedeutenden Personen zu tun haben, die stets nach neuen Freunden und Projekten suchen, um ihr Leben zu bereichern. Wirklich bedeutende Menschen sind interessiert an kreativen und konstruktiven Einfällen. Als ich unsere Kirche gründete, war der wohl berühmteste Prediger der Welt Norman Vincent Peale. Ich schrieb ihm einen Brief und war erstaunt, sofort eine Antwort zu erhalten. Wir sind enge Freunde geworden. Er ist eine sehr große Hilfe gewesen. Als ich einen bedeutenden Architekten suchte, bemühte ich mich um den Mann, den ich für den Besten der Welt hielt – Richard Neutra. Ich war verblüfft, wie einfach ich ihn plötzlich am Telefon hatte. Wir sind sehr gute Freunde geworden. Sie können eine Freundschaft mit berühmten Menschen aufbauen, wenn Sie ihre Minderwertigkeitsgefühle vergessen, allen Mut zusammennehmen, selbstbewusst auftreten und sich mit großer Begeisterung vorstellen.

»Ich habe die falsche Hautfarbe.«

»Wegen meiner Rassenzugehörigkeit kann ich eigentlich nie das tun, was ich möchte.« Ist das wahr? Was möchten Sie denn tun? Was möchten Sie denn sein? Sie können beinahe alles tun oder sein, was Sie sich erträumen und erhoffen. Wenn sich eine Person aufgrund ihrer Rassenzugehörigkeit oder Nationalität minderwertig fühlt, ist MÖGLICHKEITSDENKEN die beste Waffe dagegen. Sobald man sich MÖGLICHKEITSDENKEN angeeignet hat, können die Gedanken nicht mehr von UNMÖGLICHKEITSDENKEN gequält, getäuscht oder zu Fall gebracht werden. So viele MÖGLICHKEITSDENKER die einer Minderheitengruppe in Amerika angehören, belegen diese Tatsache, dass man gar nicht weiß, wo man anfangen sollte. Robert Weaver, der erste Schwarze in Amerika, der einen Kabinettsposten innehatte, wurde dieser Gedanke als Kind von seiner Mutter eingebläut: »Rassendiskriminierung machst du nur wett, wenn du bei allem, was du tust, ungemein gut bist.«

»Ich habe keine gute Ausbildung.«

»Mein Intelligenzquotient ist niedriger als der von anderen.« Na und? »Die klügsten und stärksten Männer bekommen nicht immer den ersten Preis. Ich sag es noch einmal: Derjenige gewinnt, der weiß, dass er es kann«, sagte mir einmal ein Mann, der es wissen muss. Sein Eingangstest am College war enttäuschend schlecht ausgefallen. Dennoch wurde er aufgenommen, weil jemand seine Beziehungen spielen ließ. Er entwickelte eine äußerst geringe Einschätzung der eigenen Fähigkeiten. Infolgedessen strengte er sich nie wirklich an. Er war überzeugt davon, ein Dreier-Schüler zu sein und genau das war er dann auch. Natürlich bekam er prompt das, was er wollte. Leider ermittelten die Eingangstests nicht die Qualitäten, die den Unterschied zwischen Erfolg und Scheitern ausmachen. Sie befassten sich nicht mit »Vorstellungskraft«, »Entschlossenheit«, »Rechtschaffenheit«, »Ernsthaftigkeit«, »diplomatischer Intuition« usw. Wäre zur damaligen Zeit ein psychologischer Test zu diesen elementaren Charakterzügen erstellt und mit diesem Schüler durchgeführt worden, hätte er viel besser abgeschnitten. Er hätte einen weitaus besseren akademischen Abschluss erreicht. Die wahren Fähigkeiten dieses Mannes zeigten sich schließlich nicht in seiner UNMÖGLICHKEITSDENKENDEN akademischen Welt, sondern draußen in der harten Geschäftswelt, wo ihn sein findiger Unternehmungsgeist und seine MÖGLICHKEITSDENKENDE Einstellung zu einem der erfolgreichsten Männer seines Gewerbes gemacht haben. Er ließ es nicht zu, dass ihn sein »intellektueller Nachteil« davon abhielt, mit Anstand und Würde Erfolg zu haben.

2. GEWÖHNEN SIE ES SICH AN, DEN KLEINSTEN POSITIVEN FUNKEN IN IHREN GEDANKEN ZU ERKENNEN UND DARAUF ZU REAGIEREN.

Ein kleiner Möglichkeitsgedanke kann viele Unmöglichkeitsgedanken überwältigen, wenn diesem Gedanken die Gelegenheit gegeben wird, zu bestehen und zu gedeihen. Im Zweiten Weltkrieg stellte England immer wieder den Strom ab. Wurden feindliche Bomber gesichtet, löschte man in den Städten alle Lichter. Man wusste, dass man selbst die kleinste Kerze noch meilenweit aus der Luft sehen konnte. Kraft misst man nicht anhand von Größe. Wenn man ihn nicht aus seinen Gedanken verwirft, besitzt ein kraftvoller Möglichkeitsgedanke unglaubliches, lebensveränderndes Potential. Wenn Sie einen Möglichkeitsgedanken schützen und nähren, wird Ihr Denken in kürzester Zeit von der Kraft der Hoffnung ergriffen werden, die aus einem kleinen Funken Möglichkeitsdenken entsprungen ist.

»Ich glaube nicht mehr an Gott. Es gibt keinen Gott. Es gab eine Zeit, da dachte ich, es gibt einen. Aber er hat mich verlassen und jetzt bin ich in der Hölle. Ich weiß, dass es keinen Gott gibt.« Sie war eine sehr kranke Frau. Als ich sie in der Psychiatrie besuchte, versäumte ich, einen kleinen Samen des Glaubens in ihren durch und durch verdüsterten Verstand zu pflanzen. Einige Zeit später kam ich wieder und fand sie vollkommen verändert vor. Was war geschehen? Ein junger Arzt, der durch die Station kam, blieb zufällig bei ihr stehen, um sich ein bisschen zu unterhalten. Er erhielt keine Reaktion von dieser furchtbar verlorenen Seele. »Wie heißen Sie?«, fragte er. Keine Antwort. »Nun gut, mein Name ist Dr. Heven«, sagte er. Langsam hob sie ihren Kopf. Ihre hohlen Augen starrten diesen Mann im weißen Kittel vor ihr an. Der Arzt wollte schon gehen, als sie seinen Ärmel berührte. Er hielt inne. Mit einer Sehnsucht blickte sie auf zu ihm und brachte ihre ersten Worte hervor: »Wie heißen Sie?« Er lächelte und sagte: »Dr. Heven.« Ihr Kopf sank wieder zurück und er ging weiter. In ihr begann jedoch ein Gedanke zu wachsen: »Dr. Heven. Heven. Wenn der Heven[7] hier ist, kann das hier nicht die Hölle sein. Wenn der Heven hier ist, muss auch Gott hier sein. Gott ist hier.« Obwohl dieser

7 Identische Aussprache wie engl. »heaven« (Himmel); daher: Wenn der Himmel hier ist, kann das nicht die Hölle sein.

Gedankengang irrational war, war er das erste Anzeichen aufkeimender Hoffnung.

Am nächsten Tag lief sie den Krankenhausflur entlang und wiederholte laut einen Bibelvers, den sie oft gehört hatte. Er stieg aus den versunkenen Tiefen ihrer Erinnerung auf, und nun sagte sie ihn eher unbewusst immer und immer wieder auf: *»Dies ist der Tag, den der Herr macht; lasst uns freuen und fröhlich an ihm sein.« (Psalm 118, 24)* Den ganzen Tag über wiederholte sie diesen Vers. Den folgenden Tag sagte sie ihn wieder auf – nun mit einem Lächeln – wie ein Mensch, der langsam aus einem tiefen, albtraumgeplagten Schlaf erwacht. *»Dies ist der Tag, den der Herr macht; lasst uns freuen und fröhlich an ihm sein.«* Nun begann die heilende Kraft dieses starken Bibelverses wirksam zu werden. Sie hatte »Dr. Heven« bereits vergessen und ihr wiederkehrender Verstand lehnte dieses irrationale »Der-Himmel-ist-hier-daher-ist-Gott-hier«-Denken ab. Sie wurde langsam wieder gesund und reagierte auf die Behandlung. Als ich sie sah, war ich von der unglaublichen Veränderung zutiefst ergriffen. Heute, drei Jahre später, ist sie vollkommen gesund und unterrichtet an einer Schule.

3. STARTEN SIE IN JEDEN TAG, INDEM SIE EINEN POSITIVEN GEDANKEN SÄEN UND HALTEN SIE DARAN FEST.

Bekleiden Sie ihre Gedanken, wie Sie ihren Körper bekleiden. Kein intelligenter Mensch würde halbbekleidet vor die Türe gehen. Kein weiser Mensch betrachtet sich am Anfang eines Arbeitstages als »gut gekleidet«, solange seine Gedanken keine »positive Einstellung« tragen. Einstellungen, die ein Schutzschild gegen die negativen Einflüsse sind, die auf einen einstürmen. Machen Sie es sich zum Hobby, »Schutzschilder für den Geist« zu sammeln, die Ihr Denken festigen, wenn Sie sich in der Arbeitswelt bewegen. Probieren Sie doch einmal diese Schutzschilder des Geistes aus:

Lukas 1, 37	»Denn bei Gott ist kein Ding unmöglich.«
Markus 10, 27	»Bei den Menschen ist es unmöglich, aber nicht bei Gott.«
Matthäus 19, 26	»Bei den Menschen ist es unmöglich; aber bei Gott sind alle Dinge möglich.«

Lukas 18, 27	»Was bei den Menschen unmöglich ist, das ist bei Gott möglich.«
Markus 9, 23	»Alles ist möglich, wenn du mir vertraust.«
Markus 14, 36	»Dir ist alles möglich.«
Matthäus 17, 20	»Wenn euer Glaube nur so groß wäre wie ein Senfkorn, könntet ihr zu diesem Berg sagen: ›Rücke von hier dorthin!‹, und es würde geschehen. Nichts wäre euch unmöglich!«

Als Familie frühstücken wir gemeinsam. Bevor wir dann unserer eigenen Wege gehen, nehmen wir unsere »Geistliche Portion Vitamine« für den Tag zu uns. Sie besteht immer aus einem kurzen Bibelvers – kurz genug, um ihn auswendig zu lernen und sich den ganzen Tag vor Augen zu halten. Ich in meinem Büro, im dichten Verkehr, in meinem Beruf und in der Seelsorge; meine Frau zuhause, beim Einkaufen und wenn sie einen Telefonanruf annimmt; meine Kinder in der Schule und auf dem Spielplatz. Solange man seine Gedanken nicht mit einer frischen, reinen, gut sitzenden Schutzidee einkleidet, ist man nicht bereit, rauszugehen.

4. SETZEN SIE IHREN GEIST AUF EINE ANDAUERNDE POSITIVE DIÄT.

Wenn Sie möchten, dass Ihre Gedanken etwas Lohnendes erzeugen, müssen Sie ihren Geist auch mit etwas Lohnendem füttern. Kultivieren Sie die Kunst eines gesunden Urteilsvermögens. Inspiriert mich dieses Fernsehprogramm, dieses Buch, dieses Gespräch? Oder zieht es mich herunter? Unterstützt es mich darin, ein besserer Mensch sein zu wollen oder ist es nichtssagend und reizlos? Ruft es positive Gefühle der Liebe, Glaube, Hoffnung und Freude hervor oder negative Empfindungen wie Hass, Unglaube, Angst und Leid? Setze ich meinen Geist auf eine Kost, die meine Entschlossenheit, mich vorwärts zu bewegen und zu gewinnen bekräftigt, herausfordert, zu Tage bringt oder fördert?

Schenken Sie jenen Unmöglichkeitsdenkern kein Gehör mehr, die Ihnen sagen, wie falsch Sie doch liegen – wie unmöglich Ihre Ideen doch sind.

Halten Sie sich selbst dazu an, sich soweit wie möglich positiven Dingen auszusetzen. Gehen Sie in eine Bücherei und finden Sie Bücher, die Ihnen bei der Kunst, ein Möglichkeitsdenker zu werden, weiterhelfen. Es gibt viele davon.

5. VERSCHREIBEN SIE SICH EINE »EINGEHENDE« BEHANDLUNG MÖGLICHKEITSDENKEN EINMAL PRO WOCHE.

Ein Freund von mir, der einmal Probleme mit Haarschuppen hatte, sagte: »Ich muss meine Haare jeden Samstagabend ohne Ausnahme mit einem speziellen Anti-Schuppen-Shampoo sorgfältig waschen. So bekomme ich mein Problem zumindest für eine Woche in den Griff.«

Auch wir sollten uns einmal pro Woche einer geistlichen und mentalen »Anti-Schuppen-Kur« unterziehen. Lassen Sie eine Woche aus, werden Sie einen Unterschied bemerken. Lassen Sie zwei Wochen aus, werden andere die Veränderung sehen.

Gott wusste, was er tat, als er den Juden vor langer Zeit das Gebot gab, sich einen von sieben Tagen für Ruhe und Anbetung frei zu halten. Die steigende Zahl von Menschen mit psychischen Problemen in Amerika geht Hand in Hand mit einem zeitgleichen Rückgang der Praxis, einen Tag in der Woche für Ruhe, Entspannung und Erholung des Geistes zu reservieren. Suchen Sie sich eine Kirche, die sich auf positive Inspiration versteht, und gehen Sie dort wöchentlich hin. Der Mensch braucht alle sieben Tage eine neue Portion Inspiration. So hat Gott uns geschaffen. Häufig brauchen wir gerade dann die Kirche, wenn wir eigentlich überhaupt nicht hingehen möchten. Der mangelnde Wunsch einen Gottesdienst zu besuchen, ist ein sicheres Anzeichen dafür, dass Sie Inspiration brauchen – ebenso wie das stotternde Ruckeln eines ausrollenden Fahrzeugs ein sicheres Anzeichen dafür ist, dass es kein Benzin mehr hat.

6. ÜBERREDEN SIE SICH ZUM MÖGLICHKEITSDENKEN.

Sagen Sie es offen heraus: *»Alles kann ich durch Christus, der mir Kraft und Stärke gibt.«* (Philipper 4, 13) Sie können sich zu beinahe jeder Geisteshaltung überreden.

Viele Menschen haben sich viel zu oft in Ermüdung, Scheitern und Niederlagen hineingeredet. Sagen Sie laut »Ich bin müde«, »Ich bin am Ende« oder »Mir reicht's« – und Sie werden es früher oder später glauben.

Die positive Anwendung ist genauso kraftvoll. Sagen Sie laut »Ich werde heute glücklich sein, auch wenn der Himmel wolkenverhangen und grau ist; es kann kommen was mag, ich werde heute glücklich sein.« »Ich bin glücklich.« »Ich bin wirklich glücklich.« »Ich merke gar nicht, dass ich glücklich bin, weil ich mir unbewusst Sorgen darüber mache, was heute oder morgen passieren wird. In ein paar Jahren werde ich auf diesen Moment zurückblicken und realisieren, dass ich wirklich sehr glücklich war.« Als die französische Schriftstellerin Colette[8] ihre Lebensgeschichte auf der Leinwand anschaute, bemerkte jemand: »Anscheinend waren Sie ein sehr glückliches Kind.« Sie antwortete darauf: »Ja, leider habe ich das damals nicht gemerkt.«

Sie sind glücklich. Vielleicht müssen Sie es sich jedoch viele Male sagen, bevor Sie es realisieren. Da Sie es nicht fühlen werden, wird Ihnen die ganze Sache völlig absurd erscheinen. Lächerlich. Hinzu kommt, dass es unehrlich klingt. Ihr Ehrgefühl wird Sie eher davon abhalten wollen, es zu sagen. Lassen Sie sich davon nicht aufhalten. Überreden Sie sich zu Freude, Glaube, Hoffnung, Liebe, Glück und großen Leistungen.

»Es funktioniert wirklich! Ich kann es nicht glauben, aber es funktioniert. Die letzten vier Tage waren die glücklichsten Tage, die ich seit Jahren hatte. Wenn es bei ein paar Tagen funktioniert, warum sollte es dann nicht auch ein Leben lang so sein?« Der Mann, der mir diese Zeilen schrieb, war erst eine Woche zuvor mit der festen Absicht in mein Büro gekommen, seinen Beruf nach 19 Jahren an den Nagel zu hängen. Er hatte geklagt: »Ich hasse meine Arbeit. Ich kann sie nicht ausstehen. Ich habe sie noch nie wirklich gemocht. In nur einem Jahr habe ich Anspruch auf meine Rente, aber jeden Morgen verkrampfe ich mich alleine bei dem Gedanken, zur Arbeit gehen zu müssen. Ich hasse sie.« »Warum hassen Sie Ihre Arbeit?«, fragte ich. »Zeigen Sie mal Ihre Hände – bluten sie? Nein. Ist Ihr Beruf eine Gefahr für Leib und Leben? Warum hassen Sie ihn?« Wir erstellten eine Liste mit allen Vorteilen. Dann verlangte ich: »Sie haben

8 Sidonie-Gabrielle Claudine Colette war eine französische Schriftstellerin, Varietékünstlerin und Journalistin. Sie wurde als erste Autorin in die Académie Goncourt berufen und bekam als erste Frau in Frankreich ein Staatsbegräbnis.

Ihren Willen dem Gedanken untergeordnet, dass Sie Ihre Arbeit nicht mögen. Aus Ihrer Stimmung haben Sie Gedanken werden lassen – diese Gedanken haben Sie in Worte gefasst – Sie haben selbst gehört, wie Sie diese Worte geäußert haben. Sie glauben, was Sie sich selbst haben sagen hören. Sie haben sich selbst so hypnotisiert, dass Sie jetzt Ihre Arbeit hassen. Wenden Sie den gleichen mentalen Vorgang jetzt zum Positiven an. Wiederholen Sie: ›Ich mag meine Arbeit.‹« Er saß da und lachte mich einfach aus. »Das ist bescheuert!«, sagte er. »Ich kann das nicht sagen. Ich kann es einfach nicht.« *»Doch, Sie können es, wenn Sie nur wollen.«* Ich erhob meine Stimme und wurde absichtlich laut, um die vereiste Oberfläche seines erstarrten Glaubens zum Bersten zu bringen. Dann zwang ich ihn, folgende Worte zu wiederholen: »Ich mag meine Arbeit.« Ich ließ ihn eine halbe Stunde lang in meinem Büro positive Bekenntnisse wiederholen, bis er sich an den Schock gewöhnt hatte, sich selbst positiv reden zu hören. Eine Woche später schrieb er: »Am Anfang kam es mir echt albern vor. Aber es funktioniert. Wenn es also funktioniert, warum sollte ich es dann sein lassen? Es hat sogar das Verhalten meiner Familie verändert.«

»Ich glaube nicht an Gott. Ich liebe meinen Ehemann nicht und ich werde mich umbringen.« Sie saß in meinem Büro und platzte mit diesen Unmöglichkeitsbekundungen heraus. Jedes Mal wenn Sie diese Unmöglichkeitsgefühle in Worte fasste, hörte sie sich sprechen und glaubte sich selbst!

»Werden Sie ein heiliger Lügner«, schlug ich ihr vor. »Sie werden denken, dass Sie lügen, aber Sie tun es nicht. In Wahrheit leben Sie einen radikalen Glauben aus. Sie kündigen an, dass Sie ES haben, bevor ES überhaupt da ist. Das ist wahrer Glaube. Tatsächlich glauben Sie mehr an Gott, als Sie denken. Sie lieben Ihren Ehemann mehr als Sie denken. Sprechen Sie mir folgende Bekenntnisse nach, auch wenn Sie glauben, dass Sie lügen: ›Ich liebe meinen Ehemann.‹, ›Ich liebe das Leben.‹, ›Ich glaube an Gott.‹« Ich brauchte eine Stunde, um sie davon zu überzeugen, diese Bekenntnisse zu wiederholen. »Sagen Sie sich immer das Gegenteil von dem, was Sie fühlen – wenn Ihre Gefühle negativ sind«, legte ich ihr nahe. Das war vor drei Jahren. Heute befolgt sie dieses Verfahren gewissenhaft und hat eine tiefe Liebe zu ihrem Ehemann entwickelt, einen lebendigen Glauben an Gott und eine gesunde Liebe zum Leben.

ES WIRD AUCH BEI IHNEN FUNKTIONIEREN, WENN SIE DIE

KRAFT HABEN UND SICH DAZU ZWINGEN. *Wiederholen Sie die folgenden Sätze* LAUT. *Dies wird eine der schwersten Aufgaben in diesem Buch sein.* Sie werden sich vorkommen wie ein Heuchler, wie ein Prahler oder Aufschneider und wie ein Lügner. Aber lesen Sie diese kraftvollen Bekenntnisse – LAUT – vor und wiederholen Sie sie noch einmal und dann noch einmal – LAUTER:

> *Ich kann großartige Dinge tun.*
> *In mir liegen großartige Möglichkeiten verborgen.*
> *Ich habe Potential, das das Licht der Welt noch nicht erblickt hat.*
> *Ich bin eine wunderbare Person, wenn Christus in mir lebt.*
> *Ich war zu selbstkritisch.*
> *Ich war mir selbst mein schlimmster Feind.*
> *Ich bin ein Kind Gottes. Gott liebt mich.*
> *Ich vermag alles durch Christus, der mich stark macht.*

Ihre größte Schwierigkeit wird darin liegen, so fest davon überzeugt zu sein, dass Sie es lange und laut genug versuchen. Damit können Sie den machtvollen Bann Ihres Unmöglichkeitsdenkens brechen.

7. WENDEN SIE DIE KRAFT DES GEBETES AN.

Erproben Sie das Gebet, das Dr. Daniel Poling jeden Morgen dreimal wiederholt, sobald er aufsteht: »Ich glaube. Ich glaube. Ich glaube.« Dieses Gebet spült wirklich alles Negative aus den Gedanken! Sagen Sie jetzt: »Ich kann. Ich kann. Ich kann.«

Die Kraft des Gebets wirkt tatsächlich! Es gibt eine höhere Macht, die die Tiefen Ihres Seins durchdringen kann und wird, um Ihre Denkprozesse neu auszurichten. Bitten Sie Gott, Ihnen zu helfen, ein MÖGLICHKEITSDENKER zu werden. Bitten Sie Ihn einmal und dann nie wieder. Denn wenn Sie Ihm ein Anliegen einmal gebracht haben, können Sie sicher sein, dass er die Nachricht erhalten hat. Hören Sie mit dem Bitten auf, aber stellen Sie das Beten nicht ein. Hören Sie auf zu betteln und fangen Sie an zu danken. Wenn Sie Gott weiterhin anflehen, beweist das nur Ihren fehlenden Glauben an seine erhörende und helfende Kraft. Wenn Sie weiterhin fragen, wird das nur emotionales Leid erzeugen oder verstärken. Es wird Sie aufzehren. Ausschließliches Flehen oder negatives Beten gibt Ihren Ängsten und Sorgen Nahrung und verstärkt sie. Jemand sagte einmal:

Gott zählt unsere Gebete nicht, er wiegt sie ab.

Gott wird, zur rechten Zeit und auf die rechte Art, antworten. Formulieren Sie Ihre Gebete daher positiv und nicht negativ. Danken Sie Ihm, dass Er Ihre Gebete hört. Danken Sie Ihm dafür, dass Er eingreifen wird. Sprechen Sie einmal folgendes Gebet und beten Sie es laut:

> »Ich danke Dir Gott, dass Du mich zu einem Möglichkeitsdenker machst.
> Danke, dass Du mich daran erinnerst, dass alle Dinge möglich sind, wenn ich nur zu glauben wage.«

Das ist ein Beten, das Kraft erzeugt, Hoffnung macht und die Sorgen vergessen lässt. Beten Sie sich nach oben. Beten Sie sich nicht nach unten. Positives Gebet bewirkt definitiv Wunder. Christus hat auf diese Weise gebetet: *»Vater, alles ist dir möglich.«* Wenn ein Mensch nun Gott darum bittet, ihn von seinem UNMÖGLICHKEITSKOMPLEX zu erretten, wird Gott eingreifen. Schließlich wünscht sich Gott für Seine Söhne und Töchter, dass sie mit aufrechtem Gang, erhobenen Hauptes und einem würdevollen Strahlen in ihrem Gesicht leben.

8. GÖNNEN SIE SICH EINEN GRÜNDLICHEN PERSÖNLICHKEITS-CHECK-UP.

Fangen Sie mit einer körperlichen Untersuchung an. Eines Morgens betrat ein leitender Ältester das Büro eines Pastors in Chicago und erklärte: »Ich glaube einfach nicht mehr an Gott.« Der weise Pfarrer bewahrte Ruhe. Mit außergewöhnlichem Scharfsinn vermutete er, dass die Ursache einer derart radikalen Gesinnungsänderung ungewöhnlicher Natur sei. Nach einem eingehenden Gespräch drängte sich ihm der Verdacht auf, dass dieser Mann an einer körperlichen Krankheit litt. Er schickte ihn zu einem Arzt, der ihn untersuchte und eine Fehlfunktion der Schilddrüse feststellte. Durch medizinische Hilfe wurde der geistliche

Glaube wieder hergestellt. Erstaunlich? Nicht wirklich. Aber aufschlussreich. Unterziehen Sie sich daher mindestens einmal pro Jahr einer körperlichen Untersuchung.

Vielleicht ist ein Unmöglichkeitsdenker auch seelisch krank. In seinem Buch *Peace of Mind*[9] schildert Joshua Loth Liebmann den Fall eines äußerst intelligenten Mannes, der behauptete, ein Atheist zu sein. Eine Tiefenanalyse förderte verblüffende Fakten zu Tage. Als kleiner Junge musste dieser begabte Atheist in die Synagoge gehen, wo ihm gesagt wurde, dass Gott sein Himmlischer Vater sei. Der wirkliche Vater dieses Kindes war allerdings ein grausamer Mann. Aus diesem Grund lehnte der Verstand dieses Knaben in einer Abwehrreaktion das Konzept eines weiteren »Vaters« ab. Er wollte keinen Gott. Er wollte nicht noch einen zusätzlichen Vater haben. Väter waren böse. In diesem zarten Alter entwickelte der Verstand eines verletzten Kindes eine emotionale Blockade für den Glauben. Von jenem Augenblick an wollte er an keinen Gott glauben. Als dieses Ereignis, das schon lange in Vergessenheit geraten war, ans Licht kam, erkannte dieser kluge Mensch, dass sein tief verwurzelter Zweifel in einer verdrehten emotionalen Erfahrung begründet war. Daraufhin entwickelte er einen gesunden Glauben. Wenn Sie oder Ihre Familie vermuten, dass Ihre Gefühlswelt nicht in Ordnung ist, vereinbaren Sie einen Termin bei einem guten Arzt, Seelsorger oder Therapeuten.

Lassen Sie sich auch in geistlicher Hinsicht auf Vordermann bringen. Wie gesund ist Ihr Glaube? Ein heilsamer Glaube kräftigt das Gespür des Menschen für seine eigene Würde. Ihr Selbstverständnis bestimmt in hohem Maße, ob sie ein MÖGLICHKEITS- oder UNMÖGLICHKEITSDENKER sein werden. Der jüdische Glaube vermittelt dem Menschen seit jeher, dass er ungemein wertvoll ist. Jesus Christus wurde von der alten jüdischen Vorstellung inspiriert, dass der Mensch im Ebenbild Gottes geschaffen sei. Die Hebräer glaubten, dass der erste Mensch ein großartiges Geschöpf war. Dann geschah etwas Furchtbares und der Mensch verlor einen Teil seiner Seele. Er verlor den Glauben an sich selbst, an Gott und an seine Mitmenschen. Irgendwie musste Gott die verlorengegangene Herrlichkeit des Menschen wiederherstellen. Um die Herrlichkeit des Menschen wiederherzustellen, muss sein Selbst-Ver-

9 Wörtliche Übersetzung: Seelenfrieden

ständnis wiederhergestellt werden. Wenn er gerade, makellos, aufrichtig und mit einem starken Selbstvertrauen lebt, verherrlicht er seinen Gott.

Ein gesundes Christentum befreit die Menschen von Schuld, Ängsten und Sorgen, die wiederum Gefühle des Unwürdig-Seins auslösen. Ein wahres Christentum sagt uns, dass wir wahrhaftig jemand sein können. *»Ihr seid das Salz der Erde. … Ihr seid das Licht der Welt.«* (Matthäus 5, 13 und 14), sprach Jesus zu seinen Nachfolgern. Von den ersten Jüngern Jesu Christi sagte man: *»Die ihn aber aufnahmen und an ihn glaubten, denen gab er das Recht, Kinder Gottes zu werden.«* (Johannes 1, 12). Jesus Christus spricht seinen Nachfolgern Freiheit von bedrückender Schuld zu. Sie wissen, dass Gott nun ihr Vater ist. Das macht sie zu Kindern Gottes. Mit einem Mal ist ihr Gespür für die eigene Würde wiederhergestellt. Sie schauen nicht mehr auf sich selbst herab. Auf diese Weise vermittelt Jesus Christus einem Menschen Selbstwertgefühl – eine absolute Grundvoraussetzung für MÖGLICHKEITSDENKEN! Denn wenn Sie wissen, dass Sie und Gott gute Freunde sind, können Sie vorangehen und voller Selbstvertrauen sagen: »Wenn Gott für uns ist, wer kann gegen uns sein?« Wenn Sie einen außerordentlichen MÖGLICHKEITSDENKER treffen, sehen Sie, was aus Ihnen werden kann.

Vor vielen Jahren gab es ein paar zähe, ungehobelte, einfache Fischer, die einem Mann über den Weg liefen, der seine Hand auf ihre Schultern legte und sagte: »Folgt mir nach und ich werde euch zu Menschenfischern machen!« Das war der Augenblick ihrer Inspiration. Als sie entmutigt waren und sich vollkommen nutzlos fühlten, sagte Er: *»Ihr seid das Salz der Erde. … Ihr seid das Licht der Welt.«* Eines wussten sie: In einer Welt von Niemanden konnten sie Jemand sein. Dieser große Mann, der sie inspiriert hatte, war ein bemerkenswerter Jude, der vor zweitausend Jahren gelebt hat. Sein Name war Jesus Christus. Was für ein großartiger MÖGLICHKEITSDENKER! Lernen Sie Ihn aus der Nähe kennen! Lassen Sie sich von Seinem Geist gefangen nehmen, und Sie werden nie mehr die gleiche Person sein! Erlauben Sie Jesus Christus Ihr Selbstverständnis neu zu gestalten.

Beten Sie morgen Früh doch einmal folgende Worte von Norman Grubb:

Guten Morgen, Jesus.
Ich liebe Dich!
Was hast Du heute vor?
Ich möchte daran teilhaben!
Danke, Gott.
Amen!

GEBRAUCHEN SIE NUN IHREN EINFALLSREICHTUM, UM DIESE GROSSARTIGEN MÖGLICHKEITEN IN IHNEN ZUM VORSCHEIN ZU BRINGEN.

IV. Gebrauchen Sie Ihren Einfallsreichtum, um Ihre gefangen gehaltenen Möglichkeiten freizusetzen

Ein Mann mit Kinderlähmung, der nur in der eisernen Lunge atmen konnte, lernte ohne sie zu atmen, obwohl jeder Muskel unterhalb seines Kehlkopfes gelähmt ist. Karl Dewayne Sudekum hat gelernt, wie ein Frosch zu atmen.

Als Leutnant der US-Marine erkrankte Karl 1953 an Kinderlähmung. Sechs Jahre lang konnte er nur atmen, wenn er in einer eisernen Lunge oder in einem Kippbett lag. Dann wurde er wütend – richtig zornig. Er entschloss sich, dass er atmen *würde*. Er stellte die Kippbewegung seines Bettes ab und besann sich darauf, wie er als kleiner Junge in Nashville, Tennessee, wie ein Frosch geatmet hatte. Es war ein Trick, den fast alle Kinder kannten. Mit seiner Zunge schnappte er Luft und presste sie seine Luftröhre hinunter. Beim Ausatmen entwich die Luft aus seinen Lungen wie bei einem Luftballon. Heute atmet er die ganze Zeit so.

»Naturwissenschaftler können nicht wirklich sagen, wie es funktioniert«, sagte er. »Es ist ein Pumpvorgang mit zwei Kreisläufen, den manche Menschen erlernen können und andere nicht. Manche können durch ihre Zähne pfeifen, aber ich habe das nie fertiggebracht. Damit verhält es sich genauso.«

Solange er wach war, brauchte er die eiserne Lunge nicht. Da er auf einmal wirklich unabhängig war, beschloss Sudekum, Rechtsanwalt zu werden.

Im Jahr 1959 schrieb er sich an der Universität von San Diego ein. Seine Frau, Emerald, fuhr ihn zu den Vorlesungen und brachte ihn in den Hörsaal. Er konnte nicht mitschreiben und ein Tonbandgerät war ihm zu unangenehm. Er hörte einfach zu und merkte sich alles.

Dann erfuhr er, dass er Diabetes hatte. Als er das im Griff hatte, entdeckten die Ärzte ein Geschwür. Ein Jahr lang hatte er als Reaktion auf die Medikamente ein seltsam hohes Fieber. Dennoch erhielt er sein Diplom und wurde als Anwalt zugelassen.

Heute arbeitet er als Rechtsanwalt und unterschreibt Schriftstücke mit »K. D. Sudekum«. Mit vollem Namen zu unterzeichnen, wäre dann doch ein zu großer Aufwand, wenn man seinen Stift zwischen den Zähnen hält.

Wenn er vor Gericht zu lange redet, wird sein Gesicht ziemlich rot, was jedoch kein Grund zur Beunruhigung ist. Bei einer Erkältung ist das jedoch etwas anderes. Sie könnte tödlich sein. Was er dagegen unternimmt?

»Ich erkälte mich nicht.«

Sollte er alleine unterwegs sein – wie ein Frosch atmend – und einschlafen oder das Bewusstsein verlieren, würde er unweigerlich sterben, es sei denn, jemand, der seinen Zustand kennt, beatmet ihn künstlich. Was unternimmt er dagegen?

»Ich versuche, so wenig wie möglich darüber nachzudenken.«

Gebrauchen Sie Ihre gottgegebene Vorstellungskraft, um Strategien zu finden, Ihren Nachteil zu nutzen, von Problemen zu profitieren, Kapital aus Krisen zu schlagen und sich vielleicht sogar Ihre Sorgen dienstbar zu machen.

GEBRAUCHEN SIE IHRE VORSTELLUNGSKRAFT, UM EIN ERFOLGREICHER KÜNSTLER IM UMGANG MIT MENSCHEN ZU WERDEN

Um im Bereich menschlicher Beziehungen Erfolg zu haben, müssen Sie nur Ihre eigene Persönlichkeit mithilfe Ihrer Vorstellungskraft aufpolieren. Entwerfen Sie ein inneres Bild von sich als entspannte, liebenswerte, zuversichtliche, gelassene und lächelnde Person. Halten Sie mit aller Kraft an diesem geistigen Bild Ihrer selbst fest und Sie werden ein solcher Mensch werden. Das Gegenteil trifft ebenso zu. Wenn Sie zulassen, dass Sie in Ihren Gedanken Menschen vor den Kopf stoßen, die Geduld verlieren, unsicher, schwach und empfindlich sind, werden Sie genau so reagieren und – das möchte ich noch hinzufügen – in der Schule menschlicher Beziehungen gnadenlos durchfallen.

Die aufregende Wahrheit ist: mit Ihrer Vorstellungskraft können Sie Ihre eigene Persönlichkeit verändern und neu erschaffen.

Es gibt weitere aufregende Neuigkeiten! Sie können sogar die Persönlichkeiten anderer Menschen durch Ihre Vorstellungskraft verändern. Vor kurzem saß ich in einem Treffen eines Verwaltungsrats. Als ich den Raum betrat, wurde ich von den kalten, unfreundlichen Blicken von sechs Männern begrüßt. *Persönlichkeiten sind genau wie Gefühle extrem ansteckend.* Da ich leichtsinnigerweise meine geheiligte Vorstellungskraft vernachlässigte, »übernahm« ich dieselbe formale, frostige und unfreundliche Fassade. Dann geschah etwas Wunderbares. Eine starke, freundliche Person betrat den Raum. Er versprühte Energie und sein Gesicht strahlte beständig. Sein ansteckendes Lächeln gefror nicht vor den eisigen Blicken dieser wichtigen Männer. Zu meinem Erstaunen veränderten sich innerhalb kürzester Zeit die Persönlichkeiten der anderen Personen in diesem Raum. Schon bald war ein Gespräch im Gange, wir machten Witze und genossen die gute Gesellschaft. Nach dem Treffen fragte ich meinen Freund, *wie er es fertiggebracht habe, aus diesen Schnöseln wunderbare Menschen zu machen.* Sein Geheimnis war einfach. »Ich habe kurz innegehalten, bevor ich den Raum betrat, und habe mir vorgestellt, dass ich ein starker, entschiedener und freundlicher Mensch bin, der mit beiden Beinen auf dem Boden steht. Ich habe mir vorgestellt, dass die Männer auf der anderen Seite der Türe gute Menschen sind. Ich habe mir vor Augen gemalt, wie sie mein Lächeln erwidern und mich mit derselben Freundlichkeit behandeln, die ich ihnen zukommen ließ.« Dieser Mann hatte entdeckt, wie er seine Vorstellungskraft gebrauchen musste, um die Persönlichkeit anderer Menschen zu verändern.

GEBRAUCHEN SIE IHRE VORSTELLUNGSKRAFT, UM NEUE MENSCHEN KENNENZULERNEN

Bereitet es Ihnen Schwierigkeiten, Menschen kennenzulernen? Fällt es Ihnen schwer, neue Freunde und Bekanntschaften zu finden? Dann gebrauchen Sie Ihre Vorstellungskraft und Sie werden große Erfolge feiern. Als ich unsere Kirche aufgebaut habe, habe ich diese Technik entdeckt. Da ich keine Kirchenmitglieder hatte, entschloss ich mich, die Straße entlangzugehen, an Türen zu klingeln und den Menschen persönlich meine Geschichte zu erzählen. Ich muss gestehen, dass mir bei dem Gedanken die Knie schlotterten, von Tür zu Tür zu gehen und allen diesen neuen Menschen zu begegnen. Ich stellte mir vor, dass ich jedes Mal, wenn ich an einer Tür klingelte, rüde abgewiesen werden würde. Grundsätzlich bekommen wir, was wir erwarten. Ängstlich lief ich dann also zur Haustür und hoffte insgeheim, dass niemand zu Hause sein würde. Mehr als einmal kehrte ich um, ohne überhaupt geklingelt zu haben. Ich bekam einfach kalte Füße und ging zurück zu meinem Auto. Als Antwort auf mein Gebet um göttliche Hilfe und Führung, entzündete Gott plötzlich meine Vorstellungskraft. Ich stellte mir auf einmal freundliche, wundervolle Menschen auf der anderen Seite der Tür vor – Menschen, die nur darauf warteten, einen neuen Pastor kennenzulernen. Das veränderte alles! Danach ging ich mit dieser Überzeugung auf jede Türe zu: »Hinter dieser Tür ist jemand, der ein Freund fürs Leben wird. Ich werde jetzt einen Mann kennenlernen, der einer meiner treusten Freunde werden wird.« Wenden Sie diese Technik einmal bei einem schwierigen Menschen an. Stellen Sie sich vor, dass diese Person ein herzensguter Mensch ist. Genau das wird er auch werden.

GEBRAUCHEN SIE IHRE VORSTELLUNGSKRAFT, UM ZU ERKENNEN, WAS IN IHNEN STECKT

Bob Richards erzählt in seinem Buch *The Heart Of A Champion*[10] die Geschichte des Olympiasiegers Charley Paddock, der ein begnadeter Redner war und es liebte, zu Jugendlichen in Schulen zu sprechen. Als er einmal an der *East-Tech-High-School* in Cleveland, Ohio, sprach, forderte er die Anwesenden heraus: »Wenn du denkst, dass du es kannst, dann kannst du es. Wenn du nur fest genug an eine Sache in deinem Leben glaubst, kann sie auch geschehen!« Danach erhob er seine Hand und sagte: »Wer weiß, vielleicht gibt es heute Nachmittag in dieser Aula

10 wörtliche Übersetzung: Das Herz eines Siegers

sogar einen Olympiasieger?« Nach der Rede sagte ein schwarzer Junge mit Storchenbeinen zu Paddock: »Mann, Herr Paddock, ich würde alles dafür geben, wenn ich so wie Sie ein Olympiasieger sein könnte!« Das war der Augenblick der Inspiration für diesen Jungen. Von diesem Zeitpunkt an veränderte sich sein Leben. 1936 ging dieser Junge mit den Storchenbeinen nach Berlin. Er gewann vier Goldmedaillen. Sein Name war Jesse Owens. Wieder zu Hause wurde er durch die Straßen Clevelands gefahren und von den Massen bejubelt. Das Auto hielt an und er schrieb Autogramme. Ein kleiner hagerer schwarzer Junge drückte sich an das Auto und sagte: »Mann, Herr Owens, ich würde alles dafür geben, wenn ich so wie Sie ein Olympiasieger sein könnte!« Jesse wandte sich diesem kleinen Knaben zu, der den Spitznamen »Bones«[11] trug und erwiderte: »Weißt du, kleiner Mann, genau das wollte ich auch, als ich ein bisschen älter war als du. Wenn du hart arbeitest, trainierst und daran glaubst, dann kannst du ein Olympiasieger werden!« Dieser kleine Junge war so inspiriert, dass er den ganzen Weg nach Hause rannte. Bob Richards schreibt: »Dieser dünne Bursche erzählte mir, dass er, nachdem er zu Hause angekommen war, zu seiner Großmutter lief und ihr sagte: ›Großmutter, ich werde ein Olympiasieger.‹« 1948 warteten im Wembley-Stadion in London sechs junge Männer auf den Startschuss zum 100-Meter-Finale. Der Startschuss fiel. Der Junge auf der Außenbahn stürmte los, spurtete auf das Zielband zu und gewann. Sein Name: Harrison »Bones« Dillard. Er brach Jesse Owens olympischen Rekord. Später brach er noch mehrere Weltrekorde.

»Für Sie ist das unglaublich?«, fragt Richards. »Sie behaupten, so etwas passiert nicht mehr? Ich sage Ihnen, da liegen Sie falsch! Es wird immer wieder geschehen – durch Jungen und Mädchen, die inspiriert sind. Die erkennen, was in ihnen steckt; die nicht auf dünne Storchenbeine schauen, sondern das Bild eines Olympiasiegers in sich tragen.« Sie werden sich emporschwingen durch Training, Durchhaltevermögen und harte Arbeit, und sie werden Sieger sein.

Was auch geschieht, schauen Sie erhobenen Hauptes auf zur Sonne und danken Sie Gott, dass Sie ein Mann sind, dass Sie eine Frau sind. Als Gott Sie erschuf, legte er etwas in Sie, das kein anderes Lebewesen unseres Universums besitzt – die uner-

11 Deutsche Übersetzung: »Knochen« oder »Knochengerüst«

messliche Kraft große Visionen zu erträumen! Lebendiger und prägnanter wurde diese unglaubliche Wahrheit nie formuliert als in diesen inspirierenden Zeilen: »*Was ist da schon der Mensch, dass du an ihn denkst? Wie klein und unbedeutend ist er, und doch kümmerst du dich um ihn. Ja, du hast ihm eine hohe Stellung gegeben – nur wenig niedriger als die Engel. Mit Ruhm und Ehre hast du ihn gekrönt.*« (Psalm 8, 5 und 6) Die unendliche Kraft der menschlichen Vorstellung beweist auf aufregende Art und Weise, dass Sie im Ebenbild Gottes geschaffen sind. Welch außergewöhnliche Fantasie und Vorstellungskraft hat Gott dabei gezeigt! Mit seinem grenzenlosen Verstand hat Er ein Universum ersonnen, das in seiner Ausdehnung so überwältigend, in seinen Maßen so ungeheuerlich und in seiner Weite so riesig ist, dass kein Mensch es je in einer Lebensspanne bereisen könnte.

Das Aufregende daran ist jedoch, dass der Urheber des Lebens seine schöpferische Vorstellungskraft mit der Menschheit teilte.

Diese Vorstellungskraft ist in Ihren Gedanken verborgen. Sie ist da und hat die Kraft, Ihnen zum Erfolg zu helfen. »Der Mensch ist so, wie er im Innersten denkt.«

GEBRAUCHEN SIE IHRE VORSTELLUNGSKRAFT, UM DIE PERSON ZU WERDEN, DIE SIE SCHON IMMER SEIN WOLLTEN

Gebrauchen Sie Ihre von Gott entfachte Vorstellungskraft, um Selbstvertrauen aufzubauen. Wenn Sie in Ihren Gedanken minderwertig, schwach und mittelmäßig sind, werden Sie auch nie etwas anderes sein. Wenn Sie in Ihren Gedanken jedoch erstklassig, erfolgreich und aufstrebend sind, werden Sie auch vorwärtskommen.

Vor Kurzem hörte ich von einem Mann namens William E. Constable, der neun Jahre lang in einem Kalksteinbruch arbeitete. Eines Tages kam er zu dem Schluss, dass »ich mein Leben vergeudete und ich traf die Entscheidung, mich auf meinen Hosenboden zu setzen und etwas mit meinem Leben anzufangen«. Als er an jenem Abend vom Steinbruch nach Hause kam, eröffnete er seiner Frau, dass er Rechtsanwalt werden würde. Er nahm seine Ausbildung wieder auf und schrieb sich schließlich an der Universität von Indiana ein. Während er dort studierte, arbeitete er weiterhin acht Stunden täglich im Steinbruch. »Meine Frau und die drei Kinder haben mich wirklich unterstützt«, fügt er dankbar hinzu. 1966 machte er seinen Abschluss an der Universität von Indiana und – man glaubt es kaum – wurde in die *Phi Beta Kappa*[12] aufgenommen! Bei einer Höchstpunktzahl von vier lag sein Durchschnitt bei 3,95. Danach ging er auf die juristische Fakultät.

Wie schaffte er das? Wie konnte er acht Stunden am Tag arbeiten und dann noch zu den Besten der Studenten gehören? Neben dem Dank an seinen Arbeitgeber und der Würdigung seiner Familie, die an seiner Seite standen, führte er noch diesen Gedanken an: »Du kannst wirklich viel in einer halben Stunde lernen, wenn du nicht mehr Zeit hast.« Kurzum, eines Tages kam er an den Punkt, wo er sich als Anwalt sah und sagte: »Nur weil ich neun Jahre lang in einem Steinbruch gearbeitet habe, heißt das nicht, dass ich kein Rechtsanwalt werden kann.«

Als meine Tochter vierzehn war, versuchte ich langsam, einen Möglichkeitsdenker aus ihr zu machen. Sie sagte: »Daddy, ich kann mir nur schwer vorstellen wie man ein Möglichkeitsdenker wird. Ich liebe es zum Beispiel, Geige zu spielen. Aber ich würde nie einfach nur eine der zehn Geigenspielerinnen in unserem Schulorchester sein wollen. Ich möchte gerne die erste Geige spielen.«

»Nun, warum denn nicht?«, forderte ich sie halb im Spaß heraus. Sie nahm mich ernst und verkündete, dass sie lernen wolle, das Instrument zu spielen. Sie nahm Privatunterricht. Sie wurde ins Orchester aufgenommen. Sie spielte die zehnte Geige. Sie arbeitete noch verbissener. Die ersten vier Geigen wurden von Schülern gespielt, die schon seit vielen Jahren Privatstunden erhielten. Eines Tages kam sie dann vom Vorspielwettbewerb nach Hause und verkündete stolz, dass sie besser als alle anderen gewesen war und jetzt die erste Geige spiele. »Es funktioniert wirklich, Daddy, dieses Möglichkeitsdenken funktioniert wirklich.«

Die Vorstellungskraft kann Ihr körperliches Erscheinungsbild verändern. Denken Sie an sich, als eine Person mit funkelnden Augen, einem strahlenden Gesicht und einer einnehmenden

12 eine studentische Vereinigung hervorragender Akademiker

Persönlichkeit. Behalten Sie dieses Bild vor Ihrem inneren Auge, und Sie werden eine solche Person werden. Stellen Sie sich hingegen vor, dass Sie eine hässliche, unattraktive Person sind, und Ihre Augen werden ihren Glanz verlieren, Ihre Gesichtsmuskeln werden schlaff und Ihr trübsinniges Auftreten wird Sie mit einem Mal tatsächlich unansehnlich machen.

Schönheit und Geist gehen Hand in Hand. Sie sind so schön – oder hässlich, wie Sie es in Ihren Gedanken sind. Betrachten Sie sich vor Ihrem geistigen Auge als ein angenehmer, freundlicher, fröhlicher, lachender und funkensprühender Mensch, und Ihre Vorstellungskraft wird Sie zu eben solch einer Person machen. Trainieren Sie diese positive Vorstellung täglich, und Ihre »Lachmuskeln« werden so stark werden, dass sich Ihr Gesichtsausdruck tatsächlich verändert. Ich habe sogar vierzig Pfund hässlichen Körperfetts durch die Kraft der Vorstellung verloren. Ich entwarf ein geistiges Bild meiner angestrebten Figur und behielt es ständig vor meinem inneren Auge. Ich lenkte auch die negative Kraft meiner Vorstellung in positive Bahnen: Wenn meine Augen ein verlockendes Stück Sahnetorte mit Bananen erblickten, stellte ich mir das Bild eines fetten, ungepflegten, disziplinlosen Mannes vor. Es ist erstaunlich, wie sich unsere Vorstellungskraft auf den Reiz von Essen auswirken kann! Projizieren Sie das Bild des Menschen, der Sie sein möchten, auf Ihre innere Leinwand, und die gottgegebene Vorstellungskraft wird ihr Übriges tun.

Es ist nicht schwer nachzuvollziehen, wie die Vorstellungskraft funktioniert. Wenn man ein klares geistiges Bild und eine genaue Definition seiner Wünsche entwirft, fängt man an, sich dafür zu begeistern. Begeisterung erzeugt Ehrgeiz. Mit dem neuen Schwung des Ehrgeizes fängt man dann an zu beten, zu planen und sich anzustrengen – und ehe man es sich versieht, ist das Projekt vollbracht.

Was ist die geheime Kraft der MÖGLICHKEITSDENKER? Es ist ihr Glaube. Wie aber sieht dieser Glaube aus? Er ist die Kraft Gottes, die durch Ihre gottgegebene Vorstellungskraft wirkt.

Machen Sie sich die sakramentale Kraft einer geheiligten Vorstellung zunutze.

Eine geheiligte Vorstellung besitzt wahrhaftig sakramentale Kraft. Theologen definieren ein Sakrament als einen heiligen Kanal, durch den Gott seine großartigen Wunder bewirkt.

LASSEN SIE GOTT JETZT WIRKEN – Lassen Sie sich von Seinen wunderbaren Gedanken durchdringen. Reißen Sie die begrenzenden Mauern Ihrer Vorstellung nieder. Geben Sie dieser göttlichen Kraft freien Raum!

WIE MAN EINE ERFOLGVERSPRECHENDE VORSTELLUNGSKRAFT NUTZBAR MACHT

1. SETZEN SIE SICH ZIELE.

MÖGLICHKEITSDENKER sind Menschen mit der Überzeugung, dass man sich Ziele setzen muss, um persönlich etwas zu erreichen. Diese Ziele scheinen auf den ersten Blick beinahe ausnahmslos unrealistisch zu sein. Der MÖGLICHKEITSDENKER weiß jedoch intuitiv, dass nichts unmöglich ist, solange er nicht aufhört, sich Ziele zu setzen.

Sie werden nie Erfolg haben, wenn Sie sich keine Ziele setzen!

»Aber Zielsetzungen erzeugen große Spannungen und Ängste«, hörte ich kürzlich einen Psychologen sagen. Er fuhr fort: »Eine der Hauptursachen von Frustration und Ängsten in der heutigen Zeit ist diese schreckliche Angewohnheit, sich hohe Ziele zu setzen und sich erbarmungslos anzutreiben.« Nun, dieser Psychologe hatte eine extreme Freudsche Einstellung in Bezug auf Ziele. Für Sigmund Freud ist der größte Antrieb des Menschen der Wunsch nach Vergnügen. Gemäß dieser Denkschule ist ein spannungsfreier Seelenzustand das Wichtigste im Leben. Demnach sind Spannungen und Ängste die Bösewichte der Gegenwart, die uns unseres Glücks berauben. Aus diesem Grund sind Ziele gefährlich, da sie Spannungen auslösen! Dagegen behauptet der große Psychiater Viktor E. Frankl, Psychiatrieprofessor der Universität Wien: »Der größte Antrieb im Leben ist der Sinn.« Seiner Ansicht nach wünscht sich das Herz eines Menschen nichts sehnlicher, als einen Sinn im Leben zu empfinden. »Nicht der Wunsch nach Vergnügen à la Freud, sondern der Wunsch nach einem Sinn«, erklärt Frankl, »ist das tiefste Bedürfnis des menschlichen Herzens.« Daher »sind Ziele absolut elementar«, führt der österreichische Psychiater weiter aus, »denn Ziele geben dem Leben einen Sinn«. Lösen sie nicht Ängste aus? Ja, vielleicht tun sie das. Aber diese Ängste und Spannungen können eine konstruktive Motivationskraft in unserem Leben sein.

Wenn der Mensch, der einem Ziel nachjagt, einige Zeiten geistiger Unannehmlichkeiten mit »Sorgen«, »Spannungen« oder »Ängsten« erfährt, weiß er zumindest, dass er lebendig ist. Dem ziellosen oder am Ziel angelangten Menschen widerfährt hingegen ein viel schlimmeres Schicksal: Langeweile. Das bedeutet lebendig tot zu sein.

Ziele sind nicht nur absolut notwendig, um uns zu motivieren; sie sind unerlässlich, um uns am Leben zu erhalten.

Es ist schlimmer, kein Ziel zu haben, als ein Ziel nicht zu erreichen.

2. DENKEN SIE SICH VIELE MÖGLICHKEITEN AUS, IHR ZIEL ZU ERREICHEN.

Ich bin persönlich davon überzeugt, dass ein Mensch mindestens drei, vorzugsweise jedoch noch weitere Wege haben sollte, sein Ziel zu erreichen, bevor er den ersten Schritt macht. Zum Beispiel: Ist es Ihr Ziel, zu verreisen? Wie kann man verreisen? Hier sind einmal ein paar Vorschläge:

1. Bewerben Sie sich bei einem Unternehmen im Ausland.
2. Kaufen Sie einfach ein Flugticket und verreisen Sie, selbst wenn Sie dafür vielleicht auf einiges verzichten müssen.
3. Legen Sie jeden Tag einen kleinen Betrag beiseite und Sie werden überrascht sein, wie schnell sie genügend Geld für ein Ticket haben. Als ich Student war, wollte ich in das Heilige Land reisen. Ich war pleite. Als ich meinen ersten Job hatte, legte ich einfach jeden Tag einen halben Dollar beiseite, und nach sechs Jahren hatte ich genug, um auf die Reise zu gehen.
4. Treiben Sie fünfzehn Leute für einen Gruppenflug auf, und jede Fluggesellschaft wird Ihnen gerne ein Freiticket geben.

Ganz egal welches Ziel Sie verfolgen, erstellen Sie eine Liste mit allen erdenklichen Möglichkeiten, wie Sie Ihren angestrebten Vorsatz erreichen können.

3. VERTREIBEN SIE DIE ANGST AUS IHRER VORSTELLUNGSKRAFT.

Lassen Sie es nicht zu, dass Angst Sie in Bedrängnis bringt. Es ist erstaunlich, wie sich Angst einschleicht, sobald man darüber nachdenkt, eine Absicht weiter zu verfolgen. Niemand ist vollkommen immun gegenüber Angst und Furcht. Einige der größten Kathedralen und Dome haben am Eingang einen Wachposten stehen, der ein Gewand trägt, das dem Napoleons ähnelt. Die Aufgabe dieser »Napoleons«, wie sie genannt werden, ist es, Menschen den Zutritt zu verweigern, wenn sie unangemessen gekleidet sind. Sobald Sie irgendein hehres Ziel in Ihren Gedanken verfolgen, müssen Sie Ihr Denken disziplinieren und diesen infamen Gast namens Angst daran hindern, sich pietätlos in die »heilige Kathedrale« Ihrer Vorstellung zu begeben.

Es ist bemerkenswert, welche Ängste entstehen können. Es gibt kaum eine, die schneller aufkommt, als die Angst vor dem Versagen. Vermutlich wäre unsere Kirche nie gebaut worden, hätte ich nicht einen Spruch in einem Kirchenkalender gelesen:

> **Lieber versuche ich etwas Großes und versage, als gar nichts zu versuchen und darin erfolgreich zu sein.**

Wenn sich bei Ihnen die Furcht breitmacht, dass Sie Ihre Ziele womöglich nicht erreichen werden, denken Sie an Robert Brownings berühmtes Zitat: »A man's reach should exceed his grasp, or what's a heaven for.«[13] James Russel Lowell sagte einmal: »Fürchte nichts mehr als die Furcht selbst.«

4. STELLEN SIE SICH VOR, WIE SIE LOSLEGEN.

J. C. Penney sagte: »Der schwierigste Teil jeder Aufgabe ist der Anfang.« Üblicherweise erfordert es nicht viel, mit etwas Großem loszulegen. Das erste Verkaufsgeschäft ist immer das Härteste. Die Chancen stehen gut, dass man etwas erreicht, wenn man erst einmal angefangen hat. Denn positive Ideen sind un-

13 Übersetzung: Wonach der Mensch strebt, sollte außerhalb seiner Reichweite liegen, denn wozu gibt es (denn) einen Himmel?«

sterblich. Selbst wenn Ihr Traum unmöglich erscheint – fangen Sie an!

Richard Neutra erzählte mir: »Ich habe in meinem Leben nie etwas getan, was zu Beginn nicht unmöglich zu sein schien.«

Fangen Sie damit an, Ihre Idee zu Papier zu bringen. Zeichnen Sie einen groben Plan auf, falls Sie bauen wollen. Beginnen Sie mit einem Entwurf, wenn Sie schreiben möchten. Schreiben Sie den Namen des Unternehmens auf, das Sie aufbauen möchten, den angestrebten Titel vor Ihrem Namen oder den Briefkopf der Firma, die Sie in Ihren Gedanken schon gegründet haben.

5. VERFOLGEN SIE WEITERE ZIELE, DIE ÜBER IHRE ERSTEN ZIELE HINAUSGEHEN.

Dr. Viktor Frankl hat es bereits gesagt:

Das »IST« darf das »SOLL« nie einholen.

Deshalb verfolgt der MÖGLICHKEITSDENKER in seiner Vorstellung immer noch Ziele, die über seine Ziele hinausgehen. Er erkennt, dass er niemals einen Punkt erreichen darf, an dem er »angekommen ist«, und wie Alexander (der Große) »weint«, weil es keine Welten mehr zu erobern gibt. Herausforderungen und Errungenschaften sind Ebbe und Flut der Gezeiten des Lebens. Ohne Herausforderung und Errungenschaft haben wir nichts mehr, für das es sich zu leben lohnt. Gott erbarme sich des Menschen, der sein Ziel erreicht hat und sich keine größere Bestimmung vorstellen kann, nach der er streben könnte.

Ich bin durch das Tal von Frustration und Ängsten gegangen, als meine ersehnten Ziele unerreichbar schienen. Am meisten habe ich jedoch gelitten, als ich eines Tages erwachte und feststellte, dass ich erfolgreich gewesen war. Ich war angekommen. Alle meine großen Träume hatten sich erfüllt. War ich glücklich? Ja, aber nicht lange. Man kann nicht lange von der Freude vergangener Errungenschaften leben.

Zweifelsohne war meine schwierigste Zeit in den ersten zehn Jahren als Pastor der Gemeinde der *Crystal Cathedral* weder die erste Woche, als ich daran gescheitert war, einen Ort für den Gottesdienst zu finden, noch die ersten sechs Monate, die ich damit verbrachte, von Tür zu Tür zu eilen und Menschen davon zu überzeugen, »am Sonntagvormittag in die neue Kirche im Autokino zu kommen«. Ich hatte Ziele, verstehen Sie? Anfangs ein paar, später viele Menschen zu finden, die mir helfen konnten, diese großartige Kirche zu bauen. Meine Ziele waren klar definiert. Eines Tages würde es eine Gemeinde mit über eintausend Mitgliedern geben, mit wunderschönen Gebäuden, einem großen Mitarbeiterstab, einer Orgel und mindestens zwei Chören. Das waren beinahe unerhörte Ziele für einen jungen Prediger, der achtundzwanzig Jahre alt war, nur fünfhundert Dollar und ein einziges Kirchenmitglied hatte, seine Frau.

Vor zehn Jahren war ich davon überzeugt, dass meine Ziele groß genug waren, mich zwanzig Jahre auf Trab zu halten. Eines Tages fuhr ich dann nach einem Urlaub auf das Kirchengelände, sah die vier Hektar Land mit hoch aufragenden Bäumen, Brunnen im Sonnenlicht und die herrliche Glaskathedrale. Es war wunderschön. Zum damaligen Zeitpunkt war dieses Kirchengebäude bereits in einer Vielzahl internationaler Architekturmagazine veröffentlicht worden. Ich sah die anderen drei angestellten Pastoren warten, um mich zu begrüßen. Begeistert berichteten sie mir, wie gut es der Gemeinde ging. Alles lief fabelhaft. Ich musste daran denken, dass die Mitgliederzahl auf knapp unter zweitausend gestiegen war. Alles war wunderbar. Es gab überhaupt keine Schwierigkeiten.

Ich ging in mein Büro. Mit einem Mal überkam mich – zum ersten Mal in meinem Leben überhaupt – eine depressive Anwandlung. Keine Probleme. Keine Herausforderungen. Keine Sorgen, um die man sich kümmern musste. Keine Schwierigkeiten, die es zu bewältigen galt. Ich hatte alle meine Ziele erreicht. Ich war am Ende. Lachen Sie nicht. Es war wirklich nicht lustig. Es kostete mich enorme Anstrengungen, mich davon zu überzeugen, dass meine Arbeit noch nicht vollendet war.

Wenn du deine Ziele einholst, hast du ein Problem!

Ich habe nun gelernt, Ziele zu haben, die über meine Ziele hinausgehen.

Wonach streben Sie?

Eines Tages, als unsere Kirche noch nicht gebaut war, parkte ich mit meinem Auto auf unserem neu erworbenen Land. Ich war damit beschäftigt, meine Vorstellungskraft zu trainieren und stellte mir eine große Kirche, Springbrunnen, Türme und Glocken vor. Plötzlich hörte ich einen Ast knacken, drehte mich um und sah durch die Rückscheibe meines Autos einen finsteren Mann mit buschigen Haaren, der aus den Orangenhainen mit einem Gewehr in der Hand auf mich zukam. Einer Schrotflinte. Einer doppelläufigen Schrotflinte! Geladen! Den Hahn gespannt! Ich habe wohl sehr verängstigt dreingeschaut, denn mit einem Lächeln senkte er sein Gewehr und sagte: »Ich jage nur Hasen.«

Nie zuvor in meinem Leben freute ich mich so sehr, einen Jäger zu treffen! »Schon Glück gehabt?«, fragte ich.

»Leider nein«, sagte er. »Heute kann ich einfach keine Hasen finden.«

»Na ja, auf dem nördlichen Teil dieses Geländes laufen sechs Hasen herum«, entgegnete ich und machte ihn auf die Hasen aufmerksam, die etwas mehr als einhundertfünfzig Meter nördlich von uns am Rande eines Wäldchens mit Walnussbäumen waren. »Schießen Sie sich doch einen von denen«, forderte ich ihn auf.

»Oh, das könnte ich nicht«, antwortete er zweifelnd. »Verstehen Sie, die würden mich kommen sehen, bevor ich überhaupt in Schussweite wäre.«

»Nun«, beteuerte ich ihm, »gerade rennen sie nirgendwo hin. Warum gehen Sie nicht näher ran? Vielleicht kommen Sie nah genug heran, um in eine gute Schussposition zu gelangen?«

»Oh nein«, fuhr er negativ fort, »selbst wenn sie mich vielleicht nicht sehen, könnten sie mich hören.« Dann wurde er wissenschaftlich. Er begann eine weitschweifige Ausführung, inwieweit Hasen mit dem unteren Bereich ihrer Pfoten »hören« können. Selbst wenn er äußerst vorsichtig laufen würde, könnten die Hasen die Vibrationen seiner Schritte auf der Erde »spüren«. Die unglaubliche Fähigkeit dieses Mannes, sich ein Scheitern vorzustellen, versetzte mich in Erstaunen. Er gebrauchte seine Vorstellungskraft, um sich selbst zu besiegen.

»Dann gehen Sie doch sehr vorsichtig, sehr langsam, sehr leise und vielleicht kommen Sie so nah genug heran«, beharrte ich.

Plötzlich entdeckte ich ein Funkeln in seinen Augen. Es war die Geburt eines Möglichkeitsgedankens. Er sagte: »Nun ja, vielleicht wenn ich es versuche.« Einen Augenblick lang stellte er sich die Möglichkeit eines Erfolges vor. Also schlich er langsam und äußerst vorsichtig los, bis er sich den Hasen auf zwanzig Meter genähert hatte. Ich beobachtete aus meinem Auto heraus, wie er das Gewehr anhob, zielte und schoss. Alle sechs Hasen rannten in das Walnusswäldchen davon. Niedergeschlagen ließ er sein Gewehr sinken. Plötzlich rannte er in das Walnusswäldchen und kam ein paar Minuten später zurück – einen Hasen an den Ohren haltend! Stolz winkte er mir zu, denn er hatte erfolgreich einen Hasen gejagt. (Ich selbst könnte nie einen Hasen töten. Möglicherweise können Sie Hasenjagden genauso wenig ausstehen wie ich.)

Aber wonach jagen Sie? Eine Anstellung? Eine Ausbildungsstelle? Eine Ehe? Ein Unternehmen? Was auch immer es ist, Sie werden nie einen Erfolg feiern, solange Sie sich nicht von ihren geliebten Vorstellungen freimachen und sich vorstellen, wie Sie dabei Erfolg haben. Ehrlich gesagt – in Ihrem Umfeld gibt es unendlich viele Möglichkeiten!

V. Sechs Wege, Gelegenheiten wahrzunehmen

Es erstaunt mich immer wieder, wie sich Unmöglichkeitsdenkern »nie eine Gelegenheit ergibt« und wie MÖGLICHKEITSDENKER immer mehr Gelegenheiten entdecken, als sie in der Lage sind zu verfolgen.

WIE MÖGLICHKEITSDENKER GELEGENHEITEN ENTDECKEN

1. BLICKEN SIE IN DIE ZUKUNFT – NICHT IN DIE VERGANGENHEIT.

Lassen Sie sich von der Geschichte inspirieren, nicht einschränken. »Alles was wir tun, kann verbessert werden – ich habe einen unheilbaren Verbesserungskomplex.« So hat es mir einmal ein äußerst erfolgreicher Möglichkeitsdenker, der überall Gelegenheiten entdeckte, in einem Satz zusammengefasst.

Menschen, die Gelegenheiten wahrnehmen, wissen, dass man beinahe alles verbessern kann: seien es Qualität, Service, Preis, Verpackung, Versand, Vermarktung oder Werbung für ein Produkt oder Programm. Man kann etwas vielleicht größer oder kleiner gestalten, aber irgendwie, auf die eine oder andere Art und Weise, lässt es sich verbessern. Das ist ein Weg, großartige Gelegenheiten aufzuspüren.

Als wir uns entschlossen, eine Walk-In-/Drive-In-Kirche zu bauen, sprach ich mit Richard J. Neutra, einem der bedeutendsten Architekten des 20. Jahrhunderts. Mir war bekannt, dass Louis Sullivan, Frank Lloyd Wright und Richard Neutra die Begründer einer neuen und aufregenden internationalen Stilrichtung in der Architektur waren. »Man sagt ja, dass das schönste je errichtete Bauwerk der Parthenon[14] ist, ich aber denke, dass die großartigsten Bauwerke, die ein Mensch je erblicken wird, erst noch entworfen werden müssen«, forderte ich Mr. Neutra heraus. Denn wir waren eine Gruppe von MÖGLICHKEITSDENKERN, die vor der Herausforderung standen, etwas Größeres oder Besseres als je zuvor zu erreichen. MÖGLICHKEITSDENKER sind unheilbar von dem kreativen Gedanken besessen, dass »das Beste noch vor ihnen liegt«.

Seien Sie ein Pionier und setzen Sie Trends, um in die Geschichte einzugehen.

DIE TAGE GROSSER GELEGENHEITEN GEHÖREN NICHT DER VERGANGENHEIT AN!

Einer der erdrückendsten Gedanken, der in unserem Land verbreitet wird, ist der Gedanke, dass gestern der Tag der großen Gelegenheiten war. Die Wahrheit ist jedoch, dass es niemals eine Zeit in der Geschichte des Menschen gab, die mehr Menschen größere Gelegenheiten bot als heute.

Ein junger Schüler einer High-School erzählte mir vor kurzem von diesem Problem. »Ich glaube, ich bin fünfzig Jahre zu spät auf die Welt gekommen.« »Was meinst du damit, John?«, fragte ich ihn. »Nun, fast alles, wofür es sich lohnt, sich einzusetzen, scheint schon jemand gemacht zu haben. Es gibt ein Medikament gegen Kinderlähmung. Jedes Stückchen Erde, das etwas wert ist, gehört bereits jemandem. Das Auto, das Flugzeug, selbst Raketen – das wurde alles schon erfunden. Die größten Unternehmen wurden schon erbaut und die mächtigsten Finanzimperien gegründet. Mir kommt es vor, als ob ich in der Geschichte der Menschheit zu spät gekommen bin.« »John, das Beste liegt doch noch vor uns«, bemerkte ich. »Denk einmal an die jungen Männer, die vor sechstausend Jahren gelebt haben. Sie lebten in einer kleinen zivilisierten Welt, die man den ›fruchtbaren Halbmond‹ nannte. Dazu gehörten Ägypten, Phönizien und Babylonien, die in der Talebene zwischen Euphrat und Tigris lagen. Zu jenem Zeitpunkt in der Geschichte haben wohl einige

14 Der Parthenon ist der Tempel für die Stadtgöttin Pallas Athena Parthenos auf der Athener Akropolis.

junge Männer Folgendes gedacht: ›Ich bin fünfzig Jahre zu spät auf die Welt gekommen! Die Welt ist bereits erforscht. Es ist nichts übrig geblieben. Nur ein hohes Gebirge im Norden, eine große Wüste im Süden, endlose Wasser im Westen und nutzlose Berge im Osten.‹ Ganz sicher gab es vor sechstausend Jahren junge Männer, die gesagt haben: ›Ich bin zu spät gekommen. Schau dir die Pyramiden an. Alles, wofür es sich lohnt, sich einzusetzen, existiert bereits.‹

Heute wissen wir, dass die Zivilisation damals gerade einmal in den Kinderschuhen gesteckt hatte. Jahrhunderte später berichtete der große Entdecker Marco Polo Faszinierendes von einer riesigen Welt im Osten, in der es Juwelen, Gewürze, Parfums und Seidenstoffe gab, die noch kein Mensch zu Gesicht bekommen hatte. Heute gibt es noch unzählige Welten, die es im All zu erforschen gilt. M 31 ist eine Galaxie im Andromedanebel, die drei Millionen Lichtjahre von unserem Planeten Erde entfernt liegt. Wenn wir ein Raumschiff bauen könnten, das mit Lichtgeschwindigkeit fliegt – dreihunderttausend Kilometer in der Sekunde – würden zukünftige Weltraumreisende drei Millionen Jahre brauchen, nur um bis an den äußersten Rand dieser Galaxie zu gelangen. John, die Menschheit hat gerade erst einmal damit begonnen, dieses scheinbar grenzenlose Universum zu erforschen!

Wenn dir diese Gedanken jetzt zu abgehoben sind, denk doch mal an Folgendes: auf den Meeresböden unserer Ozeane gibt es Vorkommnisse wertvoller Edelsteine und kostbaren Erzes, die noch nicht entdeckt worden sind. Es gibt verborgene Schätze, die darauf warten, gefunden zu werden, Schriftstücke des Altertums, die noch immer unter dem trockenen Sand oberflächlich durchsuchter Höhlen im nahen Osten begraben liegen. Es gibt enorme Probleme auf dieser Welt, für die wir noch nicht einmal ansatzweise eine Lösung gefunden haben, Krankheiten, die wir nie besiegt haben und Völker, die aus der Unterdrückung geführt werden müssen. John, die Menschheit hat kaum erst angefangen zu leben. Du bist zur bestmöglichen Zeit gekommen. Zum heutigen Zeitpunkt in der Geschichte der Menschheit haben wir einen enormen und lebenswichtigen Bestand an Telefonen, Radios, Transistoren, Raketen, Antibiotika, Insulin, Sauerstoff in Flaschen, Atomkraft und Computern angesammelt. Wir haben die Ausrüstung, John. Es bleibt deiner und der nächsten Generation überlassen, die großen Heldentaten zu vollbringen. Es gibt eine Vielzahl an Möglichkeiten und Herausforderungen. Das Beste liegt noch vor uns!«

2. SUCHEN SIE ETWAS, DAS NACH MEINUNG DER MEISTEN MENSCHEN »WUNDERBAR WÄRE, WENN MAN ES UMSETZEN KÖNNTE«.

Wenn Ihnen eine Idee kommt, die brillant wäre, »wenn man sie umsetzen könnte«, stehen Sie vielleicht direkt vor einer großartigen Gelegenheit. Dann sollten Sie sich daran erinnern, dass nichts unmöglich ist.

In dem Fernsehfilm *Aschenputtel* sagte ein Akteur: »Vernünftige Menschen sagen, es ist unmöglich, aber unmögliche Dinge geschehen jeden Tag!«

DIE ERRUNGENSCHAFTEN VON HEUTE SIND DAS UNMÖGLICHE VON GESTERN

Werden Sie ein Mensch, der Wunder vollbringt. Menschen von diesem Schlag gibt es in jedem Beruf: Mediziner, Theologen, Politiker, Künstler, Entertainer, Offiziere, Ingenieure oder Geschäftsmänner.

In einer lokalen Zeitung las ich einen Artikel über die *Corning Glass Fabrik* in New York. Darin wird berichtet, wie Ray Wasson, ein Ingenieur in dieser weltweit führenden Glasfabrik, ein schmales Glasröhrchen in die Hand nimmt, es fallen lässt und es weder einen Sprung bekommt noch zersplittert. »Unsere Firma hat 1963 fünfzehn Millionen Dollar in die Forschung gesteckt, um ein neues Glas mit einer neuen Festigkeit und neue Gebrauchsformen für Glas zu entwickeln. Das ist ein Haufen Geld«, erzählte Wasson, »aber wenn wir uns nicht an dem versuchen, was Experten für unmöglich halten, werden wir irgendwann einfach nur Bierflaschen und Hula-Hoops produzieren.« Eine Gelegenheit kann also eine Idee sein, die jeder übereinstimmend »toll« findet, aber davon ausgeht, dass »sie nicht funktioniert«.

3. SUCHEN SIE NACH HINDERNISSEN, WEIL SIE WISSEN, DASS JEDES HINDERNIS EINE GELEGENHEIT IST.

Was für andere ein Stolperstein, ist für den MÖGLICHKEITSDENKER häufig ein Sprungbrett.

Gemeindeberater waren davon überzeugt, dass es ein sehr großer Nachteil sei, eine Kirche in einem Autokino zu gründen. Wir sahen es eher als eine seltene Chance an. Wir stellten uns vor, dass es viele Menschen geben könnte, die nie einen traditionellen Versammlungsort besuchen würden und auf die ein Autokino eine gewisse Anziehungskraft ausüben würde. Da es niemanden gab, der in der Nähe einen Drive-In-Gottesdienst anbot, erkannten wir die Gelegenheit, ein wesentliches Bedürfnis zu stillen. Aus diesem Grund bekamen wir darüber hinaus auch ein großes Echo in der Presse. Zumindest unterschieden wir uns so sehr von den anderen, dass man uns Aufmerksamkeit schenkte!

Dann wiesen uns Personen mit einer negativen Vorstellungskraft darauf hin, dass die Zugehörigkeit zu einer kleinen Kirche ein Manko sei.

Was für manche ein Nachteil war, kann ich aus heutiger Sicht nur als einen überragenden Vorteil betrachten. Dass wir aufgrund unserer Konfession nur eine kleine Gefolgschaft hatten, stellte kein Problem dar: Es verlangte von uns, einfallsreich, energisch, spitzfindig und wagemutig zu sein! Hätten wir sofort 150 konfessionstreue Mitglieder gehabt, hätten wir uns unter Umständen zurückgelehnt und gesagt: »Das ist ein Kinderspiel!« Die Gefahren des Wohlstands sind oft größer als die der Armut.

Ja, MÖGLICHKEITSDENKER sind ganz gewiss Menschen, die neue Gelegenheiten entdecken. Viele MÖGLICHKEITSDENKER, die ich kennengelernt habe, sind Menschen, die jedes Recht gehabt hätten, Unmöglichkeitsdenker zu sein. Nehmen wir zum Beispiel Stanley Stein. Stanley Stein hat unglücklicherweise Lepra. Er wohnt in Carville, Louisiana. Er darf das Leprahaus nicht verlassen, solange er die Krankheit nicht vollkommen überwunden hat. Er war völlig erblindet und wollte nicht mehr leben. Eines Tages geschah etwas Erstaunliches. Ihm fiel folgender Möglichkeitsgedanke ein:

Was kann ich mit dem anfangen, was mir noch geblieben ist?

Es wurde ihm dann klar, dass er noch seinen Verstand hatte. Er würde ein Buch schreiben! Er würde Schriftsteller werden. Also ging er in eine Bücherei und lieh sich ein Werk über das Schreiben von Büchern aus. Als er mit dem Buch in seiner Hand blind zu seinem Zimmer zurück tappte, traf er auf seinen Arzt. »Was haben Sie denn da, Stanley?«

»Ein Buch, Herr Doktor.«

»Wie wollen Sie das denn lesen, Stanley?«

»Ich will jemanden finden, Sir, der es mir vorliest.«

»Wie heißt es denn?«

»Nun, es ist ein Buch, in dem es darum geht, wie man sein Geld als Schriftsteller verdient, Herr Doktor.«

»Aber Stanley, das ist doch ein etwas seltsames Buch für einen Blinden, nicht wahr?«

Stanley Stein, der in Möglichkeiten dachte, hatte auf jeden Fall seine eigenen Vorstellungen. Jedes Hindernis ist eine Gelegenheit. Er wollte aus seiner Krankheit Kapital schlagen, indem er seine persönliche Geschichte so erzählte, dass andere inspiriert würden, sich von ihren Behinderungen nicht einschränken zu lassen. Er wollte sich ein Aufnahmegerät zulegen, aufs Band sprechen und jemanden finden, der seine Aufzeichnungen abtippen würde. Er gab sich nicht einmal die Mühe, dies dem Arzt zu erklären. Er hatte sich schon längst entschieden! Während alle Menschen in seiner Umgebung nur noch wie tot und ohne Hoffnung dahinvegetierten, hatte er den Entschluss gefasst, »sein Los mit den Lebenden zu teilen und dafür zu kämpfen, sich wieder in die Gattung der Menschen einzugliedern«.

Er wand sein erblindetes Gesicht dem Doktor zu und verkündete voller Zuversicht: »Ich habe immer noch meinen Verstand, Herr Doktor, und ich habe vor, ihn zu gebrauchen.« Das tat er auch! Er machte sich auf, schrieb und veröffentlichte seine Geschichte in dem bekannten Buch *Not Alone Anymore*[15]. Könnten Sie diesen Mann im Krankenhaus umhergehen sehen, würden Sie einen Mann mit Transistorradio in der Tasche und einem tragbaren Aufnahmegerät über seiner Schulter sehen. Auf diese

15 Wörtliche Übersetzung: Nicht mehr alleine

Weise kommuniziert er, schreibt er, hört er Musik und führt ein erfülltes Leben. Sein Geheimnis? Er hat es folgendermaßen zusammengefasst: »Anstatt darüber zu klagen, was ich verloren habe, versuche ich aus dem, was mir geblieben ist, das Beste zu machen.«

4. HALTEN SIE AUSSCHAU NACH PROBLEMEN.

Fast jedes Problem ist eine Gelegenheit. Ein alter Spruch drückt es so aus: »Ist der Ärger so groß, dass man anfängt zu fluchen, wird es Zeit, etwas zu erfinden.« Erfolg bedeutet, ein Bedürfnis zu entdecken und es zu stillen. Was aber ist ein Bedürfnis, wenn nicht das ungelöste Problem eines Menschen? Halten Sie daher Ausschau nach Problemen! Viele Probleme sind ungestillte menschliche Bedürfnisse, die große Chancen beinhalten. Probleme bieten häufig die Gelegenheit, eine Idee an den Mann zu bringen. Glauben Sie wirklich, wir hätten je die Idee eine millionenschwere Drive-In-Kirche zu bauen an den Mann bringen können, wenn wir nicht ein sehr reales Problem zu lösen gehabt hätten?

Einer der größten MÖGLICHKEITSDENKER, der mir je begegnet ist, war Dr. Irwin Lubbers, der ehemalige Dekan des *Central College* in Pella, Iowa. Ein Jahr nachdem er seine Tätigkeit dort aufgenommen hatte, führte die große Dürre der 1930er Jahre dazu, dass ein schneidender Wind trockenen Sand und Staub auf das Flachland wehte, den jungen Mais und Weizen auf den Feldern der Farmer zerstörte und so die Einnahmequelle des Colleges zum Versiegen brachte. Das Institut befand sich in einer schlimmen Situation. Ein Mann von geringerer Größe als Dr. Lubbers wäre in Panik geraten. Er jedoch sieht in jedem Problem eine Gelegenheit. Er verspürte, dass ihm dieses Problem eine großartige Gelegenheit verschaffen würde, bei erfolgreichen Industriellen und Fachleuten im Osten vorzusprechen. Jeder Amerikaner hatte nämlich von den furchtbaren Sandstürmen in Iowa gehört. Dr. Lubbers wandte sich mit folgender Bitte an die Öffentlichkeit: »Wir haben bisher nie jemanden um Hilfe gebeten. Obwohl Sie Ihre Söhne und Töchter in unsere kleine Stadt in Iowa zum Studieren schicken, haben die Farmer und Bauern immer gerne und mit Stolz die finanzielle Last getragen. Aber jetzt stehen sie ohne eigenes Verschulden ohne einen Cent in der

Tasche da. Würden Sie uns helfen?« Wohlhabende, gebildete Unterstützer der Ivy League [16] hörten mit einem Mal von diesem »kleinen College in Iowa« und wollten ihm helfen. Wie großzügig ihre Reaktion ausfiel! Das Interesse und die Unterstützung halten bis zum heutigen Tag, Jahrzehnte später, an.

5. SUCHEN SIE AUF DEN SCHUTTHALDEN DES LEBENS.

Moderne chemische Verfahren können aus fast allen Abfallprodukten ein nützliches und profitables Geschäft machen. Können Sie etwas finden, das man als wertloses Material entsorgt hat? Ein Buchhalter einer Fleischverpackungsfabrik im mittleren Westen sagte: »Das Einzige, was wir vom Schwein wegwerfen, ist sein Quieken.« Gibt es vielleicht ein Stück Land, das wertlos erscheint? Ein Sumpfgebiet in Südkalifornien galt lange Zeit als wertlos, bis ein findiger Bauunternehmer die Idee hatte, Kanäle zu graben, um aus dem Sumpf einen wunderschönen See zu machen, von dem Wasserstraßen wie die Speichen von der Nabe wegführten. Er stellte sich vor, dass an den Wasserstraßen Häuser mit einer privaten Anlegestelle für jeden Hausbesitzer entstehen würden. Er hat mit diesem Einfall Millionen verdient. Überlegen Sie einmal, wie viel Geld mit Müll, Abfall und natürlichem Dünger verdient wird!

In der Nähe von Grand Rapids, Michigan, wurde 1907 eine Gipsmine eröffnet. Dieses Millionen-Dollar-Projekt beschäftigte bis zur »Erschöpfung« der Mine 1943 hunderte Männer unter Tage. Ein einfallsreicher Entdecker von Gelegenheiten, Paul Kragt, sah hier Potential, denn die Tunnel unter der Erde hatten eine konstante Temperatur von zehn Grad Celsius. Diese alte Gipsmine ist heute die äußerst erfolgreiche *Michigan Natural Storage Company*. Die leicht passierbaren, gut beleuchteten Tunnel wurden abgeschottet und mit Hilfe einer Kühlausrüstung, die die Temperatur auf null Grad absenkt, in große Kühlhäuser umgewandelt. Die gesamte Mine ist nun ein sehr profitables, einzigartiges Lager. Neben vielen anderen Nahrungsmitteln werden in der *Natural Storage Company* Truthähne, Äpfel, Eier, Nüsse, Kartoffeln, Essiggurken und Rindfleisch unterirdisch gelagert.

16 Verbund der besten und teuersten Universitäten in den USA

Vergessen Sie nicht das sogenannte menschliche Abstellgleis. Mancher hat dort schon sehr wertvolle Schätze entdeckt. In Amerika wurden schon die größten Talente auf den Abstellgleisen der Menschheit entsorgt. Unser nationaler Kirchenvorstand schickt aufgrund willkürlicher Altersgrenzen einige der effektivsten Arbeitskräfte der Welt in Rente. Hier habe ich einen meiner heute wertvollsten Mitarbeiter gefunden. Gehen Sie die menschliche Ausschussware durch, welche die Gesellschaft so verächtlich auf die Abstellgleise der Menschheit wirft. Ich bin mir sicher:

Jeder kann eine Gelegenheit für jemand anderen sein!

6. WENN SIE EINE VERMEINTLICHE GELEGENHEIT ENTDECKT HABEN, GEBEN SIE DER IDEE EINE CHANCE, ABER STÜRMEN SIE NICHT LEICHTSINNIG VORAN, OHNE EIN PAAR VERNÜNFTIGE FRAGEN ZU STELLEN.

Führen Sie eine Machbarkeitsstudie durch. Finden Sie so heraus, ob eine Idee Erfolgspotential hat, ehe Sie alles hinein investieren.

Der MÖGLICHKEITSDENKER stürzt sich nicht leichtsinnig auf jede positive Idee. Überprüfen Sie daher diese Gelegenheiten auf die Erfolgsaussichten. Durchleuchten Sie alle positiven Ideen, indem Sie Fragen nach dem Erfolg stellen. Es gibt negative und positive Fragen. Der Unmöglichkeitsdenker antwortet auf beinahe jeden positiven Vorschlag postwendend mit negativen Fragen, wie zum Beispiel:

»Wie hoch werden die Kosten sein?«
oder
»Entspricht das unserer Politik?«
oder
»Haben wir gerade die Zeit, uns jetzt darum zu kümmern?«
oder
»Hat man das nicht schon versucht und aufgezeigt, dass es nicht funktioniert?«

Im Kirchenvorstand der Gemeinde der Crystal Cathedral haben wir seit langem eine Grundregel, die besagt, dass keiner auf eine positive Idee jemals mit einer solchen destruktiven Frage reagieren darf. Diese Fragen sind die ketzerischen Äußerungen der Unmöglichkeitsdenker.

Auf der anderen Seite gibt es vier Fragen, die nach Erfolgsaussichten suchen, die Möglichkeiten abwägen und Chancen überprüfen. Diese Fragen müssen von erfahrenen und gut informierten Personen bejaht werden, ehe eine positive Idee über das Visionsstadium hinausgeht.

VIER FRAGEN, DIE SIE SICH STELLEN MÜSSEN

1. STILLT DIE GEPLANTE DIENSTLEISTUNG ODER DAS PRODUKT EIN GRUNDLEGENDES MENSCHLICHES BEDÜRFNIS?

Man sagt oft:

Das Geheimnis des Erfolgs liegt darin, ein Bedürfnis zu finden und es zu stillen.

Zum Geheimnis des Erfolgs gehört es, einen Dienst anzubieten, der gebraucht wird. Aus diesem Grund führen moderne Unternehmen Marktanalysen durch, ehe ein Produkt hergestellt wird. Wie viele Menschen werden es haben wollen oder einen Nutzen davon haben? Bevor wir als Kirche darüber abstimmten, ob wir uns in das Projekt stürzen wollten, eine Walk-In-/Drive-In-Kirche zu bauen, mussten wir sicherstellen, dass es ein menschliches Bedürfnis befriedigen würde. Der Grund des Erfolgs der Drive-In-Kirche liegt in der positiven Antwort auf diese erste Frage. Ich werde oft gefragt: »Wer möchte schon in einer Drive-In-Kirche einen Gottesdienst feiern?« Sehr viele.

Zum Beispiel die Frau, deren Beine direkt unterhalb der Hüfte amputiert wurden.

Zum Beispiel die Eltern eines geistig behinderten Kindes, das weder allein zuhause bleiben noch in die Sonntagsschule gehen kann.

Zum Beispiel die Frau, die gerade ihren Mann verloren hat. Jetzt kann sie nicht in die Kirche gehen, ohne dass ihr heiße Tränen über das Gesicht laufen. Da es ihr peinlich ist, kommt sie nicht mehr in die Kirche. Wenn sie jedoch in ihrem Auto sitzt, kann sie abseits der Öffentlichkeit leise für sich weinen.

Die Drive-In-Kirche ist erfolgreich, weil sie praktisch ist und ein wesentliches menschliches Bedürfnis stillt.

2. WERDEN MENSCHEN INSPIRIERT?

Personen, Einrichtungen, Ideen oder Projekte ziehen Menschen in großen Scharen an, wenn sie inspirieren und sowohl das Herz als auch den Geist des Menschen erbauen.

Wie könnten wir eine Walk-In-/Drive-In-Kirche so bauen und gestalten, dass Gebäude und Grundstück an sich eine Inspiration sein würden? Der MÖGLICHKEITSDENKER weiß, dass Schönheit *eine* der Quellen der Inspiration ist. Deshalb hatten wir schnell die Vorstellung, dass die Drive-In-Kirche ein Ort sein müsste, der den Charme einer alten spanischen Mission, die Ruhe des schönsten Memorialparks, den Frieden eines Bergwaldes und die geistliche Lebendigkeit der größten Kirchen der Welt in sich vereinte. Wenn wir die Walk-In-/Drive-In-Kirche gemäß diesen Prinzipien entwerfen könnten, hätten wir etwas, das nicht nur praktisch, sondern auch sehr inspirierend wäre.

Es ist leider traurige Realität, dass viele praktisch veranlagte Menschen scheitern, weil sie kein Geld für Schönheit ausgeben möchten. Schönheit ist jedoch praktisch, da Schönheit inspiriert. Eine erfolgreiche Person ist jemand, der begreift, das Ausgaben für weitläufige Rasenflächen, prächtige Wasserbecken oder mächtige Bäume eine Investition sind, die Menschen anziehen und sich damit auszahlen. Denn Menschen werden von allem Schönen angezogen. Richard J. Neutra formuliert das in seinem Buch *Life And Shape*[17] so: »Es ist nicht hilfreich, Bäume zu fällen und eine Wiese, die häufig bewässert werden muss, durch billigen Asphalt oder eine glatte Teerfläche zu ersetzen. Denn das beleidigt das Auge und die verborgene Sehnsucht nach Schönheit mehr, als den Menschen bewusst ist. Wir müssen lernen anzuerkennen, dass es nichts Nützlicheres und Wirklichkeitsgetreueres gibt als ein heilsames und bekömmliches Leben. Ein gesundes Leben erfordert jedoch Schönheit und Anmut.«

17 Wörtliche Übersetzung: Leben und Formen

3. LÄSST SICH DIESES PROJEKT AUF EXZELLENTE ODER HERAUSRAGENDE WEISE UMSETZEN?

Vor nicht allzu langer Zeit stand ich vor einem Schuhgeschäft in Como, Italien. Ich fragte den Besitzer: »Wie läuft das Geschäft denn so?« Seine Augen funkelten. Sein Gesicht sprühte vor Freude, Energie und Enthusiasmus, als er mir antwortete: »Großartig! Perfekt! Unsere Schuhe sind nämlich die Besten!« Ohne mir Gelegenheit zu geben, auf diese Aussage einzugehen, fuhr er fort: »Wenn Sie etwas haben, das ziemlich gut ist, haben Sie etwas, das sich nur schwer verkauft. Wenn Sie aber das Beste haben und Sie wissen es, verkauft es sich fast wie von selbst.« Exzellenz ist ein Schlüssel zum Erfolg.

Eine MÖGLICHKEITSDENKERIN aus meiner Kirche, die jetzt in ihren Achtzigern ist, buk regelmäßig Kuchen für die Jahrmärkte in der Region. Immer und immer wieder kehrte sie mit dem ersten Preis in beinahe jeder Kategorie heim. Ihr Geheimnis? »Meine Vorstellung vom Leben ist, alles ein kleines bisschen besser als andere zu machen«, sagte sie. Exzellenz führt zum Erfolg, da Exzellenz Aufmerksamkeit erregt. Am Tag, als Amerika das erste Mal eine sanfte Landung auf dem Mond gelang, einige Monate, nachdem Russland dort eine Kamera abgesetzt hatte, sagte ein bekannter amerikanischer Wissenschaftler: »Was zählt ist nicht, wer zuerst ankommt, sondern wer das am besten macht.«

In einer Gesellschaft, die so ungemein wettbewerbsorientiert ist wie unsere, ist der Durchschnittsmensch so beschäftigt, dass er keine Zeit zum Nachdenken hat. Wenn Sie seine Aufmerksamkeit erregen möchten, müssen Sie ihn beeindrucken. Häufig kann man ihn nur beeindrucken, indem man etwas Außergewöhnliches tut. Sei es nun das Größte oder das Kleinste, das Teuerste oder das Günstigste, das Erste seiner Art oder das Älteste der Geschichte – auf die eine oder andere Art und Weise müssen Sie etwas tun, was herausragt. Ich habe allen Angehörigen meines Mitarbeiterstabs angedeutet, dass ich mir jeden Vorschlag anhören werde, solange er einen Superlativ hat.

»Denke in großen Dimensionen – große Ideen haben eine größere Erfolgsaussicht.« Das ist ein bekannter, allgemein anerkannter Grundsatz. In unserer zehnjährigen Geschichte haben wir festgestellt, dass es leichter ist, eine Million Dollar für den

Tower of Hope[18] zu sammeln, als achtzehnhundert Dollar für eine neue Spülmaschine in der Küche.

Größe ist jedoch nicht zwangsläufig ein Erfolgsgarant. Der Dinosaurier war das größte Landlebewesen, aber er ist gescheitert. Ein chinesisches Sprichwort warnt vor Größe um der Größe willen: »Im flachen Wasser wird der Drache zum Spielzeug kleiner Fische.« Wenn große Ideen erfolgreich sind, liegt das ebenso daran, dass sie sowohl nützlich und inspirierend, als auch außergewöhnlich sind. Größe um der Größe willen ist eine gefährliche Angelegenheit. Das Schlüsselwort ist Exzellenz. Kann dieses Projekt sowohl gewaltig als auch dienlich sein? Eine Idee, die sowohl attraktiv als auch nützlich ist, misslingt selten.

4. IST DIESE IDEE WIRKLICH UNVERGLEICHLICH? IST ES DAS ERSTE MAL, DASS SIE VERWIRKLICHT WIRD? VERMAG SIE TONANGEBEND ZU SEIN?

Fast alles, was gemacht wird, kann anders und besser gemacht werden. Machen Sie es anders und großartig. In einer höchst wettbewerbsorientierten Welt hat das außergewöhnlichen Erfolg, wenn es hervorragend ist. Seien Sie anders, seien Sie praktisch, seien Sie inspirierend – und Sie werden schließlich etwas entwickeln, das ein großartiger Erfolg sein wird. Geben Sie den Ton an. Machen Sie sich einen guten Namen als *die* Institution oder *die* Person, die als erste ein neues, interessantes, nützliches und attraktives Programm, Angebot, Projekt oder Geschäft anbietet.

Mit dem Bau unseres Kirchengebäudes haben wir den höchsten Kirchturm Kaliforniens gebaut. Als wir uns vorstellten, wie sich unsere Kirche auf den vier Hektar Land entwickeln sollte, erkannten wir, dass die Ausmaße des Grundstücks den Wunsch nach einem Turm in Verbindung mit der Kirche nahelegten. »Lasst uns also einen riesigen Kirchturm planen – etwa 80 Meter hoch«, dachten wir. Nun war das eine aufregende Idee, die jedoch noch den Vier-Fragen-Test bestehen musste. Ist der Turm nützlich? Stillt ein 80-Meter-Turm wirklich ein wesentliches menschliches Bedürfnis? Oder wäre er nur ein hochragendes Monument mit einer dröhnenden Glocke unter dem Dach und

18 wörtliche Übersetzung: Turm der Hoffnung

dösenden Tauben darauf? Wenn dieses Bauwerk auch einen Zweck erfüllen würde, könnte man es ernsthaft in Erwägung ziehen.

Ich erinnere mich, wie jemand vorschnell sagte: »Wir werden einen so großen Turm nie und nimmer rechtfertigen können. Er ist einfach nicht nützlich.« Ich war anderer Ansicht. Wie wäre es, wenn wir Aufzüge einbauen würden? Könnten wir nicht im obersten Geschoss eine Kapelle errichten? Wäre es nicht eine großartige Inspiration, hoch über dem Lärm und all den Eindrücken der Welt zu beten? Mit unserer geheiligten Vorstellungskraft machten wir uns an die Arbeit, positive Antworten auf alle vier Fragen zu erhalten. Ja, wir würden Hochgeschwindigkeitsaufzüge benötigen und die über 8.000 Quadratmeter Fläche des Turms für funktionale, ruhige Büros und Klassenzimmer verwenden, mit Anlagen und Einrichtungen für eine psychologische Klinik. Wir würden einen Raum für den Vorstand einrichten, der so weit oben liegen sollte, dass die Kirchenvorsteher, während sie Ideen sammeln und Entscheidungen treffen würden, nicht in einem abgesonderten Büro mit Sichtschutz fern der Welt eingeschlossen wären, sondern dem Himmel nahe, mit einem weiten Blick über hunderttausend Lichter von Autos, Häusern und Büros. Das würde sie instinktiv dazu bringen, einen Weitblick zu wahren, in großen Dimensionen zu denken, sich hohe Ziele zu stecken und nach den Sternen zu greifen.

Der Vorschlag wurde angenommen. Der Plan fand Zustimmung. Denn mit einem Mal war der Turm (1) nützlich, (2) inspirierend, (3) herausragend (für eine gewisse Zeit würde er auf jeden Fall der höchste Turm im Landkreis sein), (4) unvergleichlich – schon verschiedene Kirchen haben ihre Türme als Büros verwendet, aber noch nie wurde ein wunderschöner Kirchturm von Grund auf als funktionales Büro, Kapelle und administrative, inspirierende Einrichtung im internationalen Architekturstil entworfen! Es wird sich ohne Zweifel als wegweisendes Projekt erweisen.

Die richtigen Fragen wurden gestellt. Die Idee bestand die vier Testfragen nach ihren Erfolgsaussichten. Wir waren fest davon überzeugt, dass dies eine fabelhafte Gelegenheit war, die es wert war, mit aller Kraft in Angriff genommen zu werden.

Aber jemand hätte mich daran erinnern sollen, dass man sich besser auf große Schwierigkeiten einstellt, sobald man eine solche Gelegenheit ergreift.

VI. Es gibt eine Lösung für jedes Problem

Wenn Sie eine Gelegenheit wahrnehmen, bereiten Sie sich auf große Schwierigkeiten vor. Heißen Sie Probleme aber auch willkommen, denn

PROBLEME MACHEN DAS LEBEN INTERESSANT.

Norman Vincent Peale erzählte folgende Geschichte. Auf den Straßen New Yorks hielt ihn ein Mann an, der sagte: »Pastor, ich habe Probleme!« Dr. Peale antwortete: »Nun ja, ich kenne hier in der Nähe einen Ort mit fünfzehntausend Menschen und nicht einer von ihnen hat ein Problem.« Sein geplagter Freund sagte: »Sagen Sie mir: Wo ist das?« Dr. Peale erwiderte: »Es ist der *Woodland* Friedhof in der Bronx!« Ja, nur die Toten haben keine Probleme mehr. Wenn Sie wirklich leben wollen, müssen Sie es wagen, gewagt zu leben. *Jedes Abenteuer bringt seine eigenen, besonderen und eigentümlichen Schwierigkeiten mit sich. Sie können Problemen aus dem Weg gehen, indem Sie ein vorsichtiges Leben führen. Aber dann sterben Sie vielleicht vor Langeweile.*

MÖGLICHKEITSDENKER wissen, dass Schwierigkeiten die Herausforderungen sind, die uns jung halten und uns vor einem todlangweiligen Leben bewahren. Ein Mann ohne Probleme ist ein Mann ohne Herausforderungen. Ein Mann ohne Herausforderungen ist jemand, der ein ereignisloses Leben führt. Er wird sich schnell langweilen, und Langeweile ist gleichbedeutend mit dem wahren Alter; sie geht dem Sterben unmittelbar voraus. Menschen, die Gelegenheiten wahrnehmen, Großes denken, Großes reden und Wagnisse eingehen, werden sich selbst unvermeidlich Probleme schaffen. Die Größe der Probleme wird in direktem Verhältnis zur Größe ihres Traums stehen.

Kürzlich nahm ich eine Gelegenheit wahr, die ein großes Problem auslöste. Vor mehreren Jahren, während Mr. Neutra und ich unseren Traum der Walk-In-/Drive-In-Kirche erörterten, sagte ich: »Lassen Sie uns eine Kirche entwerfen, die die Stimmung des 23. Psalms – stille Wasser und grüne Auen – einfängt.« Ohne dass wir es wussten, fühlte sich zur selben Zeit ein weltberühmter Bildhauer in seinem Atelier zwölf Meilen von uns entfernt dazu inspiriert, eine Bronzeskulptur des Guten Hirten zu erschaffen. Also machte sich Henry Van Wolf an die Aufgabe, die ihn sechstausend Stunden, drei Jahre voller Arbeit, sowie eine Investition von mehreren tausenden Dollar kosten sollte. Zuerst fertigte er ein maßstabgetreues kleines Modell an, dann eine tönerne Figur in Originalgröße, darauf eine Gussform aus Gips, die in eine Kiste verpackt und von seinem Atelier in Van Nuys, Kalifornien, nach München in Deutschland verschifft wurde, wo Christus mit vier Schafen zu seinen Füßen in Bronze gegossen wurde.

Der 2,10 Meter große Christus, der eineinhalb Tonnen wog, wurde in eine Kiste verpackt, auf einem Schiff nach New York verfrachtet und von dort mit der Eisenbahn quer durch die Vereinigten Staaten nach Van Nuys transportiert. Hier wurde die Figur in einer alten Scheune gereinigt, poliert und schließlich mit einem 22-Karat-Goldmantel überzogen. Zufällig besuchte der Bildhauer unsere Kirche und war zutiefst von den stillen Wassern und den grünen Wiesen beeindruckt, die an die Gemeinde der *Crystal Cathedral* angrenzen. »Hier gehört die Statue eigentlich hin«, sagte Mr. Van Wolf. »Aber heute kommt eine berühmte Schauspielerin in mein Atelier und ich bin mir sicher, dass sie sie kaufen wird.« Ich bat ihn: »Warten Sie bitte noch eine Woche, damit ich den Kirchenvorstand einberufen kann und wir eine Chance haben, die Figur zu kaufen.« Seine Antwort war eindeutig: »Pastor, ich kann keine Woche warten. Ich brauche das Geld. Ich muss heute verkaufen, wenn sie einwilligt, und ich bin mir sicher, dass sie das tun wird.« Zu diesem Zeitpunkt konnte ich mir die Statue auf der grünen Wiese bei den stillen Wassern unserer Kirche deutlich vorstellen – eine Inspiration für Hunderttausende über Jahrhunderte hinweg. Mein Gelegenheitsentdeckender Glaube brachte mich gerade in

Schwierigkeiten. In unserer Gemeindesatzung steht, dass ich eine außerordentliche Vorstandssitzung sechs Tage im Voraus schriftlich ankündigen muss. Der Bildhauer hatte jedoch keine sechs Tage Zeit. »Mr. Van Wolf«, machte ich ihm ein Angebot und rechnete dabei rasch im Kopf, »ich kaufe die Statue!« (Der Preis betrug einundzwanzigtausend Dollar) »Ich gebe Ihnen heute siebenhundert Dollar.« (Siebenhundert hatte ich auf meinem Sparbuch.) »Ich werde Ihnen weitere zweitausenddreihundert innerhalb der nächsten zwei Monate zahlen. Das ist dann insgesamt eine Anzahlung von dreitausend Dollar. Dann werde ich Ihnen fünfhundertsiebzehn Dollar und siebenundsiebzig Cent über einen Zeitraum von 36 Monaten geben. Da sind schon Zinsen mit eingerechnet.« »Nun, Pastor, ich glaube, dass Gott die Statue hier haben möchte, und ich will das auch. Ich nehme Ihr Angebot an.« Damit setzten wir eine schriftliche Vereinbarung auf. Zwei Wochen später stand Christus – der Gute Hirte, der die Schafe versorgt – glänzend in den stillen Wassern neben der gläsernen Wand der Gemeinde der *Crystal Cathedral*. Er steht heute noch dort. Ich konnte die gesamte Anzahlung über dreitausend Dollar aufbringen. Wenn Sie dieses Buch lesen, wird dieses unvergängliche, inspirierende Werk mit freiwilligen Spenden von Menschen, die das Meisterstück schätzen, schon lange abbezahlt sein.

Eines ist sicher: Eine Gelegenheit bedeutet Abenteuer, und jede Unternehmung hat ihre eigenen, einzigartigen Schwierigkeiten.

Wie gehen MÖGLICHKEITSDENKER mit ihren Problemen um? MÖGLICHKEITSDENKER greifen Probleme mit Ruhe und Gelassenheit direkt an, denn sie sind Künstler darin, mit Problemen meisterhaft umzugehen. Wie machen sie das? Hier sind acht grundlegende geistige Haltungen, die Sie einnehmen sollten, um mit den immer vorhandenen Schwierigkeiten klarzukommen.

1. ERWARTEN SIE PROBLEME.

Seien Sie nicht überrascht, wenn Sie über ein Problem stolpern. Erwarten Sie Probleme, und die Probleme werden Sie nicht in Panik versetzen. MÖGLICHKEITSDENKER sind keine Träumer mit verklärtem Blick, die keine Schwierigkeiten erwarten. Im Gegenteil: sie sind Realisten, die wissen, dass auch sie Schmerzen, Not und Schwierigkeiten ertragen müssen. Daher haben sie sich ein hartes Fell zugelegt, bewahren jedoch zugleich ein weiches Herz. Seien Sie hart zu sich selbst. Erteilen Sie sich selbst eine erbarmungslose, harte und ernste Lektion. Niemand sonst wird es wagen, sie Ihnen zu erteilen! Niemand sonst kann das machen und damit durchkommen! *Wenn ich durch ein dunkles Tal gehe, spreche ich mir selbst zu: »Sei kein Baby – werde erwachsen – sei ein Mann!« SIE sind der einzige Mensch, der IHNEN die brutale Wahrheit, die SIE hören müssen, ins Gesicht sagen kann. Erwarten Sie schwere Zeiten.* Der sanfteste Mensch, den ich je getroffen habe, ist zugleich auch der härteste. Sein Name ist Frank Leahy, Footballtrainerlegende in Notre Dame und als bester Trainer wurde er in die *Hall of Fame*[19] aufgenommen. Als wir uns in meinem Büro unterhielten, sagte er mit einem warmherzigen freundlichen Gesichtsausdruck, der eine christusähnliche Sanftheit und zugleich Stärke (eine wunderbare, einnehmende Kombination) ausstrahlte: »Solange ich Coach in Notre Dame war, haben wir in unserem Umkleideraum gut sichtbar an der Wand einen Spruch hängen gehabt: ›When the going gets tough the tough get going‹.[20]«

Da Sie wissen, dass Probleme unausweichlich sind, versuchen Sie Probleme vorherzusehen, damit Sie nicht darüber stolpern. Kluge Menschen ergreifen nie eine Gelegenheit, ohne sich zu fragen, welche Probleme sie wohl erwarten könnten. Sie gehen dabei immer davon aus, dass sie irgendwie irgendeine Lösung für diese Probleme finden werden. Wenn Sie mögliche Schwierigkeiten vorhersehen, überlegen Sie sich eine Vielzahl an Lösungen. Wenn dann ein Problem auftritt, sind Sie vorbereitet. Ein Leiter ahnt Probleme schon Jahre voraus und mit ihnen ein Arsenal möglicher Lösungen. Seien Sie Ihren Problemen einen Schritt voraus! Sie werden über kein Problem stolpern, solange Sie ihm voraus sind.

Welche Art von Schwierigkeiten können Sie erwarten?

19 Anmerkung des Übersetzers: Ruhmeshalle, in der Menschen mit besonderen Verdiensten geehrt werden.

20 Freie Übersetzung: Wenn es hart auf hart kommt, kommen die Starken in die Gänge.

Wenn Sie ein Denker sind, der den Ton angibt, können Sie Probleme mit Menschen erwarten – besonders mit Menschen, die in Traditionen verhaftet sind. MÖGLICHKEITSDENKER können mit Schwierigkeiten bei Menschen rechnen, die dazu neigen, sich gegen Veränderung zu wehren.

Jede neue Idee wird früher oder später Geld kosten. Sie können Probleme mit Menschen erwarten, die keine wirtschaftlichen Risiken eingehen, Geld spenden oder finanzielle Opfer geben wollen. Seien Sie darauf vorbereitet – ein großer Glaube schafft große Probleme.

Ist das der Grund, warum viele Menschen eigentlich keine MÖGLICHKEITSDENKER sein wollen? Könnte es sein, dass die Angst vor Schwierigkeiten eine der Hauptursachen von Unmöglichkeitsdenken ist?

2. BETRACHTEN SIE IHR PROBLEM VOM RICHTIGEN STANDPUNKT AUS.

Vermeiden Sie es, der Neigung nachzugeben, Ihr Problem größer zu machen, als es ist. Das ist ein verhängnisvoller Fehler, den Menschen mit einem Unmöglichkeitskomplex begehen. Der Durchschnittsmensch hat eine unglaubliche Gabe, aus einer Mücke einen Elefanten zu machen. Ich muss dabei an eine Frau denken, die in mein Büro kam und mir erzählte: »Jetzt reicht es mir. Ich werde mich von meinem Ehemann scheiden lassen.«

»Betrinkt er sich?«, fragte ich die bekümmerte Frau. »Oh nein!«, antwortete sie frustriert.

»Lässt er sich mit anderen Frauen ein?«, fragte ich. »Nein, in dieser Hinsicht verhält er sich ziemlich gut«, antwortete sie. »Will er nicht arbeiten oder verspielt er sein Geld?«, erkundigte ich mich weiter. »Nein! Nein! Das ist eines, was ich ihm zugutehalten muss – er ist in dieser Hinsicht ein wirklich guter Ehemann«, erwiderte sie.

»Schlägt oder verprügelt er Sie?«, wollte ich wissen. »Um Himmels willen, nein!« Meine Frage schockierte sie. »Nun, ist er homosexuell oder von irgendwelchen Betäubungsmitteln abhängig?«, bohrte ich nach. »Natürlich nicht!«, sagte sie empört.

»Nun ja«, empfahl ich ihr, »überlegen Sie es sich dreimal, bevor Sie sich scheiden lassen. Ich kenne hundert einsame Frauen, die sich auf ihn stürzen werden, sobald Sie ihn freigeben.« »Wissen Sie«, sagte sie mit aufgehellter Miene, »vielleicht ist er gar nicht so ein schlechter Kerl.«

Ein bekannter Geschäftsmann betrat eines Tages das Büro des bekannten Bostoner Predigers Dr. Phillips Brooks. Fast schon hysterisch platzte der Geschäftsmann heraus: »Haben Sie die Morgenausgabe der Zeitung heute gelesen? Ich bin ruiniert!« Der besonnene Pastor beruhigte den Geschäftsmann und sagte dann: »Jetzt atmen Sie erst einmal tief durch. Ich habe die Zeitung nicht gelesen. Ich habe eine andere abonniert. Die Hälfte aller Menschen in dieser Stadt liest diese Zeitung nicht. Die andere Hälfte liest nur die Titelseite, die Überschriften und die Cartoons. Der Bruchteil derer, der mehr als die Cartoons anschaut, liest den Börsenteil, andere die Sportberichte, wieder andere die Frauenseite. Ich wage einmal zu behaupten, dass weniger als ein Prozent überhaupt auf Ihren Namen stoßen. Diejenigen, die Sie nicht kennen, wird das nie und nimmer interessieren, und sie werden vergessen, was sie gelesen haben. Diejenigen, die Sie kennen, werden es nicht glauben.«

Seien Sie gewappnet gegen die übermächtige Versuchung, die Bedeutung, das Ausmaß und den Umfang Ihres Problems zu übersteigern.

3. HEISSEN SIE PROBLEME WILLKOMMEN, DENN SIE FÖRDERN DEN ERFOLG.

Sie fordern die Vorstellungskraft heraus. Jedes Problem motiviert den MÖGLICHKEITSDENKER, in größeren Dimensionen zu denken, mehr Geld zu investieren, mehr Zeit aufzubringen, größere Energien freizusetzen, bessere Geschäftspartner anzuheuern, eine neue Abteilung in einem Betrieb zu gründen oder ein Projekt ganz neu zu strukturieren.

Eignen Sie sich eine solche Einstellung an, und Sie werden nicht mehr angespannt, aufgebracht, verunsichert, neidisch, zynisch oder entmutigt sein, wenn sich Ihnen ein Problem in den Weg stellt. Halten Sie sich vor Augen, dass jedes Problem Ihre fantasiefördernden »Muskeln« trainiert. Deshalb können Schwierigkeiten Sie stark machen. Sie dürfen zuversichtlich sein, dass Sie von Problemen profitieren können, wenn Sie eine positive Haltung gegenüber Möglichkeiten beibehalten. Heißen Sie daher Probleme willkommen, und sie werden Ihnen das Leben nicht erschweren. Vielmehr werden Schwierigkeiten Sie anspornen und motivieren.

Folgendermaßen sollten Sie Probleme betrachten:

Probleme sind Wegweiser, keine Stoppschilder!

Man sollte große Probleme nicht als Hinweis zum Aufhören deuten.

Als sie vor einigen Jahren ihren Ehemann verlor, beschloss eine junge Mutter, sich nicht vom Selbstmitleid vereinnahmen zu lassen. »Nun, ich denke mal, dass das meine Chance ist, in die Welt zu gehen und mir eine Karriere aufzubauen«, sagte sie. Das tat sie dann auch. Sie lernte Schreibmaschine zu schreiben, und bekam schon bald eine Stelle als Sekretärin.

Alles schien für Virginia Hayter gut zu laufen, bis sie Schmerzen in den Fingerkuppen bekam. Es stellte sich heraus, dass sie eine ernste Krankheit hatte, die Sklerodermie[21] heißt, und die durch das Tippen verstärkt wurde. Als die Krankheit ausgebrochen war, rieten ihr die Ärzte, die sie konsultierte, mehrere Finger an beiden Händen amputieren zu lassen.

Ich besuchte sie im Krankenhaus. Auf einem weißen Kissen gebettet begrüßte sie mich mit einem Lächeln. Ihre verbundenen Hände lagen auf der Decke. »Wie geht es Ihnen, Virginia?«, fragte ich mitfühlend. »Ganz gut, Pastor«, antwortete sie mit einem tapferen Lächeln. Wir unterhielten uns, und dann betete ich. Als ich damit fertig war, entdeckte ich ihre Tränen. »Es gibt eine Sache, worüber ich mir ab und zu Gedanken mache«, sagte sie leise. »Was soll ich machen, wenn ich nicht mehr tippen kann?« Ihre Frage selbst beantwortend fuhr sie dann fort: »Ich bin mir sicher: jedes Mal, wenn eine Tür zugeht, wird eine andere aufgehen.« »Da bin ich mir auch ganz sicher, Virginia«, erwiderte ich. »Entweder lerne ich, mit meinen Stummeln auf der Maschine zu schreiben, oder ich finde eine bessere Arbeit!«, versprach sie beherzt.

21 Krankheit mit Finger- oder Zehengeschwüren, die äußerst schmerzhaft sind und schlecht abheilen, teilweise ist eine Amputation notwendig.

**Wann immer eine Tür zugeht,
wird eine andere aufgehen.**

Zwei Wochen später stattete sie mir einen Besuch im Büro ab. »Wie ich schon sagte: jedes Mal, wenn eine Tür zugeht, wird eine andere dafür aufgehen. Mein Chef war letzte Woche im Urlaub, und der Direktor suchte jemanden, der Kosten-Nutzen-Analysen erstellen kann. Er ging durch die persönlichen Arbeitsakten und meinte, dass ich vielleicht dazu geeignet sei. Also rief er mich in sein Büro und fragte, ob ich daran interessiert wäre, Kosten-Nutzen-Analysen zu erstellen. Er erzählte mir: ›Sie werden vielleicht nicht mehr so viel mit der Schreibmaschine zu tun haben, aber schlussendlich können sie weit mehr verdienen als eine Schreibkraft.‹« Heute ist sie als Kosten-Nutzen-Analytiker sehr erfolgreich. »Sagen Sie den Menschen, Pastor«, trug sie mir auf, »dass Probleme Wegweiser sind, keine Stoppschilder.«

Lassen Sie es nicht zu, dass Schwierigkeiten Sie aus der Fassung bringen – nutzen Sie Ihre Probleme, um auf etwas Größeres und Besseres aufmerksam gemacht zu werden.

4. VERGESSEN SIE NICHT, DASS JEDES PROBLEM EINE NEUE GELEGENHEIT IST.

Der ehemalige Kongressabgeordnete Clyde Doyle war ein enger Freund von mir und unterstützte meine Kirche engagiert. Ich erinnere mich an eine Zeit, als er in eine große nationale Debatte verwickelt war. Da er Mitglied in unserer Kirche war, fühlte ich mit ihm, als sein Name in der Presse verunglimpft wurde. Einmal fragte ich ihn dann, wie er sich dagegen wehrte, und er sagte: »Wir Politiker glauben, dass selbst Kritik uns weiterhilft. Für einen Politiker ist es nicht so wichtig, was man über ihn sagt, sondern dass man über ihn redet. Selbst Kritik ist besser als nichts. Solange man über uns redet, kennen die Menschen unseren Namen. Wenn die Wähler an die Urne treten, stimmt der Großteil für einen bekannten Namen. Die meisten erinnern sich an einen Namen, auch wenn sie gar nicht mehr wissen, was über diese Person geschrieben wurde.«

Ein anderer Freund von mir wurde von der auflagenstärksten Wochenzeitung Amerikas in Bezug auf ein kontroverses Thema angegriffen. »Ich habe nichts gegen Kritik«, sagte mein möglichkeitsdenkender Freund. »Sie verschafft mir die Gelegenheit, meinen Kritikern zu antworten. Sie gibt mir einen Grund, mich öffentlich zu äußern und überall das Gute zu berichten, an dem ich gerade arbeite, womit ich mich beschäftigt habe oder was ich plane zu tun. Ohne die Kritik hätte ich nie die Möglichkeit oder Gelegenheit gehabt, meine Ideen einem so großen Publikum mitzuteilen.«

Ist es nicht großartig, wie viele kreative Möglichkeiten in jedem Problem zu finden sind?

Als ich an der *University of the Pacific* in Stockton, Kalifornien, lehrte, war ich von dem prächtigen Turm beeindruckt, der den Eingang zu diesem schönen Hochschulgelände bewacht. Stattlich erhebt sich der hohe neugotische Bau auf einer weitläufigen grünflächigen Insel, genau zwischen den Toren. Er ragt 50 Meter in den Himmel – wahrhaftig ein inspirierendes Bauwerk. Der Präsident der Universität, Dr. Robert Burns, erzählte mir diese bemerkenswerte Geschichte. Einige Jahre zuvor wurde das Wasser knapp und man rief Ingenieure, um dem Problem auf den Grund zu gehen. Die Ingenieure sagten: »Hier kann nur ein Wasserturm Abhilfe schaffen.« Sie bestanden darauf, dass der neue Wasserturm aufgrund der baulichen Bedingungen genau zwischen den beiden Eingangstoren errichtet werden müsse. Die Vorstellung eines monströsen Wassertanks, der den Haupteingang der Universität verunstaltete, bereitete Dr. Burns Magenschmerzen. Aber die Ingenieure blieben unnachgiebig. Sie kamen zu dem eindeutigen Entschluss: »*Der Wasserturm muss gebaut werden, und er muss am Eingang stehen.*« Vielleicht könnte man aus dieser farblos erscheinenden Konstruktion ein edles Bauwerk machen. Das Ergebnis? Der Turm wurde gebaut. Um ihn herum wurden im Abstand von zehn Metern Zementwände 50 Meter in die Höhe gezogen. Um den Wassertank zu verbergen, wurden auf den obersten fünfzehn Metern Buntglasfenster eingesetzt. In die unteren zwei Drittel des Turmes wurden neun Stockwerke gezogen, in denen heute moderne Verwaltungsbüros, ein Vorstandszimmer und ein Radiosender untergebracht sind. Es gibt wohl kaum einen Verwaltungsangestellten einer Hochschule, der eine schönere Aussicht von seinem Bürofenster aus hat, als die Beamten der *University of the Pacific*. Es gibt wohl auch kaum eine andere Universität in Amerika, die ein so bezauberndes Wahrzeichen hat, das eintreffende Studenten und Würdenträger begrüßt.

Hinter jeder Notlage verbirgt sich eine Gelegenheit.

5. ERSTELLEN SIE EINE LISTE ALLER LÖSUNGSMÖGLICHKEITEN.

Üben Sie sich wieder im Möglichkeitsdenken und stellen Sie sich alle denkbaren Wege vor, wie Ihr Problem am besten gelöst werden könnte. Erweist sich ein Lösungsweg als nutzlos oder uneffektiv, versuchen Sie die zweite Lösung auf Ihrer Liste. Weigern Sie sich, eine Niederlage zu akzeptieren. Es muss eine Lösung geben! Vielleicht müssen Sie in größeren Dimensionen denken. Vielleicht brauchen Sie eine Gesetzesänderung. Vielleicht müssen Sie eine vollkommen neue Maschine oder ein neues Produkt erfinden. Vielleicht müssen Sie eine neue Abteilung gründen. Seien Sie in Ihrem Denken erfinderisch!

MÖGLICHKEITSDENKER sind einfallsreiche Menschen. Sie folgen dem vertrauten Grundsatz: »Wo ein Wille ist, ist auch ein Weg.« In meiner neuen Heimatstadt Garden Grove war eine meiner ersten Erfahrungen eine Sitzung mit sechs protestantischen Pastoren. »Wie viele Haushalte gibt es in dieser Stadt?«, wollte ich wissen. »Vierzehntausend«, antwortete der Abgesandte der Methodisten. »Haben Sie eine Statistik der Religionszugehörigkeit dieser Menschen erhoben?«, fragte ich. Als Antwort erhielt ich Kopfschütteln und amüsiertes Lächeln. »Dann lassen Sie uns die Kirchen zusammentrommeln, alle vierzehntausend Haushalte überprüfen, herausfinden, wozu jeder gehört und uns um diejenigen kümmern, die keiner Religion angehören!«, schlug ich vor. Ihre Reaktion war nicht gerade berauschend: »Vierzehntausend Hausbesuche? Das ist unmöglich. Haben Sie eine Vorstellung, wie lang das dauert? Haben Sie schon einmal darüber nachgedacht, was für ein enormes Projekt das wäre?« Diese Frage erstickte den positiven Vorschlag schon im Keim und erledigte die Idee an Ort und Stelle.

Ich erwähnte meine Enttäuschung vor einem Geschäftsmann, der zu meiner Kirche gehörte und ein wahrer MÖGLICHKEITSDENKER war. »Vierzehntausend? Das ist einfach!«, sagte er. »Wir brauchen nur vierzig Leute, die bereit sind, dreihundertundfünfzig Klingeln zu putzen. *Meine Frau und ich* werden langsam durch jede Straße dieser Stadt fahren und jedes Haus unserer Stadt auf die eine Seite eines Blatt Papiers notieren; insgesamt fünfunddreißig pro Blatt. Dann werden wir jedem Besucher zehn Blätter mit je fünfunddreißig Adressen in die Hand geben, was dann insgesamt 350 Adressen ergibt, die sie überprüfen müssen.«

Ein großartiger Gedanke! Zwei Wochen später kam dieser Mann zurück, und er hatte jede Hausnummer der Stadt in Listen erfasst. *Er legte vierhundert Blatt Papier mit je fünfunddreißig Adressen auf meinen Schreibtisch – insgesamt vierzehntausend Familien.* »Nun«, sagte er, »alles was wir jetzt noch tun müssen, ist vierzig Freiwillige finden, die jeweils zehn Bögen bekommen, losziehen, an Türen läuten, zwei einfache, höfliche Fragen stellen, die Antworten auf diesem Blatt Papier notieren und diese dann zurückbringen.« Der Aufruf erging. Die große Herausforderung der gesamten Stadt in zwei Wochen einen Besuch abzustatten, war eine mächtige Motivation. Es fanden sich vierzig Freiwillige. Sie kamen zu einem wunderbaren Abendessen zusammen, um ihre Blätter abzuholen. Am Freitagabend verließen alle vierzig gut vorbereitet das Dinner, um am frühen Samstagmorgen dann loszumarschieren. Am Abend dieses ersten Samstages hatten sie über siebentausend Menschen erreicht. Den darauf folgenden Samstag war bereits jedem Haus, vierzehntausend an der Zahl, ein Besuch abgestattet worden. Vierzig MÖGLICHKEITSDENKER hatten erreicht, was sechs Universitäts- und Seminarabsolventen für unmöglich gehalten hatten.

Ohne Zweifel gibt es für jedes Problem eine Lösung!

6. GEHEN SIE MIT IHREM PROBLEM KREATIV UM.

Was Sie mit Ihrem Problem anstellen, ist viel wichtiger, als was das Problem mit Ihnen anstellt.

Dr. Frank Barron & Partner studieren seit langem das Wesen des Menschen am Institut für Persönlichkeitsbeurteilung und Forschung an der Universität von Kalifornien. Dr. Barron erzählte einst die Geschichte eines jungen Mannes, der am Institut interviewt worden war. Als dieser junge Mann in der Pubertät war, wurde seine Mutter psychisch krank und erholte sich nie wieder. Um die ohnehin schon nicht einfache Lage noch zu erschweren, wohnte sie auch noch größtenteils zu Hause. Sein Vater war Alkoholiker und zog des Öfteren umher und verließ seine Familie mehrmals. Hinzu kam, dass die Familie aufgrund der Weltwirtschaftskrise der 1930er in extremen finanziellen Schwierigkeiten steckte. Man könnte nun erwarten, dass ein Mensch mit einem derartigen Hintergrund soziale Anpassungsschwierigkeiten haben sollte. Das Gegenteil war der Fall. Aufgrund der Schwierigkeiten in seiner Jugend, hatte der junge Mann eine Charakterstärke entwickelt, die dazu führte, dass er in der Testaufgabe zur Persönlichkeit die höchste Punktzahl des gesamten Instituts erreichte. Dr. Barron behauptet, dass *»individuelle Gesundheit eine Reaktion auf Probleme, nicht auf die Abwesenheit von Problemen ist«*.

Profitieren Sie von Ihren Problemen, schlagen Sie Kapital aus Ihren Krisen und ziehen Sie einen Vorteil aus Ihren Schwierigkeiten.

Es ist kein Wunder, dass der MÖGLICHKEITSDENKER im Angesicht persönlicher oder beruflicher Probleme ein erstaunliches Maß an Gelassenheit bewahrt. Er sieht darin nämlich großartige Möglichkeiten zu profitieren, zu wachsen, zu lernen oder seine Schwierigkeiten mit Humor zu nehmen.

7. ENTWICKELN SIE EINEN SINN FÜR HUMOR.

Ich bin immer wieder erstaunt, wie Menschen mit sehr ernsthaften Problemen ihre Schwierigkeiten trotz allem mit Humor nehmen können. Bill Bruin, ein erfolgreicher Handelsvertreter, war einer der glücklichsten Personen in meiner Kirche. Als er erfuhr, dass er Kehlkopfkrebs hatte, war er natürlich tief geschockt. Sein Kehlkopf wurde operativ entfernt und er lernte, mit einem elektronischen Hilfsmittel zu sprechen. Er schlug aus seiner Krise Kapital. Er machte aus seinem Nachteil einen Vorteil. »Wenn ich mit diesem Apparat spreche, hören mir die Menschen wirklich zu. Zumindest bekomme ich nun sofort alle Aufmerksamkeit«, erzählte er mir eines Tages. Bis zu dem Tag als er starb, etwa fünfzehn Jahre später, behielt er einen wunderbaren Sinn für Humor. »Meine größte Sorge ist, dass mein Sohn die Batterien stibitzen könnte, die dieses Ding am Laufen halten, wenn er weiß, dass sein Vater ihm die Leviten lesen will«, bemerkte er eines Tages lachend. Er dachte sich eine ganze Reihe großartiger Witze über sein Problem aus. Er brachte es sogar fertig, mit seiner elektronischen Stimme eine Polizeisirene nachzuahmen. Ihm bereitete dieser Scherz viel Spaß. »Den Menschen scheint es manchmal peinlich zu sein, wenn sie mir zum ersten Mal begegnen«, erzählte mir Bill einmal, »aber das ist deren Problem. Ich helfe ihnen mit ihrem Problem, indem ich ein oder zwei Späße mache.«

8. LASSEN SIE SICH DURCH IHR PROBLEM ZU GOTT FÜHREN.

Jedes Problem wird Sie zu einem veränderten Menschen machen.

Lesen Sie diese Worte der Bestätigung laut: »Ich werde ein anderer Mensch sein, wenn dieses Problem verschwunden ist. Ich werde ein klügerer, stärkerer und geduldigerer Mensch sein; oder ich werde sauer, zynisch, bitter, desillusioniert und ärgerlich sein. Es hängt alles davon ab, wie ich mit meinem Problem umgehe. Jedes Problem kann mich zu einem besseren oder einem schlechteren Menschen machen. Es kann mich näher zu Gott führen oder mich von Gott entfernen. Es kann meinen Glauben erbauen oder meinen Glauben zerrütten. Alles steht und fällt mit meiner Einstellung. Wenn dieses Problem hinter mit liegt, habe ich vor, ein besserer Mensch zu sein, als ich es vorher war.«

Es gibt in der Gemeinde der *Crystal Cathedral* viele Familien, die eine außerordentliche Inspiration für mich waren. Dazu zähle ich ganz gewiss die Familie von Vern Dragt. Während ich auf dem klebrigen Teerpapierdach eines Autokinos predigte, um ein paar Menschen davon zu überzeugen, mit mir eine neue Kirche in Orange County zu gründen, klatschte Vern Dragt fünfundzwanzig Meilen nördlich in El Monte, Kalifornien, nassen Mörtel an neue Häuser. Eines Abends kam er nach einem harten Arbeitstag als Verputzer müde nach Hause. Er klagte über Kopfschmerzen, verlor jedoch keine weiteren Gedanken daran. Die Schmerzen wurden schlimmer. Seine Frau La Von forderte ihre zwei kleinen Mädchen auf, ruhig zu sein. »Seid ganz leise. Daddy hat ganz schlimme Kopfschmerzen, und ihr wollt ja auch nicht das Baby aufwecken, oder? Denkt daran, es ist erst sechs Monate alt.« Innerlich machte sie sich Sorgen um ihren Mann. Schließlich war er ein Sportler, der schon viele Preise gewonnen hatte, ein außergewöhnlich starker, körperlich fitter Mann, der nie Kopfschmerzen bekam. »Ich werde einen Arzt anrufen«, sagte sie. Einige Stunden später bekam sie den Schock ihres Lebens.

»Kinderlähmung? Oh nein! Nicht mein Mann! So starke Männer bekommen doch keine Kinderlähmung, nicht wahr, Doktor?« Als sie ihren Gatten das nächste Mal sah, lag er in einer eisernen Lunge. Tage vergingen. Er schwebte zwischen Leben und Tod. Viele Leute kamen zusammen und beteten für ihn, aber ich war nicht darunter. Ich war fünfundzwanzig Meilen entfernt damit beschäftigt, ein paar Menschen dazu zu überreden, mir bei der Gründung einer Kirche in Orange County zu helfen. Wochen vergingen und Vern lag noch immer in der eisernen Lunge. Da die Ausgaben immer höher wurden, waren die mageren Ersparnisse der Familie dieses jungen Mannes schnell aufgezehrt. Die junge Mutter wandte sich an Gott. Sie betete. Gott gab ihr Weisung und Stärke. »Nun, ich werde mir dann wohl eine Arbeit suchen«, kündigte sie an, als all ihr Geld verbraucht war. »Es bringt nichts, mich selbst zu bemitleiden. Auf geht's, La Von: schaffe etwas Geld fürs Essen her«, redete sie sich selbst tapfer zu.

Es ist nicht leicht für eine junge Mutter ohne irgendeine Ausbildung, ohne Fachkenntnisse und Studienabschluss, eine Arbeit zu finden, die genug Geld für den Unterhalt einer Familie abwirft. Immer wieder wurden ihre Bewerbungen abgelehnt, da sie keine »Erfahrung« vorweisen konnte. Dann bot sich ihr die Gelegenheit ein Produkt zu verkaufen, das »Tupperware« hieß. »Reden ist alles, was ich tun muss«, dachte sie sich, »und darin habe ich viel Erfahrung!« Also entschloss sie sich augenzwinkernd, jedoch ernsthaft und mit Leidenschaft, es auszuprobieren. Sie dachte sich: »Ich denke, ich kann es!« Egal wo sie hinging, sprach sie über Tupperware. Bald schon gründete sie eine kleine Firma und stellte andere junge Frauen ein, die für sie verkauften. Sie konnten die Schulden abbezahlen und Vern erholte sich so weit, dass er die eiserne Lunge verlassen konnte. Seine Arme waren kraftlos geworden. Er würde nie wieder verputzen können. Er würde nie wieder Baseball spielen können. Vielleicht war das trotz allem gar nicht ein so großes Unglück. Möglicherweise war das die Gelegenheit, etwas Besseres aus seinem Leben zu machen. Während seine Frau Tupperware verkaufte, drückte er wieder die Schulbank und machte einen Abschluss in Betriebswirtschaft. Heute beschäftigt La Von mit großer Hingabe sechshundert Verkäufer und Verkäuferinnen, während ihr Ehemann das millionenschwere Unternehmen managt.

Vor einigen Jahren entschlossen sich die Dragts, näher zu ihrem Büro zu ziehen – ein Umzug, der sie ganz in die Nähe des Orange-Autokinos führte.

»Hör dir mal das an«, sagte La Von, als sie gerade das Lokalblatt las. »Da fängt jemand eine Walk-In-/Drive-In-Kirche an! Ist das nicht aufregend? Das klingt so, als ob das Ganze eine große, wundervolle und inspirierende Sache sein wird. Ich würde diese Kirche gerne einmal besuchen.«

Sie ging zum Telefon und wählte unsere Nummer. Ihr Anruf unterbrach mich in meinen Gedanken. Ich hatte gerade mit einer großen Herausforderung zu kämpfen, der ich mich seit ein paar Tagen stellen musste: »Woher um alles in der Welt glaubst du, die monatliche Rate von vierhundert Dollar für das Grundstück aufzutreiben?« Meine Sekretärin war gerade nicht da, deshalb nahm ich den Hörer ab. Die Dragts wurden Mitglieder in unserer Kirche und ihr wöchentlicher Zehnter entsprach wundersamer Weise den monatlichen Raten für unser Grundstück.

Heute haben wir einen 83 Meter hohen *Tower of Hope* mit einer kleinen Himmelskapelle im dreizehnten Stock gebaut. Hier wird das Licht vierundzwanzig Stunden am Tag brennen, und Millionen Menschen daran erinnern, dass »es ein Auge gibt, das sich niemals schließt, ein Ohr, das immer offen steht und ein Herz, das sich nie verhärtet«.

Ich erinnere mich daran, wie wir die Gemeinde zu dem Versprechen herausforderten, eine Million Dollar für den Turm aufzubringen. Wir beteten, dass jemand 100.000 Dollar für die kleine Himmelskapelle spenden würde! Einige Menschen lachten, als wir es wagten, um so eine große Spende zu bitten. Beinahe eintausend Gemeindemitglieder versammelten sich eines Abends im Hotel von Disneyland, um ihre finanzielle Unterstützung für den Bau des *Tower of Hope* zuzusagen. Als ich das Hotel um 22 Uhr verließ, hatte der Leiter der Spendenaktion noch zwei Stunden Arbeit vor sich, in denen er die Finanzen überprüfen musste. Es war beinahe Mitternacht, als ich von seinem Telefonanruf geweckt wurde. Er sagte: »Pastor, entschuldigen Sie die Störung. Aber Sie haben Ihre Himmelskapelle. Ich habe gerade eine Spendenzusage über einhunderttausend Dollar gefunden. Die Spendenaktion ist ein Millionen-Erfolg!«

Wie verwundert war die Gemeinde, als ich drei Wochen später bekannt gab, dass Vernon und La Von Dragt 100.000 Dollar spendeten, damit diese Kapelle des Glaubens hoch erhaben in den Himmel gesetzt werden konnte – mit einer weiten Aussicht über Orange County. Diese Kapelle ist das Geschenk einer Familie, die erfahren hat, dass die schwarzen Momente unseres Lebens manchmal in Wirklichkeit die Dunkelheit vor einem prächtigen, neuen Sonnenaufgang ist. Die kleine Himmelskapelle wäre vielleicht nie gebaut worden, wenn ein Mann, an Kinderlähmung erkrankt, nicht Jahre zuvor monatelang in einer eisernen Lunge verbrachte hätte. »Seltsam scheinen Gottes Wege, wenn er seine Wunder tut. Wellen wählt er sich zum Stege, reitet auf des Sturmes Wut.«

Haben Sie ein Problem? Dann wenden Sie sich Gott zu, denn Er vermag Ihnen zu zeigen, wie auch Sie von Ihren Problemen profitieren können!

Er wird Ihnen sogar zeigen, wie Sie das Geld auftreiben, das Sie zum Vorwärtskommen benötigen.

VII. Lassen Sie sich von Geldproblemen nicht aufhalten

Es ist traurig, wie viele Vorhaben nie umgesetzt oder frühzeitig aufgegeben werden, und der Grund ist die fadenscheinige Entschuldigung: »Wir haben nicht genug Geld.«

Es gibt eine Vielzahl verschiedener Lösungen für Geldprobleme. Wenn eine praktische, inspirierende und außergewöhnliche Idee präsentiert wird, gilt als Grundregel in unserem Kirchenvorstand, dass niemand – ausnahmslos niemand – fragen darf: »Wie viel wird das kosten?«, solange das Konzept nicht ausführlich durchgesprochen ist. Die Vorstandsmitglieder stellen dann zuerst gelegenheitssuchende Fragen: »Ist das ein Vorschlag, der ein Bedürfnis stillt?« »Wäre das eine großartige Gelegenheit für Gott oder die Gemeinde?«. Erst wenn der Vorschlag offenbar ein Bedürfnis stillt, ein Problem löst, größere Gelegenheiten schafft, dem Wachstum zuträglich ist oder lohnende Verbesserungen bewirkt, wird die Frage gestellt: »*Wie* können wir das benötigte Geld auftreiben?« Wenn die Idee den Anforderungen standhält und wir sie umsetzen wollen, gehen wir davon aus, dass es – wie auch immer – irgendeinen Weg gibt, unseren Traum zu finanzieren.

1. SIE KÖNNEN MIT NICHTS ANFANGEN.

Träume kosten nichts. Haben Sie einen Traum? Kämpfen Sie mit Geldproblemen? Dann denken Sie daran: Alle bedeutenden Projekte fangen mit einem Traum an. Man kann ein Projekt starten, ohne einen einzigen Cent auszugeben!

Die kostbarsten Dinge im Leben gibt es umsonst.

Eine Idee, eine Stunde am frühen Morgen, ein ermutigender Freund, die Freiheit, Ihre Ideen zu verkaufen, ein Zeitungsartikel. Alle diese Dinge sind umsonst. Dasselbe gilt für ein Gespräch. Wenn Sie eine faszinierende Idee haben, die ein Bedürfnis stillt, Gott verherrlicht und die Menschen inspiriert, sprechen Sie mit einem vertrauenswürdigen MÖGLICHKEITSDENKER darüber, denn so geben Sie dem Traum zumindest die Chance, lebendig zu werden. Die wahrhaftig wertvollste Ware der Welt ist eine Idee. Gute Ideen ziehen wie ein Magnet Unterstützung von unerwarteter Seite an.

2. SIE KÖNNEN MIT WENIGEM VIEL ERREICHEN.

In vielen Teilen Amerikas kann man mit nur drei Personen und fünfzig Dollar ein Unternehmen gründen. Es ist nicht sehr teuer, sich firmeneigenes Briefpapier und Visitenkarten drucken zu lassen. Sie können also mit sehr wenig Geld beinahe alles anfangen. Sie können mit einem sehr geringen Budget sehr weit kommen, wenn Sie ein Projekt aus der Taufe heben wollen. Wenn sich ein Unternehmen oder eine Organisation einem nützlichen und schönen Traum verschrieben hat, können Sie sicher sein, dass das Projekt von dem menschlichen Impuls angetrieben sein wird, eine positive Idee am Leben zu erhalten.

Können Sie ein millionenschweres Grundstück kaufen, wenn Sie anfangs nur fünfzig Dollar haben? Ich denke ja! Sie müssten ein Unternehmen, eine Firma oder eine Handelsgesellschaft bilden, um die benötigten Investitionskosten zu beschaffen, aber es wird sicherlich gelingen, wenn der Vorschlag begründet, vernünftig, interessant und nützlich ist.

Menschen sind immer wieder erstaunt, wenn sie über unser Gelände gehen, das mehrere Millionen Dollar wert ist, und hören, dass alles mit fünfhundert Dollar begann. Aber das entspricht der Wahrheit. Das Traurige ist, dass Unmöglichkeitsdenker ihre Vorstellungskraft dazu gebrauchen, Gründe zu ersinnen, warum uns das gelungen ist, ohne sich vorstellen zu können, dass es ihnen auch gelingen könnte.

Sie können mit wenig viel erreichen,
wenn das Wenige voll eingesetzt wird.

Wenn engagierte Leiter ihre beste Zeit, Energie und Geld für ein Projekt einsetzen, inspirieren sie andere Investoren mitzumachen. Ehrliche Leiter, die einfallsreich sind und Risiken eingehen, ziehen die Aufmerksamkeit von Investoren auf sich. Ein junger Mensch mit großen Träumen und wenig Geld, der alles für seine Idee einsetzt, wird von den Menschen unterstützt werden, die ihm zum Erfolg verhelfen können. Halbherzige, halbvorsichtige und halbengagierte Gründer, die sich ihres Erfolgs nicht einmal selbst sicher sind, werden wenig Unterstützung erfahren: »A doubtful throne is ice on summer seas.«[22]

Ein junger Ingenieur, der in der Luftfahrtindustrie in Südkalifornien arbeitete, träumte von Größerem. Er stellte sich vor, dass er sein Geld im Baugewerbe verdienen könnte. Als sich ihm die Gelegenheit bot ein auserlesenes Stück Land mit einer Anzahlung von zweitausend Dollar zu kaufen, lieh er sich das Geld von seinen Verwandten, nahm einen Baukredit auf, baute ein Motel und verkaufte es zwei Jahre später mit beträchtlichem Gewinn. Diesen investierte er dann in ein sehr teures Grundstück, das Disneyland gegenüber lag. Ihm schwebte ein großes, luxuriöses Motel vor. Da er das Geld nicht hatte, baute er das Haus im Grunde selbst. Häufig lief ich spät abends an der Baustelle vorbei und sah Dick in seiner verschmutzten Montur hart arbeiten. Er strich die Wände, schrubbte den Boden, schleppte Bauschutt und machte nach dem Verputzen sauber. Fast zwei Jahre lang setzte er alles ein, was er hatte. Das *Jolly Roger* – so der Name – ist enorm erfolgreich. Das Geheimnis? Dick war sehr ehrlich, sehr entschlossen und sehr ehrgeizig. Er entdeckte, dass das Geld hereinkam, als er alles, was er hatte, in dieses Unternehmen steckte. Es ist erstaunlich, wie ein MÖGLICHKEITSDENKER mit wenig viel erreichen kann!

3. SIE KÖNNEN MEHR GELD VERDIENEN, ALS SIE ES FÜR MÖGLICH HALTEN.

Geld sollte Sie nie aufhalten, denn es ist viel mehr Geld im Umlauf, als Sie denken. Nur weil Sie es nicht haben, bedeutet das nicht, dass sie es nicht bekommen können. Ich riet einem arbeitslosen jungen Mann, Vertreter zu werden. Das jagte ihm

22 Freie Übersetzung: Eis auf einem See im Sommer ist ein zweifelhafter Thron.

wirklich Angst ein. »Sie meinen, ich soll losziehen und Menschen um ihr Geld bitten?«, sagte er. »Natürlich nicht«, erwiderte ich schockiert: »Zieh los und gib ihnen die Möglichkeit, ihr Geld auszugeben.« »Vertreter«, fuhr ich fort, »machen Leute aus mindestens zwei Gründen glücklich: Menschen geben ihr Geld gerne aus. Zieh los, mach die Menschen glücklich und du wirst Erfolg haben. Vertreter überbringen den Menschen gute Nachrichten, denn sie berichten ihnen über irgendein wundervolles Produkt, eine Dienstleistung oder Gelegenheit, von denen sie vielleicht noch nie gehört haben. Viele Kunden werden zuhören, das lieben, was sie sehen und hören, mit Begeisterung kaufen und dir dafür dankbar sein, dass du ihnen ihr Geld genommen hast im Austausch für etwas, das sie gerne erworben haben. Du machst Menschen glücklich, wenn du ihnen hilfst, ihr Geld auszugeben.«

Ich beschloss meine kleine Predigt mit diesen Worten: »Also zieh los, und schnapp dir dieses Geld. Du hast es nötig.« Ihn schien dieser Ratschlag aus dem Munde eines Predigers zu schockieren, also fügte ich noch hinzu: »Wenn du die Gesellschaft verbessern möchtest, ist es keine Sünde, Geld zu lieben. Das Gewinn-Motiv ist ein gutes Motiv, solange du Geld als ein Mittel zur Verbesserung deiner Gesellschaft, deiner Familie, deiner Kirche oder deiner selbst betrachtest. Die Liebe zum Geld ist nur dann eine Wurzel des Bösen, wenn das Geld zum Ziel wird und nicht ein Mittel zu einem bedeutungsvollen Zweck. Also zieh los und verdiene dir das Geld, das du brauchst, John. Denke beim Geld immer daran: Jeden Tag werden hunderttausende Dollar von den Feldern der freien Wirtschaft geerntet. Es gibt Millionen Menschen, die dieses Geld ausgeben wollen. Es gibt weitere Millionen, die bereit sind, dieses Geld zu investieren oder zu verleihen. Das Geld bekommt derjenige, der glaubt, dass er es bekommen kann.

4. MACHEN SIE EIN VERMÖGEN MIT GELIEHENEM GELD.

Vergessen Sie nicht, dass Millionen Dollar nur darauf warten, an würdige Unternehmen und verantwortungsvolle Geschäftsleute in spe verliehen zu werden. Führen Sie sich nur einmal den unglaublichen Wohlstand Amerikas vor Augen. Der Grundbesitz unseres Landes wird auf über eine Billion Dollar geschätzt.

Eine der größten amerikanischen Erfolgsgeschichten spielt im Leben von W. Clement Stone. In seinem wundervollen Buch *Success Through A Positive Mental Attitude*[23] beschreibt er, wie er ein Millionär wurde, indem er sich A.L.G. bediente – »**A**nderer **L**eute **G**eld«.

Amerikaner haben hunderte Milliarden Dollar Ersparnisse. Diese Ersparnisse vermehren sich jede Woche um Millionen. In einer freien und gesunden Wirtschaft reproduziert sich Geld in einer hohen Geschwindigkeit. Wie viele Menschen zahlen regelmäßig in Lebensversicherungen ein? Die Lebensversicherungen müssen dieses Geld anlegen. Alles Geld, das auf Banken, Sparkonten und Kreditinstituten liegt, muss angelegt werden. Wenn man von den kommerziellen Einrichtungen kein Geld geliehen bekommt, bekommt man das oft von Privatpersonen. Nur so konnte unsere Kirche ihr Wachstum finanzieren. Es gibt immer irgendeine Möglichkeit, wie Sie sich für die ersten Schritte Geld leihen können. Denken Sie auch daran, dass Schulden nicht unbedingt eine Schande sind. Häufig gilt:

Verantwortungsvolle Schulden sind ein Kennzeichen von Glauben.

Schulden sind ein greifbarer Beweis für den Mut und die Zuversicht eines Menschen. Nur wenige erfolgreiche Unternehmen können ohne geliehenes Geld wachsen und gedeihen. *Natürlich gibt es eine verantwortungsvolle Art, damit umzugehen.*

Beachten Sie die Vorteile von Schulden.

Schulden können einem einen richtigen Dienst erweisen. Wenn Sie sich Geld leihen, profitieren viele davon.

- Sie profitieren. Sie bekommen die Gelegenheit anzufangen.
- Der Verleiher des Geldes profitiert. Er bekommt Zinsen.
- Die Menschen, die einen Nutzen aus Ihrem Geschäft oder Ihrem Unternehmen ziehen, profitieren.
- Sie sparen vielleicht sogar Geld, indem Sie sich welches leihen. Bei vielen Investitionen ersetzen die Raten zur Schuldentilgung das Geld, was üblicherweise auf das Sparkonto eingezahlt wird.

23 Freie Übersetzung: Erfolg durch positives Denken

Millionen Amerikaner sparen nur Geld, indem sie die Hypotheken auf ihre Häuser abbezahlen und so den reinen Wert des Eigenkapitals steigern.

- Darlehenszinsen sind von der Steuer absetzbar – eine weitere Möglichkeit, durch das Leihen von Geld zu profitieren.

Nun betrachten Sie einmal all diese möglichen Vorteile, die einer verantwortungsvollen und ehrlichen Person entstehen, wenn sie Schulden aufnimmt. Oft werden Sie keinen Erfolg haben, solange Sie nicht genug Glauben haben, sich aufzumachen und sich Geld zu leihen.

5. SIE MÜSSEN VERSTEHEN, WAS ECHTE SCHULDEN IN WAHRHEIT SIND.

Was sind den eigentlich »Schulden«? Frisch vom Priesterseminar, jung verheiratet und gerade eben als Pastor meiner ersten Kirche eingesetzt, verdiente ich etwas mehr als zweihundert Dollar im Monat. Als der Winter vor der Tür stand, brauchte ich Kohle für den Ofen. Ich ging zum Kohleverkäufer und fragte ihn, wie viel Kohle ich denn würde kaufen müssen. »Ungefähr fünf Tonnen«, riet man mir. »Wie viel wird das denn kosten, und kann ich es anschreiben lassen?«, fragte ich. »Es wird Sie fünfundsiebzig Dollar kosten und wir werden es nicht anschreiben, Pastor. Sie müssen sich das Geld woanders leihen, denn bei uns bekommen Sie nur Kohle, wenn Sie bar bezahlen.« Damit war die Sache klar.

Also ging ich zur Bank, um einen Kredit über fünfundsiebzig Dollar für Kohle aufzunehmen. Der Bankangestellte erteilte mir eine wertvolle Lektion in Wirtschaftslehre: »Ich werde Ihnen dieses eine Mal den Kredit für Kohle gewähren, Pastor, aber niemals wieder. Wenn Sie Geld für Kohle leihen, nehmen Sie Schulden auf. Die Kohle wird verbrennen. Wenn sie weg ist und Sie Ihren Kredit nicht zurückzahlen können, gibt es nichts, dass sie veräußern könnten, um uns auszuzahlen. Wenn Sie Geld für Kohle oder Nahrungsmittel oder die Stromrechnung oder die Wasserrechnung leihen, geben Sie Geld aus, das für immer verloren ist. Das sind wirkliche Schulden.«

Da er spürte, dass ich noch einiges zu lernen hatte, fuhr er fort und erklärte: »Wenn Sie einen Kredit für ein Auto oder ein

Haus aufnehmen wollen, werden wir Ihnen das Geld geben. Dann nehmen Sie keine Schulden auf, sondern wechseln ins Anlagegeschäft. Wenn Sie die Auto-Raten nicht bezahlen können, können Sie das Fahrzeug verkaufen, uns den fälligen Restbetrag geben und das Geld, das Sie vielleicht noch übrig haben, ist dann die Ausbeute Ihrer Investition. Wenn Sie einen Kredit aufnehmen, um ein Geschäft zu kaufen und Sie nehmen einen Kredit für Waren auf, die Sie in die Regale stellen möchten, haben Sie keine Schulden. Sie haben ein Geschäft. Wenn Sie die Raten nicht zurückzahlen, können wir das Geschäft und die Waren verkaufen und wenn nach der Rückzahlung dann noch Geld übrig ist, haben Sie einen Profit aus Ihrer Investition geschlagen. Wenn Sie nach dem Verkauf Ihres Eigentums zur Abbezahlung des Kredits an die Bank kein Geld mehr haben, dann haben Sie keinen Gewinn gemacht. So einfach ist das.«

Diese Ratschläge sollten mir Jahre später bei der Gründung unserer neuen Kirche zu mehr Mut und Entschlossenheit verhelfen. Als wir unseren großen Traum von einer Walk-In-/Drive-In-Kirche hatten, wussten wir, dass sie viel Geld kosten würde. Wie lange hätten wir gebraucht, wenn wir das Geld aus dem Überschuss unserer Opfer gesammelt hätten? Vielleicht zwanzig Jahre. Also entschlossen wir uns, das Geld zu leihen. Bei der Fertigstellung hatte das gesamte Bauprojekt einen geschätzten Wert von einer Million Dollar. Beinahe 600.000 Dollar hatten wir geliehen. Zu dieser Zeit etwa sagte jemand zu mir: »Mir ist zu Ohren gekommen, dass Ihr sechshunderttausend Dollar Schulden habt.« Ich korrigierte ihn. »Im Grunde haben wir gar keine Schulden. Wir könnten unseren Besitz für eine Millionen Dollar verkaufen, die Hypotheken abbezahlen und hätten dann noch vierhunderttausend Dollar bar auf der Bank. Wir haben keine Schulden. Wir sind beinahe eine halbe Million wert«, schilderte ich ihm. Es ist wahr. Wir haben keine Schulden; wir sind im Anlagegeschäft, um Gott und unseren Mitmenschen auf einmalige Weise zu dienen.

6. DAS GELD WIRD ZU IHNEN KOMMEN, WENN SIE EIN GRUNDLEGENDES BEDÜRFNIS STILLEN. ES ZAHLT SICH IMMER AUS ZU DIENEN.

Das ist eine Binsenwahrheit, die sich der Möglichkeitsdenker vor Augen hält, wenn er mit Geldproblemen konfrontiert ist. Beim Bau unserer Kirche folgerten wir, dass wir sofort unsere Angebote vermehren, unseren Einfluss vergrößern und weit mehr Menschen ansprechen könnten, wenn wir einen Kredit aufnehmen würden. Unsere Theorie war, dass das schnellere Wachstum, das eine natürliche Folge des verbesserten Angebots durch die neu gebauten Einrichtungen sein würde, die jährlichen Zinskosten für das geliehene Geld mehr als ausgleichen würde.

Unser Ansatz erwies sich als richtig. Im ersten Jahr, nachdem wir unsere wunderschönen Anlagen eröffnet hatten, waren unsere Einnahmen ein kleines bisschen größer als die Zinsen auf unsere Gesamtverschuldung. Die Zinsen für das geliehene Geld bezahlten sich innerhalb eines Jahres also selber. Anders ausgedrückt: es kostete uns nichts, einen Kredit aufzunehmen. Der Kredit führte zu einem größeren öffentlichen Angebot, welches wiederum zu größeren Einnahmen führte. Unsere so genannten »Schulden« bereiteten uns nie irgendwelche Kopfschmerzen. Die Unkosten werden als notwendige Ausgaben betrachtet, genau wie die Ausgaben für den Lohn eines Angestellten. Erst wenn Menschen an einem »Schulden-Bewusstsein« leiden, wird es kritisch. Solche Menschen stehen in der Gefahr, sich mehr Gedanken darüber zu machen, wie sie die Schulden tilgen können, als darüber, ihr Angebot zu erweitern. *Verbessern und erweitern Sie Ihr öffentliches Angebot und Menschen werden kommen, die Einnahmen werden automatisch nach oben gehen und die Verschuldung erledigt sich von selbst.*

Das Stadtzentrum von Santa Ana in Kalifornien gleicht den Stadtzentren vieler amerikanischer Städte. In den Außenbezirken sind viele attraktive neue Einkaufszentren entstanden, worunter der Einzelhandel in den Stadtzentren leidet. Aus großen, einst erstklassigen Geschäften wurden billige Läden für Großhandelsware. Nicht wenige Händler gingen pleite. Es gibt jedoch mindestens einen Laden im alten Stadtzentrum, dem es besser geht als je zuvor. Es ist ein Eisenwarengeschäft, das von meinem Freund Clark Dye betrieben wird. Er hat das Geschäft vor zwanzig Jahren gegründet. Er kaufte das Grundstück, fällte die Bäume und errichtete seinen kleinen Eisenwarenladen. Er nahm auch nie fälschlicherweise an, dass sein Geschäft automatisch wachsen würde, weil viele Menschen in die Region zogen (ein gefährlicher Gedanke, der schon für hunderte Geschäfte das Aus bedeutet hat). Für ihn war das Wachstum der Stadt eine Herausforderung, die sein Ende bedeuten oder ihn noch weiter voranbringen könnte. Er war vorausschauend genug zu wissen, dass er dem neuen Wettbewerb, der sicher kommen würde, einen Schritt voraus sein musste. Schon sehr früh investierte er sehr stark in Werkzeuge, bis er die größte Auswahl an Werkzeugen unter allen anderen Geschäften dieses Bezirks mit einer Million Menschen hatte und bis heute hat. Sein Laden führt die vollständigste Ausstattung an Türgriffen, die von ein paar Dollar bis – ob Sie es glauben oder nicht – ein paar Hundert Dollar kosten! Es gibt niemanden in diesem Geschäftszweig, der ein auch nur annähernd großes Inventar an Eisenwaren hat. Da er einen scharfen Verstand beim Einkauf beweist, top-ausgebildete Verkäufer hat und in Qualität absolut führend ist, ist sein Geschäft die erste Adresse für Besorgungen. Es gibt auch keine Parkprobleme, da die anderen Läden so untätig sind, dass die Straßen für seine Kunden frei sind. Bauleiter und Stadtplaner kommen aus der südlichen Region in das alte Stadtzentrum, um in dieses Eisenwarengeschäft zu gehen. Wenn Sie einen unübertroffenen Service anbieten, werden Sie Erfolg haben. Noch einmal: Es ist keine Schande, Geld zu leihen, um einen benötigten Dienst anzubieten. Es ist eine Schande, einer guten Idee nicht die Chance zu geben, umgesetzt zu werden.

7. SIE KÖNNEN AN GELD KOMMEN, WENN SIE DEN MUT HABEN, DARUM ZU BITTEN.

»Hilf dir selbst, dann hilft dir Gott.« Einer der hilfreichsten Sätze der Bibel ist dieser Vers: *»Ihr habt nichts, weil ihr nicht bittet.«* (Jakobus 4, 2) Millionen, ja Millionen von Menschen scheitern mit ihren Projekten, weil sie nicht den Mut aufbringen, um Hilfe zu bitten. Jesus Christus sagte: *»Bittet, so wird euch gegeben; suchet, so werdet ihr finden; klopfet an, so wird euch aufgetan.«* (Matthäus 7, 8)

Kürzlich besuchten mich ein junger Arzt und ein Anwalt, die einer kleinen Kirche angehören, die einfach nicht wächst, obwohl sie in einer dicht bewohnten Region angesiedelt ist.

»Wir wollen eigentlich nur wissen, Pastor, warum wir nicht wachsen!«, fragten sie.

»Soll ich ehrlich oder nett sein?«, antwortete ich.

»Ehrlich«, erwiderten sie.

»Nun, meine Herren, so weit ich informiert bin, entstand Ihre Kirche, als sich eine kleine Gruppe von der alten ersten Kirche trennte, weil sie mit einigen Vorgehensweisen der alten Kirche nicht übereinstimmten. Ist das richtig?« Meine Besucher stimmten zu. Ich fuhr fort: »Ihre Kirche wurde also gegründet, weil sie gegen etwas war. Sie spricht daher nur solche Menschen an, die zufällig genau gegen die gleichen Dinge sind wie Sie. Sie hören negative, angsterzeugende, argwohnerregende Predigten und kommen dann matt und müde aus der Kirche; ohne Begeisterung sich aufzumachen und neue Mitglieder zu gewinnen. Nur wenige Menschen fühlen sich von einem negativen Programm angezogen.«

»Was Sie tun müssen«, schlug ich vor, »ist, positiv zu sein.« Ich führte weiter aus: »Sie brauchen ein konstruktives Anliegen. Wenn es kreativ und inspirierend ist, wird es die Menschen anziehen.« »Aber Pastor, das bedeutet dann doch, dass wir uns aufmachen und um Geld bitten müssen. Genau das hält doch die Leute von der Kirche fern«, wandten sie ein. »Das entspricht absolut nicht der Wahrheit!«, beharrte ich und fügte hinzu: »In den zehn Jahren unserer Geschichte hatten wir fünf Spendenkampagnen, und während jeder Kampagne nahm die Besucherzahl zu und wir gewannen viele neue Mitglieder. Warum? Wir haben nicht um Geld gebettelt, sondern eine wundervolle neue Idee verkauft! Wir haben den Leuten eine aufregende Gelegenheit geboten, an etwas Wunderbarem teilzuhaben und mitzubauen. Jeder Mensch will kreativ, wichtig und nützlich sein. Das Bedürfnis gebraucht zu werden, ist eine der tiefsten Sehnsüchte des menschlichen Herzens. Jeder möchte auch sein Geld ausgeben. Präsentiere den Menschen ein dynamisches Programm, und sie werden gerne hinein investieren.«

8. SIE KÖNNEN DIE ZEIT FÜR SICH ARBEITEN LASSEN.

Lassen Sie die Zeit Ihre Geldprobleme lösen. Machen Sie sich den Kalender zu Nutze und lassen Sie ihn die Ernte des Geldes einfahren, das jedes Jahr auf den fruchtbaren Feldern der freien Wirtschaft angebaut wird.

In der Zeitung habe ich das Bild eines Mannes gesehen, der einen Schubkarren mit Vierteldollarmünzen vor sich her schob. Benjamin J. High hatte sich einige Jahre zuvor entschlossen, das Rauchen aufzugeben und für jede Packung Zigaretten, die er nicht kaufte, eine Vierteldollarmünze in den Safe zu werfen. Jetzt hatte er den Geldschrank geöffnet und sein Erspartes füllte eine Schubkarre. Mit insgesamt 10.130 Münzen unternimmt er jetzt eine Weltreise. Finden Sie einmal heraus, wie Sie Geld für sich arbeiten lassen können, wenn es zuverlässig gespart und sorgfältig angelegt ist.

Vielleicht ist Geld überhaupt nicht Ihr Problem. Ihr Problem ist möglicherweise fehlende Geduld. Lernen Sie daher, wie Sie die Zeit für sich arbeiten lassen können, damit sie Ihnen Geld einbringt.

9. MACHEN SIE GOTT ZU IHREM PARTNER.

Dies ist der Schlüssel, der unter Umständen Ihre Tür zum Erfolg öffnet. Das bedeutet nicht, dass Sie zwangsläufig reich werden, wenn Sie mit Gott zusammenarbeiten. Es entspricht allerdings der Realität, dass Sie Einsichten gewinnen werden, Inspiration, clevere Ideen und den Mut voranzugehen, wann und wie Sie es sollten, wenn Sie ein heiliges Abkommen treffen und Gott zu Ihrem Partner machen.

Während einer Gesprächsrunde mit einer Gruppe von Geschäftsleuten, in der es über unser Wachstum und die großen Pläne für die Zukunft ging, wurde ich gefragt: »Woher nehmt Ihr den Mut, in so großen Dimensionen zu denken und so große Pläne zu schmieden?« Ich antwortete: »Welche Pläne hätten Sie denn auf dem Reißbrett und über welche Projekte würden Sie denn reden, wenn Ihr Vorstandsvorsitzender mehrfacher Multimillionär wäre? Unserer ist es!«

Seit dem Tag, als ich meine Kirche Jesus Christus übergab und Ihn bat, die Leitung zu übernehmen, bleibt der mittlere

Stuhl bei unseren Vorstandstreffen leer. Der mittlere Stuhl, wo ich als Vorstandsvorsitzender und Präsident des Unternehmens gesessen hatte, ist ein leerer Stuhl. Die Mitglieder des Vorstands wissen, dass Christus dort ist. Wir glauben, dass es Sein Geschäft ist und erwarten, dass Er uns Inspiration, clevere Ideen und Mut schenkt. Wem gehört das Vieh auf tausend Hügeln, Erzminen, die noch nie entdeckt worden sind, und wer wartet nur darauf, aus einfachen Farmjungen Millionäre zu machen? Machen Sie Christus zum Partner und geben Sie Ihm die Gelegenheit, das Wunder zu bewirken. Er hat versprochen: »*Ich aber bringe Leben – und dies im Überfluss.*« (Johannes 10, 10)

10. SIE KÖNNEN WIEDER VON VORNE ANFANGEN, WENN SIE FINANZIELL GESCHEITERT SIND. DENKEN SIE DARAN:

Furcht ist schlimmer als Scheitern.

Ich habe mehr Respekt vor einem Menschen, der wagt und verliert, als vor einem, der niemals verliert, weil er nie den Mut aufgebracht hat, etwas auszuprobieren. Ein Wagnis nicht einzugehen ist eine größere Schande, als etwas zu riskieren und dabei zu scheitern. »Was, wenn ich pleitegehe?«, fragte mich ein ängstlicher Geschäftsmann in spe.

»Nun, das wäre natürlich bedauerlich«, antwortete ich. »Aber sollte ein solches Unglück durch Umstände, die außerhalb Ihrer Kontrolle stehen, eintreten, bedeutet das nicht, dass Sie ein für alle Mal gescheitert sind. Schon viele Menschen sind Bankrott gegangen, jedoch nicht vor die Hunde. Lesen Sie einmal die Biographien der meisten Millionäre und Sie werden sehen, dass viele mindestens einmal Pleite gegangen sind.«

Lassen Sie sich nicht von dem alten Klagelied »Wir haben nicht genug Geld« davon abhalten, lohnende Projekte durchzuführen. Es wird immer einen Weg geben. Als wir unseren *Tower of Hope* bauten, stellten wir einen Experten mit dem Namen Bob Meyer an. In einem Zeitraum von zwei Jahren half er uns dabei, Spendenzusagen im Gesamtwert von 937.000 Dollar zu sammeln. Daher:

WENN SIE EINEN EXPERTEN BRAUCHEN, STELLEN SIE EINEN AN – VERSUCHEN SIE NICHT, EINER ZU SEIN.

VIII. Zeitmanagement – Zehn Ratschläge

Wenn Sie als MÖGLICHKEITSDENKER Erfolg haben möchten:

Lehnen Sie NIEMALS eine reife Gelegenheit mit der kostspieligen und impulsiven Entschuldigung ab: »Ich bin zu beschäftigt.«

Fällen Sie NIEMALS eine übereilte und unverantwortliche Entscheidung mit der Entschuldigung: »Ich habe keine Zeit, mir darüber Gedanken zu machen.«

DER MÖGLICHKEITSDENKER WEISS, DASS DAS ZEITPROBLEM IRGENDWIE GELÖST WERDEN KANN

Es ist ein Ding der Unmöglichkeit, die Frustrationen, Niederlagen und Schwierigkeiten aufzuzählen, die direkt oder indirekt aus einem schlechten Umgang mit der Zeit resultieren.

WIE VIELE

- Gesundheitsprobleme sind eine direkte Folge der nachlässigen Sorglosigkeit, sich keine Zeit für eine Vorsorgeuntersuchung zu nehmen?
- Zerstörerische Anspannungen, Ängste und Depressionen in unserer Gesellschaft sind eine direkte oder indirekte Folge der Unfähigkeit einer Person, ihre Zeit so einzuteilen, dass sie das Gefühl hat, die Kontrolle zu haben?
- Kosten entstehen der Industrie durch Arbeiter, die Zeit vergeuden, zu spät ihre Arbeit beginnen oder nach Hause fahren, ohne die Arbeit zu beenden, die sie in der vorgegebenen Zeit hätten erledigen können?
- Ehen gingen in die Brüche, weil sich Mann und Frau nicht genügend Zeit füreinander genommen haben?

- Studenten scheitern jedes Jahr, weil sie zu lange damit gewartet haben, sich niederzulassen und eine Arbeit zu finden?
- Teilhaberschaften wurden schmerzhaft aufgelöst, weil leitende Angestellte sich nicht die Zeit genommen haben, Kommunikationswege frei zu halten?
- Bußgelder werden jährlich für Steuerrückstände oder Konzessionsgebühren gezahlt?
- Streitgespräche sind das Ergebnis von Spannungen, die entstehen, weil eine Person nicht im Zeitplan ist?
- Autofahrer sterben, weil sie zu beschäftigt waren, sich einen Augenblick Zeit zu nehmen und sich anzuschnallen?
- Leben könnte man bei Verkehrsunfällen retten, wenn wir nur ein wenig besser mit unserer Zeit umgingen? Eine Studie des *Stanford Research Institutes* zeigt auf, wie ein bisschen mehr Zeit beim Autofahren in einem Zeitraum von drei Jahren folgende Anzahl an Leben retten würde:
  - 5 Minuten mehr am Tag würden 15.000 Leben retten
  - 10 Minuten mehr am Tag würden 24.000 Leben retten
  - 15 Minuten mehr am Tag würden 30.000 Leben retten
  - 20 Minuten mehr am Tag würden 35.000 Leben retten

Wenn wir ein glückliches und erfolgreiches Leben führen möchten, müssen wir die Kunst erlernen, die Zeit einzuteilen. Viele Menschen erreichen nur wenig, weil sie es nie gelernt haben, die Zeit zu achten oder effizient mit ihr umzugehen. Viele andere erreichen außergewöhnlich viel, weil sie instinktiv oder aufgrund von Erfahrung die Fähigkeit ausgebildet haben, gut mit der Zeit umzugehen.

»Wie machen sie das?« »Woher nimmt er die Zeit?«, fragen wir uns, wenn wir diese vorwärtspreschenden MÖGLICHKEITS-DENKER, die so viel erreichen, beobachten. »Ich wünschte mir, ich wüsste, wie er seine Zeit so gut einteilt. Wie es scheint, erledigt er so viel!«

Lassen Sie mich Ihnen einige einfache Methoden geschickten Zeitmanagements weitergeben. Hier sind zehn Ratschläge für einen guten Umgang mit Zeit, die vielleicht das Zünglein an der Waage zwischen Erfolg und Versagen ausmachen.

1. ACHTEN SIE DIE ZEIT WIE GOLD UND WIE DAS LEBEN SELBST.

Was wir gering schätzen, verschwenden wir üblicherweise. Obwohl man es häufig hört, weiß jede erfolgreiche Person, dass Zeit wirklich Geld ist. Sie kann unsinnig genutzt und verbracht werden. Wenn man sie richtig einsetzt, kann man sie nutzen, um Ideen hervorzubringen, Pläne zu machen, neue Produkte zu erfinden, sich mit Problemen zu befassen oder sich Wissen, Informationen und Erfahrung anzueignen, um zu immer größeren Taten fähig zu werden.

Vielleicht würden wir die Zeit mehr wertschätzen, wenn wir auf vergeudete Zeit eine Steuer bezahlen müssten. Vielleicht würden wir unsere Zeit besser nutzen, wenn wir für das Vorrecht zu leben, bezahlen müssten. Die Zeit scheint uns jedoch gebührenfrei zur Verfügung zu stehen – absolut kostenlos!

Als er die Verschwendung und den Abfall in Amerika sah, packte einen Freund von mir, der Jahre in einer sehr armen Region Afrikas gelebt hatte, das Grauen. Es schockte ihn zu sehen, wie wir Metalldosen, leere Gefäße, Kisten, Kartons, Packpapier und Bänder einfach wegwerfen. In Amerika ist es normal, Dinge wegzuwerfen, und kostbare Zeit wird sinnlos vergeudet.

Wir neigen auch dazu, Waren als zu gering zu bewerten und sie deshalb wegzuwerfen, wann immer es zu viel davon zu geben scheint. Zu viele Menschen gehen wohl davon aus, dass sie beinahe ewig leben werden. Es wird schon noch »reichlich Zeit« geben, um etwas Lohnendes zu erreichen, bevor sie diese Erde verlassen. So gehen die Jahre vorüber und mit ihnen unzählige Gelegenheiten.

Schon als kleines Kind bläute mir meine Mutter diesen Satz ein: »Verlorene Zeit findet man nie wieder.« »Was du heute kannst besorgen, das verschiebe nicht auf morgen«, ist ein weiteres altes Sprichwort, das nur die logische Konsequenz ist. Als ich am College war, bestürzten mich die erschütternden Zeilen eines sterbenden Autors sehr: »Mein Buch. Mein Buch. Ich werde mein Buch niemals fertig schreiben.« Von da an machte ich mich an meine Lebensaufgaben mit der Haltung, dass ich nicht lang genug leben könnte, um alles zu vollenden, was ich wollte. Wenn ich in meinem Leben etwas Lohnendes vollbringen wollte, sollte ich mich lieber beeilen. Ich beeile mich heute immer noch. Ich musste die erste Fassung dieses Buchs vor einer zweimonatigen Weltreise fertigstellen. Denn ich musste, so dachte ich, diese Botschaft weitergeben. Vielleicht stürzt ja das Flugzeug ab. Deprimierend? Ganz und gar nicht! Dieser Gedanke ist seit jeher vielmehr die stärkste Motivationskraft, um in meinem Leben schnell etwas zu erreichen. Die Mehrzahl der erfolgreichen Menschen, die ich kenne, sind Personen, die keine Zeit damit verschwenden, aus den Startlöchern zu kommen. Kommen Sie früh aus den Startlöchern. Heute. Arbeiten Sie jeden Tag so, als sei es Ihr letzter. Dann werden Sie schneller etwas erreichen. Ihre Energievorräte werden wundersamerweise auch nach oben schnellen. Ein starkes Dringlichkeitsgefühl erzeugt große Energie. Ist Ihnen schon einmal aufgefallen, dass langsame Menschen antriebslos wirken, während Personen, die die Zeit wertschätzen und schnell handeln, ein Übermaß an körperlicher Energie zu haben scheinen? Der zügig arbeitende, projektorientierte Möglichkeitsdenker mit seinem schnellen Denkvermögen aktiviert die energieproduzierenden Bereiche seines Gehirns. Bei falschem Gebrauch, Durcheinander oder Misswirtschaft, erzeugt es Müdigkeit und Abgespanntheit – erst im Geist, dann im Körper. Achten Sie die Zeit daher so, wie Sie Gold oder das Leben selbst achten.

2. MACHEN SIE ES SICH ZUR GEWOHNHEIT, ÜBER IHRE ZEIT RECHENSCHAFT ABZULEGEN.

Ein Wirtschaftsunternehmen achtet auf sein Geld und verlangt Rechenschaft darüber, wie es genutzt wird. Nichts ist wertvoller für Sie als Ihre Zeit. Haben Sie jedoch schon einmal einen gewissenhaften Zeitbericht erstellt?

Wenn jemand sagt »Ich habe keine Zeit«, meint er eigentlich, »Ich denke, dass ich keine Zeit habe«. Wenn ein solcher Mensch seine Situation einmal sorgfältig durchleuchtet, würde er vielleicht entdecken, dass er sich die Zeit doch nehmen könnte.

Ich erinnere mich, wie ich einmal ein wirkliches Schnäppchen in Istanbul aufgestöbert hatte. Ich war der Ansicht, dass ich nicht genug Geld hatte, einfach deshalb, weil ich meine Reisechecks in letzter Zeit nicht durchgerechnet hatte. Daher lehnte ich das Angebot ab. Zu spät entdeckte ich, dass ich eigentlich doch ausreichend Geld gehabt hätte. Rechnen Sie Ihre Zeit durch – bevor Sie unklug eine übereilte negative Entscheidung treffen, die mit dem Faktor Zeit zu tun hat.

Analysieren Sie, wofür Sie Ihre Zeit verwenden. Kaufen Sie ein Notizbuch und führen Sie einen Monat lang genau Protokoll. Wie viel Zeit brauchen Sie fürs Anziehen? Essen? Trinken? Beten? Lesen? Körperpflege? Aufräumen? Reparieren? Einkaufen? Besuche? Beobachten Sie sich sorgfältig. Einige Ihrer Ergebnisse werden Sie vielleicht erstaunen. Sie werden das Zeitproblem der gegenwärtigen Epoche bald verstehen. Sie werden entdecken, dass allzu viel Zeit für Einpacken und Auspacken, Waschen und Schminken, Zurechtstutzen und Geradebiegen, für Ausbessern und Reparieren gebraucht wird.

Wenn Sie mit Ihrem Test fertig sind, müssen Sie vielleicht ein paar einschneidende Veränderungen in Ihrem Leben vornehmen. Sie werden auf jeden Fall besser darauf vorbereitet sein, Ihre Zeit überlegt und effektiv einzuteilen.

Man hat herausgefunden, dass die Zeit heute ein größeres Problem darstellt als im 19. Jahrhundert. Ist das nicht merkwürdig? Mit all unseren schnellen Kommunikationswegen und zeitsparenden Geräten. Wenn Sie einmal Rechenschaft über Ihre Zeit abgelegt haben, stoßen Sie vielleicht auf den Grund dieses Phänomens. Mein Vater und meine Mutter lebten in der Zeit zwischen Pferdewagen und Automobil. Weil sie auf dem Land lebten und anfangs nur ein Pferd mit Wagen hatten, fuhren Sie nur einmal in der Woche in die Stadt. Sie erledigten all ihre Einkäufe auf dieser Fahrt. Die Fahrt in die Stadt und zurück dauerte eine Stunde. Sie brauchten sechzig Minuten in der Woche, um zum Einkaufen zu fahren. Wie viel Zeit brauchen Sie in einer Woche, wenn Sie von Ihrem Haus zum Auto gehen, ins Geschäft fahren, und dann das Ganze wieder zurück?

3. PLANEN SIE IHRE ZEIT.

Sie wissen jetzt, womit Sie Ihre Zeit verbringen. Sie wissen auch genau, wie viele Stunden ein Tag hat. Fangen Sie damit an, Ihre Zeit genau einzuteilen. Erstellen Sie dazu einen Plan. Planen Sie Ihren Tag und halten Sie sich daran. Wir haben alle schon frustrierende Zeiten durchgemacht, als wir unseren Tag geplant hatten und versuchten, uns daran zu halten – nur um unvorhergesehene Unterbrechungen zu erleben. Aus diesem Grund sind wir vielleicht versucht aufzugeben und einfach ohne Plan in jeden Tag hineinzuleben. Im Bezug auf Ihren Umgang mit der

Zeit, gibt es nichts Schlimmeres. Der Verlust ist unverantwortlich und unausweichlich. Sie werden dann viel zu lang telefonieren und Ihre Zeit gezwungenermaßen auf unkonstruktive Weise verschwenden.

Schreiben Sie in eine Liste, was Sie heute erledigen *möchten*, was Sie heute erledigen *können* und was Sie heute erledigen *müssen*. Schreiben Sie nun eine Prioritätenliste. Schreiben Sie die wichtigsten Dinge obenan. Wenden Sie sich zuerst den Gelegenheiten zu, die vielleicht nie wiederkommen. Das wird oft eine höhere Priorität haben als das, was Sie Ihrem Erachten nach tun »müssen«. Sie werden überrascht feststellen, dass viele Dinge eigentlich warten können, von denen Sie dachten, dass Sie unbedingt erledigt werden müssten.

Bereiten Sie sich darauf vor, Ihren Tagesplan zu verteidigen. Üben Sie Selbstdisziplin und widerstehen Sie der Versuchung, Ihre eigenen Wünsche ganz oben auf die Prioritätenliste zu stellen, denn es bedarf starker Selbstdisziplin, wenn Sie Ihren Tag durchplanen. Bereiten Sie sich darauf vor, zu sich selbst und zu anderen »Nein« zu sagen, wenn diese Ihre Zeit unvernünftig in Anspruch nehmen möchten. Vielleicht müssen Sie den Hörer neben das Telefon legen oder die Türglocke ignorieren. Lernen Sie, auf freundliche, offene und bestimmte Art und Weise »Nein« zu sagen.

4. ACHTEN SIE AUF EINEN AUSGEGLICHENEN ZEITPLAN, INDEM SIE IHRE WERTE ORDNEN.

Nicht wenige haben Millionen gemacht, indem sie sechzehn Stunden am Tag, sieben Tage die Woche, über viele Jahre hinweg gearbeitet haben, nur um dann ihre Frau zu verlieren und mit ansehen zu müssen, wie ihre Kinder groß wurden und auszogen, ehe ihnen bewusst wurde, was eigentlich geschieht. Begehen Sie nicht den Fehler, so viel Zeit in die Erfüllung Ihrer Ambitionen zu stecken, dass Sie das Schicksal derer teilen, die reich, aber einsam, wohlhabend, aber tot sind. Die Gesundheit von Körper, Geist, Seele und Familie setzt einen weisen, ausgeglichenen Umgang mit der Zeit voraus.

Vergessen Sie nicht, dass Gott seinen Geschöpfen die konkrete Anweisung gegeben hat, einen Tag der Woche für Ruhe und die Erholung des Körpers zu nehmen. Der Körper erholt sich, indem sich der Geist erholt. Es kommt nicht von ungefähr, dass eine große Zahl wirklich erfolgreicher Menschen in unserer Welt auch Leiter in ihren Kirchen und Synagogen sind.

Ein unbekannter Ire schreibt:

> Nimm dir Zeit für die Arbeit, es ist der Preis für den Erfolg.
> Nimm dir Zeit zum Nachdenken, es ist die Quelle der Kraft.
> Nimm dir Zeit zum Spielen, es ist das Geheimnis der Jugend.
> Nimm dir Zeit zum Lesen, es ist die Grundlage der Weisheit.
> Nimm dir Zeit, freundlich zu sein, es ist der Weg zum Glück.
> Nimm dir Zeit zum Träumen, es ist der Griff nach den Sternen.
> Nimm dir Zeit zum Lieben, es ist die höchste Freude des Lebens.
> Nimm dir Zeit zum Lachen, es ist die Musik der Seele.

Hier sehen Sie, wie sich ein erfolgreicher Geschäftsmann Zeit nimmt, um aus dem bedeutendsten, je gedruckten Buch Weisheit zu ziehen. Richard Woike aus Los Angeles, Kalifornien, schreibt in der *Guideposts:*

An einem Sonntagmorgen passierte mir etwas, was unter Geschäftsleuten wohl nicht unüblich ist. Ich saß in der Kirche und hatte meine Augen auf den Prediger auf der Kanzel gerichtet, aber meine Gedanken wanderten zur nächsten Woche und beschäftigten sich mit den Problemen, die mich erwarteten. Plötzlich hatte ich das Gefühl, als ob der Pastor direkt zu mir sprach.

»Wie sieht das bei Ihnen aus?«, fragte er und er sah mir in die Augen. »Wie viel Zeit verbringen *Sie* mit der Bibel?«

»Mir ist aufgefallen«, fuhr der Kirchenmann fort, »dass der durchschnittliche Geschäftsmann Zeit findet, die Morgenzeitung und die Abendzeitung zu lesen, das Handelsblatt, seine Lieblingszeitschriften und Bücher, und dennoch hat er irgendwie einfach keine Zeit, das Buch zu lesen, das jeder behauptet zu bewundern, aber nur wenige wirklich gelesen haben.«

An jenem Nachmittag merkte ich, dass ich noch immer das Gefühl hatte, der Pastor hätte seine Predigt ausschließlich an mich gerichtet. Es war mein Geburtstag, der Tag, an dem ich mir gewöhnlich gute Vorsätze und langfristige Pläne für das kommende Jahr mache. An diesem Tag jedoch nagte der Gedanke an mir, dass meine Pläne irgendwie unvollständig waren; dass mir in meinem Leben etwas fehlte.

Aus einem Impuls heraus ging ich ins Wohnzimmer, nahm die Bibel vom Regal und schaute sie an, als hätte ich sie noch nie gesehen. Mir war bewusst, dass sie in den Jahren zuvor für mich kaum mehr als ein Nachschlagwerk gewesen war. Ich realisierte plötzlich, dass ich sie eigentlich noch nie durchgelesen hatte.

Ich war versucht, mich an Ort und Stelle darauf zu stürzen, die ganze Bibel zu lesen. Aber alleine schon der Umfang hielt mich davon ab, ohne einen Plan vorzugehen. Es war auch nicht genug für mich, die komplette Bibel zu lesen, um sagen zu können, ich hätte es geschafft. Ich kannte den Charakter des Buches und seine Bedeutungsschwere und mir wurde bewusst, dass ich etwas davon haben musste, wenn das Lesen der Bibel sich lohnen sollte.

Der Pastor hatte erwähnt, dass er an Wochentagen drei Kapitel der Bibel las und am Sonntag fünf. An diesem Nachmittag sah ich mir nach dem Zufallsprinzip einige Kapitel näher an und fand heraus, dass sie verschieden lang waren; mein Arbeitstag würde mir solch flexible Lesezeiten nicht erlauben. Nach einer kurzen Rechnung kam ich zu dem Schluss, dass ich in einem Jahr durch die Bibel kommen konnte, wenn ich dreieinhalb Seiten pro Tag lesen würde. Ich fand heraus, dass ich dafür 20 Minuten brauchte. Ich beschloss zudem, zehn Minuten anzufügen, um über das Gelesene nachzudenken.

Als ich an jenem Abend zu Bett ging, stellte ich den Wecker eine halbe Stunde vor. Meine Frau fragte mich: »Früher Termin?«

»Ja«, antwortete ich.

Das war vor 19 Jahren. Am kommenden 19. Mai werde ich zum 20. Mal anfangen, die Bibel durchzulesen. Ich gehe davon aus, genauso viel zu lernen, wie beim ersten Mal.

Der frühe Morgen hat sich für viele von uns als beste Lesezeit erwiesen: das Haus ist ruhig, der Geist ist frisch, die Möglichkeit, die Bibel anzuwenden, liegt in den bevorstehenden Stunden. Es ist auch eine gute Idee, mit einem Bleistift in der Hand zu lesen.

Selbst jetzt beim 19. Mal begegnen mir Verse, besonders in den Büchern der Propheten, die mir unklar sind; ich unterstreiche sie als Erinnerung, damit ich sie später in Bibelkommentaren nachschlagen kann.

Durch handgeschriebene Notizen ist meine Bibel auch so etwas wie ein geistliches Tagebuch.

Ein Vermerk erinnert mich daran, als mein Bruder und ich eine heftige Auseinandersetzung über eine geschäftliche Transaktion hatten und ich mich entschieden hatte, dass wir nicht mehr zusammenarbeiten könnten. Am Abend ging ich noch einmal die Worte durch, mit denen ich unsere Teilhaberschaft beenden wollte. Als ich am darauf folgenden Morgen die Bibel las, kam ich zu der Situation, als Petrus den Herrn fragte … *Herr, wie oft muss ich meinem Bruder vergeben, wenn er mir Unrecht tut? Ist siebenmal denn nicht genug?« Worauf Jesus entgegnet … »Nicht nur siebenmal, sondern siebzig mal siebenmal.«* (Matthäus 18, 21) Diese Lektion unendlicher Vergebung brachte mich zum Weinen. Als ich meinen Bruder später traf, wusste ich, dass ich ihm nicht nur vergeben, sondern ihn darum bitten musste, mir zu verzeihen.

Eine andere Randnotiz erinnert mich an einen meiner Freunde, der als Spediteur tätig war und mir eines Tages erzählte, dass er darüber nachdenke, alles hinzuschmeißen. »Ich finde einfach nicht genügend Kunden«, sagte er. »Ich kann es mir nicht mehr leisten, meinen Betrieb aufrechtzuerhalten. Ich kann nicht einmal mehr die Löhne ausbezahlen.«

Damals las ich gerade Hiob. Ich fragte ihn: »Glaubst du an Gott?«

Argwöhnisch schaute mich mein Freund an. »Natürlich.«

»Glaubst du, dass die Bibel von Gott inspiriert ist?«

»Ja«, sagte er, noch immer misstrauisch.

»Weißt du viel über Hiob?«

»So weit ich weiß, hatte er es ziemlich schwer mit allem«, meinte er.

»Hast du gewusst, dass er im Speditionsgeschäft war? Er besaß 500 Ochsen – eine enorme Belastung. Er verlieh sie an Menschen, die etwas transportieren oder das Feld bestellen wollten. Wie du schon erwähnt hast: Er hatte es ziemlich schwer mit allem; er verlor alles. Er wollte auch schon alles hinschmeißen, als Gott ihm sagte, dass er eine Möglichkeit durchzuhalten finden würde, wenn er nur ein bisschen Glauben hätte.«

Mein Freund fragte: »Du meinst also, dass ich das Gleiche tun soll?«

»Ich denke, dass beide Situationen einander irgendwie ähneln«, erwiderte ich.

Drei Wochen später rief er mich an. Er war unterwegs gewesen und hatte versucht, jeden denkbaren Kunden zu werben. Einige neue Verträge ermöglichten ihm einen Kredit bei der Bank zu bekommen; die Moral in seinem Unternehmen war sehr gut, die Männer arbeiteten besser und die Situation wand sich langsam zum Guten. »Du hast mir wirklich zum richtigen Zeitpunkt von Hiob erzählt«, sagte er. »Woher wusstest du all das über ihn?«

»Ich lese jeden Tag in der Bibel.«

»Wie um alles in der Welt findest du die Zeit dafür?«, wollte er wissen.

Ich erzählte es ihm.

5. STELLEN SIE SICH AUF UNTERBRECHUNGEN EIN.

Planen Sie auf alle Fälle Zeit für Verzögerungen und Unterbrechungen ein. Ein Mensch, der fünfhundert Dollar im Monat verdient, steuert auf finanzielle Schwierigkeiten zu, wenn er nichts für unvorhergesehene Ausgaben beiseite gelegt hat. Ebenso scheitern viele Menschen beim Zeitmanagement, weil Sie es versäumt haben, Zeit für unvorhergesehene Notfälle einzuplanen. »Immer wenn du irgendwo hinfährst, plane Zeit für eine Reifenpanne ein.« Diesen klugen Rat hatte mir mein Vater gegeben. Ich halte mich noch immer daran.

Nichts wird Ihnen mehr dabei helfen Ihre Zeitprobleme zu beheben, als diese vier Worte: FANGEN SIE FRÜH AN. Mechaniker, Lieferanten und Kundendienste versprechen Ihnen normalerweise, dass sie etwas zu einer bestimmten Zeit erwarten können. Solange sie nicht den langjährigen Ruf haben, pünktlich zu sein, beweisen Sie Verstand, wenn Sie in Ihrem Zeitplan Zeit für Verspätungen einrechnen. Tun Sie das nicht, können Verzögerungen durchaus teuer werden, wenn man Verabredungen verpasst, und sogar noch kostspieliger durch den Tribut, den man für zerstörerische Emotionen an Körper und Geist zollt.

Berücksichtigen Sie Verspätungen, und es kann Ihnen das Leben auf der Autobahn retten – oder Ihre Note am Ende des

Semesters – oder Ihren Ruf bei einem wichtigen Geschäftsmann, mit dem Sie verabredet sind. Wenn Sie Verzögerungen nicht in Erwägung ziehen, werden Sie eventuell gereizt, verärgert und verbittert. All das sind zerstörerische Emotionen.

Verzögerungen sind verkappte Gelegenheiten.

Man kann die Zeit, die man zur Berücksichtigung von Verzögerungen einplant, sowie Verzögerungen an sich, kreativ nutzen. Ein Freund von mir, Harry Johnson, ist viel mit dem Auto unterwegs. Er hat immer ein Buch dabei, und wenn ein Unfall passiert oder er hoffnungslos im Stau feststeckt, liest er sein Buch. Indem er seine Wartezeit auf der Schnellstraße sorgfältig nutzt, hat er letztes Jahr drei Bücher gelesen. Meines Erachtens sagt das auch so einiges über die Straßen in Kalifornien aus.

Mein Freund Maurice Te Paske ist der Bürgermeister von Sioux Center, Iowa. Er schickt jedem Bürger dieser Stadt eine Geburtstagskarte. Woher nimmt er die Zeit dazu? Nun, wenn er zu Sitzungen geht, die seine Anwesenheit erfordern, nimmt er diese Karten mit. Wenn Bagatellen behandelt werden, die seine Aufmerksamkeit nicht erfordern, kann man den Bürgermeister dabei beobachten, wie er Geburtstagskarten unterschreibt.

Viele Möglichkeitsdenker erreichen das scheinbar Unmögliche – dank der Verzögerungen, die sie erwarten. Sie haben bereits einen Plan für sie. Sie setzen die Zeit nützlich ein. Eine Verzögerung ist oft eine seltene Gelegenheit, einen Eindruck bei Menschen zu hinterlassen. Es ist eine Chance, einen besonderen Ruf als geduldiger und besonnener Mensch zu erwerben.

Eines Morgens wartete ich auf meinen Flug von Grand Rapids, Michigan, nach Chicago und von dort weiter nach Los Angeles. »An alle Passagiere des Fluges 711: Bitte melden Sie sich am Informationsstand«, ertönte es aus den Lautsprechern. Ein anderer Passagier, der in der Reihe vor mir stand, hörte auch die schlechte Nachricht: »Der Nebel ist zu dicht, Sir. Der Flug wurde gestrichen.« Ich konnte beobachten, wie dieser sehr wichtig erscheinende Mann gereizt protestierte: »Wenn dieser Flug ausfällt, verpasse ich meinen Anschluss in Chicago. Ich werde dann nicht mehr rechtzeitig in New York City sein, um meinen Flug am Morgen nach Zürich zu erreichen!« Jetzt wurde dieser gut gekleidete Reisende langsam richtig sauer. Ich blickte ihm in die Augen und sagte lächelnd: »Ich befürchte, ich werde auch meine Verbindungsflüge verpassen. Anscheinend haben wir beide ein Problem.« Schnell fügte ich hinzu: »Wir beide haben aber auch die großartige Gelegenheit, herauszufinden, ob wir die Größe haben, Herr einer wirklich ärgerlichen und kostspieligen, misslichen Lage zu sein.« Postwendend löste sich der angespannte Gesichtsausdruck des frustrierten Reisenden. Seine gereizte Stimme wurde sanfter. Seine empörte, fordernde und selbstherrliche Haltung veränderte sich, und an den schuldlosen Berater hinter dem Tresen gewandt sagte er: »Nun, mein Herr, schauen Sie doch einmal, was Sie tun können. In der Zwischenzeit schicke ich ein Telegramm in die Schweiz und lasse sie dort wissen, dass ich mich unvermeidlich verspäten werde.« Er drehte sich um, um einen Münzfernsprecher zu suchen. Plötzlich hielt er inne, sah mich ruhig an und sagte: »Danke! Vielen Dank!« So wandelte er ein Ärgernis in einen persönlichen Triumph. Bei seinem Abschied lies er etwas zurück – einen sehr angenehmen Eindruck!

6. GEWICHTEN SIE IHRE ZEIT SORGFÄLTIG.

Nicht alle Stunden haben das gleiche »Gewicht«. Eine Stunde früh am Morgen ist wertvoller als eine Stunde am Nachmittag. Eine Stunde im Frühling hat mehr Kraft als eine Stunde im schwülen Sommer. Montags arbeiten Sie vielleicht immer unterhalb Ihres Leistungslimits, während Sie in einer Stunde am Mittwoch vor Leben und Energie nur so sprühen und Höchstleistungen bringen. Finden Sie heraus, welche Stunden an welchen Tagen für Sie die Besten sind. Das wird von Mensch zu Mensch unterschiedlich sein und hängt von einer Reihe Faktoren ab, wie zum Beispiel der geographischen Lage, dem Klima und der Jahreszeit. In Alaska, wo im Winter die Tage kurz sind und es lange dunkel bleibt, unterscheidet sich das Gefühlsleben eines Menschen von dem einer Person aus Acapulco in Mexiko. Finden Sie heraus, an welchen Stunden am Tag, an welchen Tagen in der Woche und in welchen Monaten des Jahres Sie Höchstleistungen vollbringen. So weit es Ihnen möglich ist, planen Sie so, dass Sie die wichtigste Arbeit in diesen besten Stunden und Monaten erledigen.

Ein Geschäftsmann erzählte mir, dass er innerhalb eines einmonatigen Zeitfensters im Dezember und Januar keine wichtigen Aktionen plant. »Ich weiß, dass meine Angestellten zwei Wochen vor und nach Weihnachten nur mit einem Bruchteil ihrer Leistungsfähigkeit arbeiten. Für diesen Zeitraum setze ich nie eine wirklich wichtige Sache an.«

Richard Neutra fand heraus, dass die wirklich frühen Stunden des Tages seine besten Stunden waren. Seit Jahren schon hat er es sich zur Gewohnheit gemacht, um vier Uhr in der Früh mit der Arbeit zu beginnen. Viele kreative Menschen haben festgestellt, dass der frühe Morgen und die späten Nachtstunden ihre besten Stunden sind. Das mag damit zu tun haben, dass sie unterbewusst entspannt sind, da sie zu diesen unmöglichen Zeiten keine Störungen erwarten. Ein kreativer Geist hat seine fruchtbarsten Momente in Zeiten tiefer Entspannung.

Wägen Sie Ihre Stunden ab und Sie werden entdecken, dass Sie weit mehr als Sie heute erreichen, wenn Sie sich neu strukturieren und die wichtigsten Aufgaben in den besten Zeitfenstern angehen.

7. ERZEUGEN SIE ZEITDRUCK, UM SICH SELBST ZU MOTIVIEREN.

Schaffen Sie sich selbst Druck, um gegen die Versuchung gewappnet zu sein, Ihre Projekte vor sich herzuschieben und hinauszuzögern. Am besten können Sie das tun, indem Sie Ihre Absicht kundgeben, etwas Bestimmtes zu erreichen. Erzählen Sie genug Menschen, dass Sie etwas vorhaben, und es wird nicht lange dauern, bis Sie anfangen werden müssen.

Setzen Sie sich Zeitziele. Legen Sie sich darauf fest, einem Arbeitsplan zu folgen. Er wird Ihre Freiheit einschränken, Ihnen aber auch den nötigen Druck verschaffen, Ihre Arbeit zu Ende zu bringen.

Menschen, die es zu wenig bringen, haben die Angewohnheit, sich vor dem Druck eines Arbeitsplans zu schützen, indem Sie keinen erstellen. Es ist jedoch Fakt, dass Sie konkrete Schritte unternehmen müssen, um sich selbst zum Handeln zu zwingen.

1. Wählen Sie ein konkretes Ziel, das Sie zu erreichen wünschen. Wenn Sie das nicht tun, werden Sie Ihr ganzes Leben lang Ihre Unterlagen ordnen, Ihre Ordner durchgehen, um herauszufinden, was Sie alles abgeheftet haben, lesen und noch etwas mehr abheften, studieren und

nachforschen und Ihre Beobachtungen abheften, Berichte über Ihre Ordner und Ihre Nachforschungen vorbereiten, Inhaltsverzeichnisse erstellen und Durchschläge machen für alle Mitarbeiter des Büros usw., usw., usw. Es ist erstaunlich, wie viel Zeit man für unkonstruktive Aktivitäten vergeuden kann, die man selbst für wichtig hält. Die einzige Möglichkeit der Falle banaler, zeitraubender Aktivitäten zu entgehen, liegt darin, ein sehr spezifisches, klar definiertes Ziel vor Augen zu haben.

2. Setzen Sie sich eine Frist, in der Sie Ihr Ziel erreichen möchten.
3. Geben Sie Ihre Absichten und Zeitpläne Ihrer Familie, den Freunden und Arbeitskollegen bekannt. Dazu braucht man Mut. Sie gehen das Risiko ein, sich zu blamieren, wenn Sie Ihr Ziel nicht erreichen oder Ihren Zeitplan nicht einhalten.
4. Wenn Sie einmal ein Ziel formuliert, einen Zeitablaufplan zur Erreichung Ihres Ziels erstellt und ihn bekannt gegeben haben, haben Sie sich selbst Druck erzeugt. Das Ergebnis? Sie werden Ihre Aufgabe bewältigen! Falls nicht in der angegebenen Zeit – dann kurze Zeit später.

8. STELLEN SIE IHRE AUSREDEN IN FRAGE, WENN SIE WIEDER EINMAL »KEINE ZEIT HABEN«.

Bevor Sie eine Einladung oder eine Gelegenheit ablehnen weil Sie zu beschäftigt sind, gehen Sie Ihren Schlussfolgerungen einmal auf den Grund. Es mag sogar sein, dass Sie gar nicht darüber nachgedacht haben. Sie fühlen sich vielleicht nur so. Wahr ist, dass wir für beinahe alles, was wir wirklich wollen, Zeit haben. Wenn man mit einer außerordentlich wichtigen Sache konfrontiert wird, kann man erstaunlicherweise Pläne ändern, Vorhaben verschieben oder auf Aktivitäten verzichten, die man am Tag davor noch für lebensnotwendig gehalten hatte. Sind Sie sich sicher, dass Sie keine Zeit haben? Vielleicht haben Sie eine Grundangst vor Engagement und Versagen. Vielleicht sind Sie erschöpft. Dann werden Sie in Ihrer Niedergeschlagenheit von negativen Gedanken übermannt, und reden sich selbst ein: »Ich kann nicht – ich bin zu beschäftigt.« Vergessen Sie nicht, dass Sie sich vielleicht weiterhin kraftlos fühlen, bis Sie »Ja« sagen und einen Versuch wagen. Solange Sie von einer Sache nicht begeistert sind, werden Sie weiterhin Müdigkeit empfinden. Wie man von einer Sache begeistert wird? Engagieren Sie sich!

Sind Sie zu beschäftigt oder zu müde? Wenn Sie zu müde sind, lesen Sie das nächste Kapitel über »die Quelle jugendlicher Energie«.

9. NEHMEN SIE SICH IN ACHT VOR ZEITSPARENDEN GERÄTEN.

Haben Sie sich einmal gefragt, warum wir in dieser Epoche zeitsparender Geräte mehr Probleme denn je zu haben scheinen?

Meine Frau behauptet, dass einige ihrer Probleme auf die Tatsache zurückzuführen sind, dass wir so viele zeitsparende Gegenstände gekauft haben. Sie denkt, sie habe mehr Zeit als das in Wirklichkeit der Fall ist, und sie plant zu viele Tätigkeiten. Sie behauptet (und ich höre gut zu), dass ihr Mann erwarte, dass sie aufgrund dieser Geräte einen Berg an Aufgaben im Haus und in der Gemeinde erledigen könne.

Dieses Überangebot mechanischer Apparaturen spart jedoch nicht immer Zeit ein. Ein Zweitwagen bedeutet, dass mehr gefahren wird; man ist permanent versucht, »mal kurz eine Minute weg« zu sein. Natürlich muss man sich dann erst einmal umziehen, die Schlüssel suchen (wo habe ich sie denn hingelegt?), den Geldbeutel oder die Kreditkarte finden, das Haus absperren, zum Auto laufen, fahren, einen Parkplatz finden, in das Geschäft gehen, darauf warten bedient zu werden, Zeit für Freundlichkeiten aufbringen, zurück zum Auto laufen, nach Hause fahren, parken, wieder ins Haus oder Büro gehen und sich dann vielleicht wieder die Arbeitsklamotten anziehen. Was am Anfang noch »kurz eine Minute« war, ist so zu einer halben Stunde geworden. Ist Ihnen das schon einmal passiert? Wie oft? Nehmen Sie sich also in Acht vor dieser »kurzen einen Minute«. Denken Sie einmal an das Telefon. Was eigentlich nur ein spontaner Anruf war, wird zu einem zehn- oder zwanzigminütigen Gespräch; es öffnet die Büchse der Pandora zusätzlicher zeitraubender Verbindlichkeiten, denen man leicht entkommen hätte können, wenn man den Hörer überhaupt nicht erst in die Hand genommen hätte, es sei denn, es handelte sich um etwas Wichtiges.

Nehmen Sie sich in Acht vor zeitsparenden Geräten. Der Toaster, die Waschmaschine, die Spülmaschine, der Staubsauger und das Auto gehen scheinbar alle immer zur gleichen Zeit kaputt. Es kostet unter Umständen enorm viel Zeit, einen Kundendienst zu finden, zur Reparatur zu fahren, das Gerät dann von dort wieder abzuholen und es vielleicht noch einmal dort hinzubringen, wenn der Fehler nicht vollständig behoben wurde. Natürlich sind solche Geräte auch zeitsparend. Aber lassen Sie sich nicht täuschen. Überschätzen Sie nicht die Zeit, die sie einsparen. Sie sind vielleicht eher arbeitssparend als zeitsparend.

10. HOLEN SIE DAS LETZTE AUS DER ZEIT HERAUS, INDEM SIE DAS LETZTE AUS SICH HERAUSHOLEN.

Häufig ist ein Zeitproblem nur das Resultat einer engen Denkweise. Wir denken, dass wir alles selbst machen müssten. Wir sträuben uns, anderen Verantwortung zu übertragen. Wir haben Schwierigkeiten jemanden zu finden, der unsere Arbeit übernehmen kann. Daher sind wir oft zu beschäftigt, unsere Probleme zu überdenken, mit Gelegenheiten entschieden umzugehen und wirklich erfolgreich zu leben.

Ich erinnere mich an einen Fall in der Eheberatung, in dem es um eine Familie mit mehreren Kindern ging. Der Haushalt war ein Durcheinander. Die Ehefrau war erschöpft, was dazu führte, dass sie und der Rest der Familie gereizt und launisch waren. Ich kam zu einer einfachen Diagnose. Sie war überarbeitet. Die Lösung? Eine Haushaltshilfe. Sie hatten das Geld, aber, ob Sie es glauben oder nicht, weder der Mann noch die Frau hatten diese einleuchtende Lösung jemals in Erwägung gezogen. Wie sich die Frau dagegen sträubte! Sie konnte es sich nicht vorstellen, dass jemand anderes die Hemden ihres Mannes bügelte oder ihre Mahlzeiten vorbereitete. Es war undenkbar für sie, dass jemand anderes sich um ihre Kinder kümmern würde. Letztlich erkannte sie jedoch, dass es ein kluger Rat war: Sie nahm ihn an, und heute sind sie eine glücklichere Familie.

WAS IMMER SIE AUCH TUN, LASSEN SIE NIE EINE GUTE GELEGENHEIT VERSTREICHEN, WEIL SIE NICHT DIE ZEIT HABEN, SIE WAHRZUNEHMEN.

Wenn sich eine Gelegenheit bietet, kann jeder – ob Hausfrau, Vertreter, Arbeiter, Student – etwas von erfolgreichen leitenden Geschäftsleuten lernen, wenn er oder sie sich in Bezug auf den Umgang mit Zeit diese Fragen stellt:

1. Handelt es sich um eine gute Idee?
   Wenn ja, müssen wir die Zeit finden, sie wahrzunehmen.
2. Bin ich die geeignete Person für diese Aufgabe?
   Wenn ich die beste Person für diese Angelegenheit bin, nehme ich die Aufgabe in Angriff oder starte das neue Vorhaben, und dann:
3. Woher kann ich die Zeit nehmen?
   Ich gehe anfangs davon aus, dass ich mir die Zeit nehmen kann, indem ich:
   a. die Aufteilung meiner täglichen Zeit noch einmal neu durchrechne.
   b. prüfe, ob ich einige meiner derzeitigen zeitraubenden Tätigkeiten einstellen, verschieben, beschleunigen oder an eine Person oder auch an eine neue Maschine übergeben kann.
   c. mich frage, ob ich früher am Morgen anfangen oder später in den Abend hineinarbeiten kann.
   d. die Zeiteinteilung meiner Prioritätenliste im Lichte dieser aktuellen Entwicklung auf den neuesten Stand bringe. Was auf meiner Liste gestern weit oben stand, rutscht im Licht der neuen Gelegenheit vielleicht weiter nach unten.
   e. mich ernsthaft frage: Gibt es einen vorübergehenden oder ständigen Ersatz für einen Teil oder alle meine zeitraubenden Aufgaben, damit ich dieses Projekt mit aller Kraft verfolgen kann?
4. Sollte ich diese Aufgabe jemand anderem übertragen?
   Wenn diese neue Angelegenheit jemanden mit weniger Sachkenntnis oder einer geringeren Ausbildung, als ich sie habe, erfordert, oder wenn sie jemanden mit besseren Fähigkeiten oder Qualitäten als ich sie habe erfordert – kurzum: wenn es jemanden gibt, der für diese Aufgabe besser geeignet ist als ich – dann könnte es weise sein, jemanden für diese Aufgabe anzustellen.

5. Wie lange wird diese Gelegenheit bestehen?
   Ist es vielleicht klug abzuwarten, oder wäre das eventuell kostspielig? Haben Sie die Stärke, Ihre wohlüberlegten Pläne und bereits angekündigten Absichten zu ändern, wenn die Situation es erfordert. Wenn in einer Situation Handlungsbedarf besteht – dann ist es jetzt vielleicht an der Zeit, eine Person einzustellen oder eine Maschine zu kaufen, um sich die Zeit zu verschaffen, die Gelegenheit wahrnehmen zu können.
6. Wie können wir das Geld auftreiben, um jemanden einzustellen?
   Gehen Sie nicht in die »Es-gibt-kein-Geld-um-weitere-Personen-anzustellen«-Falle. Ein guter Mann, der angestellt wurde, um ein wirkliches Loch zu stopfen, ist sein Geld wert. Er verursacht niemals Kosten. Er zahlt sich immer aus. Vielleicht müssen Sie sowohl Ihr Geld- als auch Ihr Zeitbudget neu planen.

IX. Die Quelle jugendlicher Energie

»Einige Menschen haben mehr Energie, um Dinge zu erledigen. Kann man diese zusätzliche Energie irgendwie bekommen? Wie kann ich sie anderen weitergeben?« Mit dieser tiefgründigen und beherzten Frage konfrontierte ein sechzehnjähriges Mädchen meinen Freund Dr. E. Ezra Ellis aus Whittier, Kalifornien.

Leiden Sie unter mangelnder Energie? Es liegt vielleicht nicht am Lebensalter. Ein Teenager kann vor Energie nur so strotzen und dreißig Minuten später, wenn er etwas tun soll, was er nicht mag, kann man beobachten, wie seine Muskeln erlahmen, seine Lebendigkeit verfliegt und die Energie auf geheimnisvolle Weise verschwindet. Ich besuchte eine Frau, die beinahe achtzig und sehr müde war. Ihr Gesicht, ihre Arme und Beine, einfach alles, spiegelte Schlaffheit und Erschöpfung wider. »Ich habe gute Neuigkeiten für Sie«, sagte ich. Sie reckte den Kopf. »Was denn?« Schon als sie diese Frage stellte, konnte ich sehen, wie Energie in ihren matten Körper kam. Die Augen wurden groß. Die Lippen wurden lebendig, als sie sich öffneten, um mir ihre hoffnungsvolle Frage zu stellen. Vom Gehirn aus, der mit einem Möglichkeitsgedanken gespeist worden war, strömte leise Energie in ihren Körper. Sie erwartete gute Neuigkeiten, und das erzeugte Energie.

»Mir kam zu Ohren, dass Sie Besuch von der Ostküste bekommen werden; jemand, der es kaum erwarten kann, Sie zu sehen«, berichtete ich ihr. Sie richtete sich auf. Die Vorfreude wuchs und mit ihr Lebendigkeit, Begeisterung, Energie und körperliche Kraft. Ich nannte ihr den Namen der Person, die ihren Besuch angekündigt hatte. Die Kraft, die plötzlich in ihrem matten Leib aufwallte, versetzte mich in Erstaunen. Später erzählte sie mir, dass sie in den folgenden zwei Tagen ihr Haus geputzt, Kekse gebacken und telefoniert hatte; sie war wirklich aufgeblüht. Woher hatte sie diese Energie? Aus einem kraftspendenden Möglichkeitsgedanken.

Möglichkeitsdenken erzeugt große Energie. Denn Energie entsteht durch frohe Hoffnung und starke Erwartungen auf packende oder aufregende Ereignisse. Können Sie sich daran erinnern, wie es Ihnen als Kind in der Nacht vor einem Ausflug ging? Wie aufgeregt Sie waren! Wie schwer es Ihnen fiel, ins Bett zu gehen. Wie früh Sie erwacht und aus dem Bett gesprungen sind. Vor nicht allzu langer Zeit war ich sehr matt. Ich befand mich gerade zwischen zwei Projekten. Dann fing ich an, dieses Buch zu schreiben. Ich stellte mir das vollendete Manuskript vor, die gebundene Ausgabe, und ich hatte nie mehr Energie als jetzt, während ich dieses Buch schreibe. Da überrascht es nicht, dass Möglichkeitsdenker dem Anschein nach immer grenzenlose Energie haben. Ein Denken voller Hoffnung produziert große Begeisterung, und

Begeisterung ist Energie!

Bringen Sie jetzt den Erfolgsprozess in Bewegung: (1) Ergreifen Sie einen Möglichkeitsgedanken. (2) Bewegen Sie ihn in Ihrer Vorstellung. (3) Lassen Sie sich davon begeistern. (4) Gehen Sie die ersten Schritte, und Sie werden große Energieschübe erleben.

Begeisterung verursacht Energie. Haben Sie das noch nicht bemerkt? Ich schon, in vielen Ausschusstreffen. Der Ausschuss kommt zu seinem monatlichen Treffen zusammen. Die Teilnehmer denken, dass sie nichts zu besprechen haben. Aber sie fangen an sich zu unterhalten, bis in der zunächst ziellosen Unterhaltung irgendeine kreative Idee angesprochen, aufgegriffen, ausgeführt, weiterentwickelt und bis ins Detail betrachtet wird, bis die Menschen, die sich müde zurückgelehnt hatten, auf den Stuhlkanten sitzen. Die Hände, die zu Beginn untätig gefaltet waren, werden nun aufgeregt gerieben, schläfrige Augen sind nun aufmerksam, glänzen – weit aufgerissen!

Die geistige Atmosphäre im Ausschuss ist voller Aufregung, Begeisterung und Energie geladen. Stellen Sie sich vor, ein UNMÖGLICHKEITSDENKER tritt nun auf den Plan und gibt vor, einen tiefen Einblick zu haben, indem er Fehler, Probleme, Hindernisse und Kosten aufzeigt und letztendlich die Idee ablehnt. Nun, wenn er damit durchkommt, ist das Projekt vom Tisch. Der Vorschlag wird fallen gelassen. Die Leute lassen sich schlapp in die Stühle zurückfallen. Irgendwer gähnt und sagt: »Ich beantrage, dass wir die Sitzung vertagen.« Die Teilnehmer schleppen ihre müden Glieder nach Hause. Gesetzt den Fall jedoch, der UNMÖGLICHKEITSDENKER tritt nicht auf den Plan oder wird vom Hindernis-überwindenden, Problem-lösenden, Kosten-beantwortenden MÖGLICHKEITSDENKER überstimmt, dann wird dem Antrag zugestimmt werden. Wenn dann die Sitzung vertagt wird, gehen die Ausschussmitglieder festen Schrittes und mit jugendlicher Energie zügig entschlossen nach Hause.

MÖGLICHKEITSDENKEN ist die überragende Quelle und das Geheimnis jugendlicher Energie. Warum sprechen wir von jugendlicher Energie? Vielleicht, weil einige junge Menschen aufgrund ihrer Lebensjahre bessere Möglichkeiten sehen, etwas für sich und andere zu erreichen, als jemand, der äußerlich alt ist? Das ist der Grund, warum junge Menschen ohne Ziele und Träume in Wirklichkeit alt und müde sind. Oft machen sie dann etwas Schlimmes oder etwas Falsches, damit ihr Leben aufregend wird. Auf diese Weise erzeugen sie ausreichend Energie, die sie spüren lässt, dass sie wirklich am Leben sind. Das erklärt dann, warum einige Menschen in ihren Achtzigern mehr Energie als manch Zwanzigjährige haben. Ein achtzigjähriger Mann mit einem nützlichen Projekt hat mehr körperliche Energie als ein Teenager, der kein Ziel, keine Absicht, kein Projekt und keinen Plan hat. MÖGLICHKEITSDENKEN erzeugt Energie. UNMÖGLICHKEITSDENKEN erzeugt Ermüdung. So einfach ist das.

Der MÖGLICHKEITSDENKER, egal wie körperlich matt er sich gerade fühlen mag, reagiert daher niemals auf eine positive Idee mit »Ich bin zu müde«. Niemals! Seine Antwort ist: »Ist das eine gute Idee?« Wenn er diese Frage nun positiv beantworten kann, wird er mit einem Mal Energie haben, die *unerklärlich* von – *er weiß auch nicht woher* – kommt! Die Wahrheit ist, dass MÖGLICHKEITSDENKER Menschen sind, die das Geheimnis und die Quelle jugendlicher Energie entdeckt haben.

MÖGLICHKEITSDENKER gibt es in jedem Lebensabschnitt. Ich habe MÖGLICHKEITSDENKER gekannt, die vier Jahre alt waren, und solche, die über neunzig waren. Beide schienen diese unglaubliche Lebensqualität zu besitzen, die wir Jugendlichkeit nennen. Jugendliche Menschen sind scharfsinnig, klug und den Möglichkeiten des Lebens gegenüber aufgeschlossen.

MÖGLICHKEITSDENKER sind Menschen, die Altersgrenzen sprengen. Wenn sie beisammen sind, scheinen sie keine Altersunterschiede zu kennen. Sie zeigen füreinander Interesse, weil sie die gleichen Träume, Bestrebungen, Projekte, Pläne, Vorlieben und Hobbys teilen. Ich habe sie auf unserem Kirchengelände gesehen, wie sie in einem Kreis standen – ein dreizehnjähriges Mädchen, ein fünfundsiebzigjähriger Mann, eine einundsiebzigjährige Frau und ein achtunddreißigjähriger Mann; wie sie eng beieinander standen und sich angeregt unterhielten! Glücklich unterhielten! Begeistert unterhielten! Projekte-planend unterhielten! MÖGLICHKEITSDENKEN verbindet sie; ein Denken, das Altersgrenzen überschreitet. Der Altersunterschied ist ihnen nicht bewusst; sie verschwenden keinen Gedanken daran. In diesem Augenblick dynamischen MÖGLICHKEITSDENKENS haben sie die Altersgrenze gesprengt und leben in einer anderen Dimension. Ihr Denken ist jung, sie haben Augen für die Möglichkeiten, die sie umgeben, und stellen sich vor, wie sie diese Gelegenheiten für sich nützen können.

Die Einstellung ist für die Energie von größerer Bedeutung als das Alter.

Ich habe einen Brief von einem vierzehnjährigen Mädchen aufbewahrt, das in El Paso, Texas, lebt. Sie schreibt: »Lieber Pastor, ich habe in Anaheim gewohnt und bin in Ihre Kirche im Autokino gegangen. Ich habe mich jetzt entschieden, Ärztin zu werden. Ich möchte später einmal in ein unterprivilegiertes Land gehen, vielleicht Tansania, und ein tolles Krankenhaus aufbauen. Ich möchte Sie bitten, mir zu sagen, was ich tun muss, um dieses Ziel zu erreichen. Ich möchte mehr als alles andere, dass dieser Traum in Erfüllung geht. Ich weiß, dass es viele Probleme geben wird. Ich weiß, dass es einen Haufen Geld kosten wird. Ich weiß, dass ich hart werde arbeiten müssen. Das ist mir egal. Ich werde es machen. Ich möchte nur wissen, was ich tun muss, um die Voraussetzungen Ihrer Kirche als Missionar zu erfüllen. Bitte sagen Sie mir, was man von mir erwarten wird. Lassen Sie nichts aus. Ich habe unendlich viel Energie und ich werde Sie nicht enttäuschen.«

Wenn dieses vierzehnjährige Mädchen mal kein MÖGLICHKEITSDENKER ist!

Dr. Albert Schweitzer hat über seinen neunzigsten Geburtstag hinaus voll Energie und Begeisterung gearbeitet. Die Liste seiner Verdienste und Auszeichnungen ist lang. Er hörte nie auf, sich vorzustellen, dass es noch viel gibt, was er erreichen könnte. Bis zu seinem Tod war er immer noch ungemein aktiv und arbeitete an einem Manuskript.

Browning hat geschrieben: »Werde alt mit mir! Das Beste liegt noch vor uns.« Das ist MÖGLICHKEITSDENKEN! Da sie sich immer neue und aufregende Pionieraufgaben vor Augen halten, werden die MÖGLICHKEITSDENKER nie alt.

Pastor Dr. Daniel Poling, der große Mann des amerikanischen Protestantismus, flog von New York City nach Kalifornien, als er bereits über achtzig war. Er verbrachte vier Tage in Kalifornien mit wichtigen Besuchen, mehreren Predigttätigkeiten und geschäftlichen Treffen. Dann flog er zurück, um seinen Vollzeitberuf als hauptverantwortlicher Herausgeber der größten regelmäßig erscheinenden nichtkirchlichen Glaubenszeitschrift des Landes wahrzunehmen. Woher nimmt er seine Energie? Aus seiner Vorstellungskraft und seiner Begeisterung! Er hat so viele mögliche Ideen, wie er beständig kreativ und konstruktiv sein kann. Da überrascht es nicht im Geringsten, dass er viel jünger erscheint als achtzig Jahre. MÖGLICHKEITSDENKEN *ist die Quelle der Jugend, nach der schon immer gesucht wurde.*

Solange er seine Vision nicht verliert, ist ein Mann nicht alt.
Solange er sich von Möglichkeiten umgeben sieht, ist ein Mann jung!

In der Gemeinde der *Crystal Cathedral* haben wir eine Gruppe, die einmal den Namen »Senior Citizens«[24] getragen hatte. Wir haben diese Gruppe umgetauft in THE KEEN-AGERS[25]. Obwohl einige von ihnen inzwischen dickere Brillengläser als noch vor Jahren tragen, haben sie scharfe Augen und ein ausgeprägtes Gefühl dafür, in ihrer Kirche, auf der Straße und in ihrer Gemeinde zu lieben, zu helfen und zu arbeiten. Sie schärfen alte Fähigkeiten, die während der Jahre großen Drucks lange vernachläs-

24 Wörtliche Übersetzung: Seniorengruppe.
25 Im Englischen ein Wortspiel mit »Teenagers«; bedeutet hier in etwa »die Scharfen« (Anm. des Übersetzers).

sigt worden waren. Sie wenden sich endlich Hobbys zu, für die sie früher nie Zeit gehabt hatten. Sie sind wirklich »scharf« darauf, jeden Tag ihres Lebens auszukosten. Kein Wunder, dass wir sie DIE SCHARFEN nennen.

Vor einer Weile hielt ich einen Vortrag an einem College im Osten der USA. Das MÖGLICHKEITSDENKEN einiger junger Menschen dort inspirierte mich. Sie haben sich aufgemacht, die Welt zu erobern. Sie haben große Träume, kühne Hoffnungen und aufregende Ziele. Sie sind kühn, lebendig und wahre »Keen-Ager«. Gleichzeitig traf ich ein paar »alte« Menschen zwischen achtzehn und vierundzwanzig. Sie waren »Dull-Ager«[26]. Obwohl sie am College gute Leistungen zeigten, war ihr Denken sehr mangelhaft. Denn sie waren pessimistisch, zynisch und frustriert, da sie keine Hoffnung auf eine glückliche Zukunft hatten. Deshalb mangelte es ihnen an Begeisterung und der jugendlichen Energie, die immer ein Produkt der Begeisterung ist. Sie sahen alt aus. Sie verhielten sich alt. Sie sind alt. Denn eine alte Person ist jemand, der keine Zukunftsperspektive mehr hat. Wir schaffen unsere Zukunft jedoch in unseren Gedanken. Wenn ich mir etwas Wunderbares vorstelle, das ich heute oder morgen tun kann, dann habe ich eine Zukunft! Es ist die traurige Wahrheit, dass manche Achtzehnjährige für sich keine Zukunft sehen. Sie haben keine kreative Vorstellungskraft. Sie sind Unmöglichkeitsdenker. Sie sehen nur Probleme, die sie aufgrund ihrer erloschenen Vorstellungskraft als unüberwindbare Hindernisse akzeptiert haben. In ihrer von Unmöglichkeiten geprägten Vorstellungskraft sind sie schon besiegt.

Aus dem Blickwinkel seiner eigenen produktiven alten Jahre sagte General Douglas MacArthur 1956 in Los Angeles: »Du bist so jung wie dein Glaube, so alt wie deine Zweifel; so jung wie deine Zuversicht, so alt wie deine Angst; so jung wie deine Hoffnung, so alt wie deine Verzweiflung. Inmitten jeden Herzens ist ein Aufnahmestudio; solange es Botschaften der Schönheit, Freude, Hoffnung und der Ermutigung erhält, solange sind wir jung. Wenn die Leitungen tot sind und dein Herz vom Schnee des Pessimismus und dem Eis des Zynismus bedeckt ist, dann – und erst dann – bist du alt geworden.«

Einige der fraglos negativsten Folgen von Unmöglichkeitsdenken finden sich in der weit verbreiteten Feststellung, dass ein

26 wörtliche Übersetzung: Die Lahmen

Mann zu einem mysteriösen Zeitpunkt im Alter zwischen fünfundvierzig und fünfundsechzig zwangsläufig »den Höhepunkt seiner Karriere überschritten hat«. Man kann sich kaum ausmalen, welchen Schaden dieses Denken verursacht hat! Es hat zu einer kränklichen Stimmung eines »Sich-alt-Fühlens« in den Köpfen einiger unserer fähigsten Bürger geführt. Da überrascht es nicht, dass einige Männer mittleren Alters den Anreiz zum Leben verloren haben. Bedeutende Köpfe, kreative Denker und erfahrene Leiter sind gerade dann versucht, langsam aufzuhören, wenn sie kurz davor stehen, einen Abschluss *summa cum laude*[27] an der Schule der Erfahrung zu erhalten.

Die enormen Fortschritte der modernen Medizin ermöglichen vielen Menschen durchaus körperliche Gesundheit bis zum Ende. Die Knochen mögen vielleicht etwas knirschen, aber körperliche Gesundheit wird in erster Linie davon abhängen, wie der einzelne Mensch denkt. Ihr eigener Verstand ist die Quelle der Jugend oder das Abwasser des Alters. Lassen Sie uns unsere Einstellung in Bezug auf »das Alter« verändern. Lassen Sie uns unser Denken über »alte Menschen« erneuern.

Dr. Henry Poppen, einer der dynamischsten Mitarbeiter in der Gemeinde der *Crystal Cathedral*, ist fünfundsiebzig Jahre alt. Er ist und war schon immer ein großer MÖGLICHKEITSDENKER. Er ist und war schon immer ein »Keen-Ager«. Nach vierzig Jahren als Missionar in China wurde er von den Kommunisten gefangen genommen und wurde der persönliche Lieblingsgefangene von Mao Tse-tung. Schließlich kam es zu einer öffentlichen Gerichtsverhandlung. Der grauhaarige Missionar wurde zu einem Zeugenstand auf dem Hauptplatz der Stadt geführt, wo eine Menge von über zehntausend Menschen zuhörte, wie er so ziemlich jedes vorstellbaren Verbrechens fälschlich beschuldigt wurde. Es war nicht das erste Mal, dass er in einer gefährlichen Situation stand. Er hatte drei Kriege miterlebt. Er hatte dem obersten Heerführer der japanischen Armee Auge in Auge gegenübergestanden, als China einige Jahre zuvor angegriffen worden war. Auf der ganzen Welt beteten nun Christen für diesen berühmten Missionar. Ihre Gebete wurden erhört. Der Urteilsspruch des Verfahrens hieß »schuldig«. Die Strafe jedoch war »Verbannung aus dem Festland China auf Lebenszeit«. Ihm

27 Lateinisch: mit höchstem Lob; Bezeichnung für eine akademische Abschlussnote, in der deutschen Notenskala zwischen 0,3 und 0,7.

wurden vierundzwanzig Stunden gegeben, das Land zu verlassen. Kurz darauf war er zurück in Amerika. Er war jetzt in seinen Sechzigern. Er hatte ein erfülltes Leben gehabt und war durch schwerste Prüfungen gegangen. Es wurde entschieden, dass »er in Rente gehen soll. Der ›alte Mann‹ hat genug durchgemacht.« Es war richtig, dass er ziemlich hager und abgespannt aussah. Schließlich war er auch durch die Hölle gegangen. Eines Tages hinterließ ich ihm einen Brief in Kalamazoo, Michigan. »Dr. Poppen, ich bin davon überzeugt, dass Sie eine große Unterstützung für uns in Garden Grove sein könnten. Was halten Sie davon?« Er fing an, es in Erwägung zu ziehen. Die Energie kam, und mit ihr sein Versprechen, nach Kalifornien zu kommen, »um zu sehen, ob ich diesem Jungspund helfen kann«. Dr. Poppen hat bereits einige fruchtbringende Jahre in unserem Mitarbeiterstab verbracht. Seine Energie versetzt Menschen in Erstaunen. Manche alten Menschen lassen sich vom Kalender täuschen und denken, dass sie keine Energie mehr haben. Tatsächlich jedoch erliegen sie unbewusst der Annahme, dass sie endlich der ewigen Versuchung nachgeben können, es ruhig angehen zu lassen.

Die Versuchung, faul zu sein, wird niemals alt.

Ein weiterer Grund für die scheinbar grenzenlose Energie der MÖGLICHKEITSDENKER ist, dass sie in ihrem mutigen Streben nach Möglichkeiten der Langeweile entkommen sind – eine Hauptursache für Ermüdung. Was ist Langeweile, wenn nicht ein Mangel an Begeisterung? Ein bedeutender Teil von Langeweile resultiert aus einem vorsichtigen, sicherheitsorientierten, Geh-kein-Risiko-ein-solange-du-nicht-sicher-bist-Lebensstil.

MÖGLICHKEITSDENKER sind himmlische Glücksspieler. Wenn sie ein unerfülltes Bedürfnis entdecken oder von einem nützlichen, inspirierenden Traum erfasst werden, setzen sie sich ein, ohne eine bedingungslose Garantie gegen das Scheitern zu haben.

MÖGLICHKEITSDENKER sind risikobereite und abenteuerlustige geheiligte Spekulanten, die es darauf ankommen lassen. Denn ihnen liegt weniger an Sicherheit als vielmehr daran, einen Dienst an den Menschen zu tun und Erfolg zu haben. Aus diesem Grunde setzen sie alles auf eine Karte, wenn sie ein großes Potential sehen. Starke Nerven und Mut sind die Wesensmerkmale ihres Charakters. Sie sind der Eintönigkeit entronnen, die vorsichtige Menschen mit Langeweile, Lustlosigkeit und Erschöpfung straft.

> Some men die by shrapnel
> And some go down in flames,
> But most men perish inch by inch,
> Playing at little games. [28]

Dieser kühne Geist hält sie jung und stark. Der unermüdliche Wille ein Risiko einzugehen, ist ein Kennzeichen der Jugend. Junge Menschen neigen dazu, etwas zu wagen. Wenn sich der sicherheitsorientierte Geist durchsetzt, klopft das Alter an die Tür. Wenn der abenteuerlustige Geist langsam vergeht und ein gesetzter Geist einzieht, werden Sie bald mit den ersten Symptomen des Verfalls konfrontiert sein.

Neue Zivilisationen, Institutionen, Nationen und Geschäftsimperien beweisen in den Tagen ihrer Jugend große Bereitschaft zur Initiative. Nehmen Sie zum Beispiel die Pilgerväter, die sich in einem kleinen Boot aufgemacht hatten, in die neue Welt zu segeln – ohne Radio, Fernsehen, Penizillin, Sauerstoffflaschen oder Aspirin. Sie hatten nur einen großen Traum! Oder nehmen Sie zum Beispiel die Pioniere, die sich in den Westen Amerikas aufgemacht hatten. Die Reise mit Planwägen, die von Ochsen gezogen wurden, dauerte normalerweise Monate. Die Gefahren waren ungemein groß. Die Sicherheiten waren sehr gering. Doch Mut floss durch ihr heißes Blut und Energie trieb sie voran.

Der risikobereite Geist treibt die meisten Menschen in eine Phase der Entfaltung. Warum? Vielleicht weil man fast nichts zu verlieren hat? Es ist leichter, in der Phase der Entfaltung mutig zu sein, als in der Phase der Ankunft, da es nur eine Richtung gibt: nach oben! Es besteht immer die Gefahr, dass ein tapferer Geist

28 Wörtliche Übersetzung: Manche Männer sterben im Kampf/andere kommen in den Flammen um/doch die meisten sterben Stück für Stück/ohne jemals Großes zu tun.

verloren geht, wenn sich der Erfolg eingestellt hat. Zu diesem Zeitpunkt hat man etwas zu verlieren. »Ich steige besser aus, solange es mir noch gut geht«, mag man da argumentieren. Einige der unsichersten Menschen, die ich kenne, sind Personen, die nicht gerade wenig materiellen Wohlstand besitzen. Sie werden von den Ängsten, Sorgen und Befürchtungen getrieben, bei ihren Investitionen folgenschwere Fehlurteile zu fällen, die sie viel kosten werden. Sie leiden an einer größeren Unsicherheit, wenn sie in der Phase der Ankunft sind, als in der Phase der Entfaltung. Obwohl sie ein Vermögen angehäuft haben, haben sie ihre jugendliche Lebendigkeit verloren. Tragisch! So wie dies auf einzelne Menschen zutrifft, ist es auch eine negative Entwicklung, die man bei Nationen, ganzen Zivilisationen, Unternehmen und in der Industrie beobachten kann. Es gibt wenige Regionen in Amerika, die dynamischer sind als der äußerste Westen. Kalifornien, Arizona und Nevada fühlen jung, denken jung und wagen jung, denn sie sind jung.

Einer der tatkräftigsten Menschen, die je gelebt haben, war Theodore Roosevelt. Er war ein kühner MÖGLICHKEITSDENKER, der sagte: »Es ist weitaus besser, große Dinge zu wagen und glorreiche Triumphe zu feiern, selbst wenn sie ab und an vom Scheitern getrübt sind, als das Los jener armen Geister zu teilen, die weder viel Freude haben noch viel erleiden, weil sie in einem grauen Zwielicht leben, in dem es weder Sieg noch Niederlage gibt.«

Werden Sie lebendig! Finden Sie einen Traum. Setzen Sie sich ein Ziel. Übernehmen Sie ein Projekt. Sie werden sich wieder jung fühlen. Jugendliche Energie wird aus dem Grab Ihres halbtoten Körpers hervorbrechen. Sie werden von Neuem geboren sein! Ist das nicht wunderbar?

ZEHN SCHRITTE ZUR AUFFRISCHUNG IHRER ENERGIEVORRÄTE

1. GEHEN SIE IHRER ERSCHÖPFUNG AUF DEN GRUND.

Sind Sie sicher, dass Sie wirklich müde sind? Kürzlich haben meine Frau und ich ein Wochenende in einem Haus am Meer verbracht. »Mann, bin ich müde«, stöhnte ich. Ich fühlte mich wirklich kraftlos. Ich war in letzter Zeit ein hohes Arbeitstempo gegangen. »Du bist nicht müde. Du entspannst nur gerade«, erwiderte meine Frau aufmerksam. »Natürlich«, dämmerte es mir, »ich bin nicht schlapp, sondern entspanne mich völlig.« Als nun mein Gehirn die Situation als »Entspannung« anstelle von »Müdigkeit« auffasste, ging es mir wunderbar. Ich war überhaupt nicht müde. Sie werden entdecken, dass die vermeintliche Erschöpfung in Wirklichkeit häufig Entspannung ist, oder Konfusion, Unentschlossenheit, verdeckte Feindseligkeit, Langeweile, Schuldgefühle, Frustration oder ein unterdrücktes Gefühl.

2. ACHTEN SIE AUF IHREN KÖRPERLICHEN ZUSTAND.

Lassen Sie sich gründlich untersuchen. Vielleicht brauchen Sie Vitamine oder sollten Sport treiben. Wenn ich erschöpft bin, habe ich festgestellt, dass ich neue Energie schöpfen kann, indem ich einen gesunden Spaziergang unternehme. Spaziergänge sind eine verloren gegangene Kunst in unserer Sitz-Gesellschaft. Sport kann Energie erzeugen. Vielleicht sind Sie übergewichtig. Das verstärkt die Erschöpfung. »Ich bin müde vom Sitzen«, »Ich bin müde vom Stehen«, »Ich bin müde davon, so viel Gewicht mit mir herumzutragen«. Das sind oft wahrhaftig ein paar aufschlussreiche Ursachen für Abgespanntheit.

3. ZAPFEN SIE IHRE UNENTDECKTE ENERGIE AN.

Wir alle haben Energie, die wir nie gebrauchen, da wir gar nicht wissen, dass wir sie haben – bis wir sie einsetzen müssen! *Reader's Digest* druckte einmal die Geschichte von einem Mann ab, der einen kleinen LKW bewegte, um den Fahrer vor den

Flammen zu retten. Unmöglich? Wie hat er das geschafft? Man hat ihm diese Frage gestellt. Seine Antwort: »Ein Mann weiß gar nicht, welche Kraft er besitzt, bis es wirklich drauf ankommt.« Entdecken Sie Ihre großen ungenützten Energiereserven und zapfen Sie sie an. Wie Sie das machen können?

4. ENTSCHEIDEN SIE SICH FÜR IRGENDEINE WUNDERBARE SACHE, EIN PROJEKT, ZIEL ODER EINE PROBLEMBESEITIGENDE AUFGABE.

Solange Sie sich nicht entschieden haben, werden Sie auch keine Energie haben. Die Energie für eine Aufgabe kommt meist erst, wenn Sie einen Schritt gehen und sich in die Arbeit stürzen. Die Energie kommt, nachdem Sie sich gezwungen haben, anzufangen. Sind Sie zu müde, um anzufangen? Dann legen Sie trotzdem los! Die Kraft wird kommen. Unschlüssigkeit erzeugt niemals Energie. Sie kostet Ihnen nur Energie. Entschiedenheit – selbst zögerliche Entschiedenheit – ist oft der erste Schritt, seine Erschöpfung zu besiegen.

Nicht definierte Ziele, unklare Absichten und Pläne und unschlüssige Stellungnahmen, die sich noch nicht in konkreten Überzeugungen manifestiert haben, werden Ihr Denken und Ihren Geist unentschlossen und erschöpft sein lassen. »Ich habe es satt, mir darüber Gedanken zu machen«, sagen Sie, wenn Sie sich nicht mehr mit dem Thema beschäftigen möchten. *Erschöpfung dieser Art kann eigentlich nur ein defensiver Versuch des Unterbewusstseins sein, der Konfrontation mit einer schwierigen Entscheidung aus dem Weg zu gehen.* Wenn Sie sich dann einmal zu einer schmerzhaften oder einer abenteuerlichen Entscheidung durchgerungen haben, werden Sie feststellen, wie die falsche Müdigkeit der Unentschlossenheit verfliegt. In dem Maß, wie Sie hinter Ihrer Entscheidung stehen, werden Sie auch Energie haben.

5. ORGANISIEREN SIE SICH, UM ETWAS ZU ERREICHEN.

Vermeiden Sie Erschöpfung, die aus diesem Gefühl des Überwältigtseins stammt. Wenn Ihr Beruf Sie zu übermannen scheint und Sie keine Möglichkeit sehen, damit klarzukommen, werden Sie Entmutigung, Verwirrung und Niedergeschlagenheit erfahren. Ihr Verstand wird Ihrem Körper in einem verzweifelten Verteidigungsmanöver einreden, dass Sie müde sind. Das ist eine Lüge. Sie sind nicht müde. Sie sind einfach unorganisiert. Werfen Sie das Übergepäck aus Ihrem Leben und aus Ihrer Zeit. Finden Sie die Hilfe, die Sie brauchen, und lernen Sie »Nein« zu den Belanglosigkeiten des Lebens zu sagen. Schon bald werden Sie wieder über den Dingen stehen. Wenn Sie das Gefühl haben, die Situation im Griff und unter Kontrolle zu haben, werden Sie sich stark fühlen. Die Energie wird wieder hervorsprudeln.

6. UMGEBEN SIE SICH MIT DYNAMISCHEN MENSCHEN.

Wenn Sie Zeit mit negativ eingestellten Menschen verbringen, die sich beklagen und selbst bemitleiden, wird Sie dies Energie kosten. Umgeben Sie sich mit positiv denkenden Menschen und Sie werden inspiriert sein. Sie werden von ihnen Energie schöpfen. »Es strengt mich an, dauernd seinen Klagen zuzuhören«, sagen Sie. Das ist richtig: Negative Menschen sind ermüdend. Desgleichen kann es Sie körperlich ermüden, Ihrem eigenen mentalen Jammern, Ihren Beschwerden und Sorgen zuhören zu müssen.

7. TRETEN SIE AUS DEM BANNKREIS DIESER MÜDIGKEITSGEFÜHLE HERAUS UND VERSETZEN SIE SICH IN EINEN ZUSTAND DER ENERGIE.

An mehr als einem Tag stand ich auf und »fühlte mich schlapp«. Ich machte den Fehler zu sagen: »Ich bin müde.« Ich verlieh meinen trügerischen negativen Gefühlen eine Stimme. Das Ergebnis? Ich war wirklich müde. *Ich intensivierte meine Müdigkeit, indem ich mir einredete, dass meine Gefühle der Realität entsprechen.* Heute entscheide ich mich zu sagen: »Ich fühle mich voller Energie. Ich spüre, wie die Energie durch meine Blutgefäße strömt. Ich spüre die Muskeln in meinen Armen und Beinen.« Kräftig balle ich meine Fäuste, bis ich mich stark fühle, und ich sage: »Ich bin stark! Ich fühle mich stark!« Stärke, Energie und Lebendigkeit stellen sich dann auch wirklich ein.

Verrückt? Überhaupt nicht. Ich mache mir nur naturwissenschaftliche Gesetze zu Nutze, die mein negativ denkendes Gehirn dazu bringen, »mit dem Lügen aufzuhören, als es mir versuchte einzureden, dass ich müde sei«. Diese positiven Bekenntnisse machen den Weg für Gedanken der Begeisterung frei, die selbst Kraftquellen sind; die Muskeln lockern sich in diesem Spannung lindernden geistigen Klima; entspannte Muskeln führen zu einer besseren Blutzirkulation, und ein Ergebnis davon ist, dass das Energiepotential des Organismus freigesetzt wird. Es funktioniert tatsächlich.

8. PLANEN SIE REGELMÄSSIGE ZEITEN EIN, UM IHRE ENERGIEVORRÄTE AUFZUFRISCHEN.

Nichts ist dazu besser geeignet, als die wöchentliche Teilnahme an einem kraftvollen Gottesdienst. Zigtausend Menschen gehen in die Kirche, damit ihr Geist erhoben wird. Erheben Sie Ihren Geist, und Sie werden Energie wiederherstellen. Ein starker Geist bewirkt einen starken Körper. *»Aber alle, die ihre Hoffnung auf den Herrn setzen, bekommen neue Kraft. Sie sind wie Adler, denen mächtige Schwingen wachsen. Sie gehen und werden nicht müde, sie laufen und sind nicht erschöpft.«* (Jesaja 40, 31)

9. NEHMEN SIE CHRISTUS IN IHR LEBEN AUF.

»Ja, Gott, der Herr, macht mich stark.« (Habakuk 3, 19) *»Kehrt doch um zu mir, und werdet ruhig, dann werdet ihr gerettet! Vertraut mir, und habt Geduld, dann seid ihr stark.«* (Jesaja 30, 15) *»Alles kann ich durch Christus, der mir Kraft und Stärke gibt.«* (Philipper 4, 13). Aus diesen Bibelstellen lernen wir, dass Kraft in unser Leben kommt, wenn Christus in unser Leben kommt. Das funktioniert folgendermaßen: Christus errettet uns von unserer Schuld. Er vergibt uns unsere Sünden. Nichts ent-

zieht uns Energie schneller als Schuld. Wenn man sich innerlich rein fühlt, fühlt man sich jung – und stark! Unterdrückte Feindseligkeiten, Bitterkeit, Neid, Selbstmitleid, Langeweile, Einsamkeit und Trauer sind energieraubende Emotionen, die Niedergeschlagenheit und einen müden Geist hervorrufen. Ein erschöpfter Körper wird die unausweichliche Folge sein.

Wenn Ihnen den ganzen Tag kämpferische Gedanken durch den Kopf gehen, werden Sie am Abend kriegsmüde sein.

Christus kann Sie von diesen negativen Emotionen heilen. Er füllt Ihr Leben mit den positiven Gegenstücken: ein guter Wille, Toleranz, Verständnis, Hilfsbereitschaft und Selbstvergessenheit. Diese Freude-bringenden Gefühle machen lebendig.

10. SPRECHEN SIE KRAFTVOLLE GEBETE.

JESUS CHRISTUS, KOMM IN MEIN LEBEN. WASCHE ALLE SÜNDEN AUS MEINEM GEIST. LIEBE ANDERE MENSCHEN DURCH MICH. ICH GLAUBE DARAN, DASS DU JETZT IN FORM GÖTTLICHER GEDANKEN IN MEIN LEBEN KOMMST. ICH WEISS, DASS ICH ENERGIE IN MIR HABE, DIE ICH NOCH NICHT ENTDECKT UND ANGEZAPFT HABE. ICH FÜHLE MICH JUNG, ICH HABE ENERGIE, ICH BIN VOLLER KRAFT. ICH DANKE DIR FÜR DIESE LEBENDIGKEIT UND STÄRKE AN KÖRPER UND GEIST. LEBE IN MIR, O GOTT, UND WIRKE JETZT GUTE WERKE DURCH MICH. ICH DANKE DIR NOCH EINMAL. AMEN.

X. Es gibt immer jemanden, der Ihnen helfen kann

SIE KÖNNEN DAS UNMÖGLICHE SCHAFFEN, WENN SIE SICH MIT DER RICHTIGEN PERSON ODER DEN RICHTIGEN MENSCHEN UMGEBEN.

Wenn Sie eine gute Idee haben – aber nicht ausreichend Geld, Zeit oder Wissen, um aus Ihrem Traum Kapital zu schlagen.

Wenn Sie mit einem Problem konfrontiert sind – aber nicht wissen, wie es kreativ und konstruktiv gelöst werden kann, dann ist der wichtigste Ratschlag, den Ihnen jemand geben kann, vielleicht dieser einfache Satz:

> **Es gibt immer jemanden,**
> **der Ihnen helfen kann.**

Wenn die Schwierigkeiten unüberwindbar und Ihre Träume nicht zu verwirklichen scheinen, wenn die Gelegenheiten sich Ihres Zugriffs entziehen, werden Sie kein Unmöglichkeitsdenker und geben Sie nicht auf! Seien Sie ein MÖGLICHKEITSDENKER und halten Sie sich vor Augen, dass eine Situation oft dadurch gerettet werden kann, dass man die richtige Person ins Spiel bringt. Seien Sie bereit, sich die Sohlen wund zu laufen, bis Sie Hilfe gefunden haben. Vielleicht verlassen Sie Gott, aber Gott wird Sie nie verlassen. Er wartet nur darauf, Ihnen die Hilfe zu geben, die Sie zum Erfolg brauchen. Sie müssen klug genug sein, daran zu glauben, dass es Hilfe gibt, entschlossen genug, diese Hilfe zu finden, dankbar genug, um für diese Hilfe zu bezahlen und demütig genug, diese Hilfe anzunehmen.

Ein Gefangener in San Quentin erkannte dies an einem düs-

teren Tag. Kein Mensch fühlte sich so alleingelassen mit seinen Problemen wie Bill Sands an jenem Tag. In Einzelhaft und als unverbesserlich beurteilt, drohte ihm dreimal lebenslänglich. Sein Vater war tot. Seine Mutter weigerte sich, auf seine Briefe zu antworten.

Als er in meinem Büro saß, erinnerte sich Bill an diese Zeit: »Ich bat sie, mir eine Karte zu Weihnachten zu schicken. Sie tat es nicht. Ich hatte das Gefühl, dass es nicht einen Menschen gab, der realisierte, dass ich überhaupt am Leben war. Dann ging die Tür meiner zwei auf drei Meter großen Zelle auf. Herein kam der Wärter Clinton Duffy.« – »Warum versuchst Du nicht, hier herauszukommen?«, fragte der Wärter. »Warum sollte ich?«, knurrte Bill bitter. »Niemand sorgt sich um mich. Absolut niemand.«

Aufseher Duffy beugte sich vor, kam ganz nahe, blickte diesem verlorenen jungen Mann mitleidsvoll in die Augen und sagte ruhig und bestimmt: »ICH SORGE MICH UM DICH.« So begann das Wunder, das das Leben von Billy Sands vollkommen auf den Kopf stellen sollte. Anstatt den Gefängniswärter zu bekämpfen, lernte Bill von ihm – er lernte, ein richtiges Leben zu führen. Duffy wurde die Hilfe, die Bill brauchte, um seine Freiheit wiederzuerlangen. Drei Jahre später war Bill ein anderer Mensch und ein freier Mann. Sechsundzwanzig Jahre später gründete dieser Mann, der einst als unverbesserlicher Gefangener galt, die *Seventh Step Foundation*[29], die für tausende Gefangene und ehemalige Sträflinge einen Funken der Hoffnung entzündet hat. Ganz Amerika steht in der Schuld von Bill Sands.

Wo immer Sie sich gerade befinden, egal in welcher Situation Sie auch stecken: Es gibt immer jemanden, der Ihnen helfen kann. Dieser Jemand scheint im ersten Augenblick vielleicht Ihr größter Feind zu sein. In Wirklichkeit ist er möglicherweise gerade die Person, die sich als Ihr bester Freund herausstellen wird. Ist ein Gefängniswärter Freund oder Feind des Häftlings? Es liegt nur an der Einstellung des Gefangenen.

Gott hat jemanden – irgendwo – der Ihnen helfen kann.

Ein Ehepaar, das sich scheiden lassen wollte, machte diese Erfahrung in seinem Leben. Lassen wir Henry und Shirley Hinke selbst ihre Geschichte erzählen:

29 Wörtliche Übersetzung: Sieben-Schritte-Stiftung

SHIRLEY: Henry und ich haben vor kurzem unsere Silberhochzeit gefeiert. Unser einundzwanzigjähriger Sohn hörte, wie wir lachten und darüber sprachen, wie glücklich wir waren. Er beteiligte sich an unserer Unterhaltung und sagte: »Es war nicht immer so. Ich weiß noch, als …«, und er erinnerte uns an eine dunkle Zeit unserer Ehe. Henry und ich haben 1941 geheiratet. Wir gingen beide in die gleiche Kirche und machten einen Abschluss am College. Unser Leben lief gut. Nur der 2. Weltkrieg hing drohend über uns und war ein Hindernis für Erfolg und ein erfülltes, glückliches Leben. Als der Krieg vorbei war, freuten wir uns auf unsere Zukunft als Familie.

HENRY: Ohne es anfänglich jedoch zu merken, hatte unsere alltägliche Dynamik einen neuen Begleiter bekommen. Die Person »Ich« wollte zufrieden gestellt werden. Beziehungen waren nur wichtig, wenn sie »mir« einen Vorteil verschafften. Zeiten für das Familienglück waren lächerlich, solange sie nicht das Ego auf einen Ehrenplatz stellten. Zärtlichkeit war nur nützlich, um zu bekommen, was »ich« wollte. Zu den harten Erfordernissen, ein Image als Geschäftsmann zu etablieren, zählte es, dass Leidenschaft ein Werkzeug zur Selbstbeweihräucherung wurde. Obwohl ich als einer der herausragenden Männer in Columbus, Ohio, einen Preis für den Dienst an der Gemeinschaft verliehen bekommen hatte, wurden meine selbstsüchtigen Ambitionen zu einem ernsthaften Problem in unserer Ehe.

SHIRLEY: Als Diskussionen, harte Worte und Tränen bei uns zum Alltag gehörten, ist viel Geschirr kaputt gegangen. Mehrere Male nahm unser Sohn uns das Versprechen ab, dass wir uns gegenseitig nicht wehtun würden, bevor er abends zu Bett gegangen war.

HENRY: Wenn sogar unsere Ehe fortbestehen konnte – und Liebe und Glück wachsen – dann gibt es eigentlich keine Ehe, die zum Scheitern verurteilt ist. Gott ist nicht tot. Wunder geschehen in unserer heutigen Zeit.

SHIRLEY: Das Wunder in unserem Leben fing damit an, dass wir feststellten, dass Gott in unserem Alltag keinen Platz mehr hatte. Wir gingen nicht mehr in die Kirche, und Gott leitete uns in unserem Leben eindeutig nicht mehr an. Diese Erkenntnis hatten wir erst, als wir unsere Anwälte bereits aufgesucht hatten und wir am Anfang des Endes standen. Nicht nur, dass wir uns nicht mehr liebten – wir mochten einander nicht einmal. *Wenn wir eine dritte Person brauchten, um unsere Ehe aufzulösen – so argumentierten wir – warum sollten wir dann nicht erst einmal den Versuch unternehmen, eine dritte Person unsere Ehe retten zu lassen? Wir baten Gott, die Kontrolle über unser beider Leben und unsere Ehe zu übernehmen.*

HENRY: Also begannen wir, wieder in die Kirche zu gehen. Wir wurden einem Eheberater vorgestellt, der Mitarbeiter bei der *Community Church* in Columbus, Ohio, war und uns wirklich sehr helfen konnte.

SHIRLEY: Dieses Mal gingen wir nicht einfach nur zur Kirche, wir engagierten uns in elementaren religiösen Angelegenheiten – eigentlich zum ersten Mal in unserem Leben. WIR HABEN GOTT IN ALLER KONSEQUENZ IN UNSER TEAM MIT AUFGENOMMEN.

HENRY: Wir schlagen oft die Bibel auf, um diese Worte von Jesus zu lesen:

Darum, wer diese meine Rede hört und tut sie, der gleicht einem klugen Mann, der sein Haus auf Fels baute. Als nun ein Platzregen fiel und die Wasser kamen und die Winde wehten und stießen an das Haus, fiel es doch nicht ein; denn es war auf Fels gegründet. Und wer diese meine Worte hört und tut sie nicht, der gleicht einem törichten Mann, der sein Haus auf Sand baute. Als nun ein Platzregen fiel und die Wasser kamen und die Winde wehten und stießen an das Haus, da fiel es ein und sein Fall war groß. (Matthäus 7, 24-27)

SHIRLEY: Die Wahrheit ist: Wir haben beide Häuser in unserer Ehe gehabt. Wir sind dankbar und wissen, dass es nicht unser Verdienst ist, dass das Haus der Hinkes jetzt auf dem Felsen Jesus Christus gebaut ist.

HENRY: In den vergangenen Jahren, seit unserer bewussten Entscheidung für Christus, haben Winde geweht, sind Platzregen gefallen und die Wasser gekommen in Form des Koreakrieges, weiterer Umzüge, eines Kampfs mit rheumatischer Arthrose und mehrerer Jahre harter Arbeit.

SHIRLEY: Aber in all dem haben wir als Familie Gott geliebt – und haben Ihm vertraut, dass er uns führen wird. Selbstverständlich durchlebten wir auch Phasen der Frustration, aber unsere Liebe zu Christus und füreinander wird jedes Jahr noch größer.

HENRY: Seitdem wir Christus wirklich gefunden und seine Hilfe angenommen haben, ruht unser Haus auf einem festen Fundament. Unser Haus ist nicht mehr auf Sand gebaut und braucht sich nicht nach den Winden der Umstände richten. *Jemand fragte uns einmal, ob das der leichte Weg sei – wir können Ihnen sagen, es ist der einzige Weg.*

Es gibt immer jemand, der Ihnen helfen kann, Ihre Träume zu verwirklichen.

Selbst wenn Sie eine Idee haben, das benötigte Geld und die Zeit, können Sie ohne Beistand kein erfolgreiches Unternehmen aufbauen. John D. Rockefeller hat es vor Jahren schon gesagt: »Ich habe einfach Männer eingestellt, die klüger waren als ich.«

Finden und stellen Sie Menschen ein, die klüger sind als Sie.

Eine gute Idee ist der Grundstein für großen Erfolg, vergessen Sie jedoch nicht, die richtigen Personen in Ihr Team aufzunehmen.

Großartige Ideen erregen die Aufmerksamkeit bedeutender Leute.

Das setzt voraus, dass Sie bereit sein müssen, mit Menschen zusammenzuarbeiten. Solange Sie dieser Tatsache nicht ins Auge sehen und sie akzeptieren, werden Sie Ihr Leben damit vergeuden, Ihr eigenes Leistungsniveau zu vermindern. Keiner kann es alleine schaffen. Selbst Jesus Christus hat das gesagt: *»Ich kann nichts von mir aus tun.«* (Johannes 5, 30) Ganz egal, ob sie vor der Herausforderung stehen ein Haus zu bauen, eine Ehe, eine Karriere oder ein Geschäftsimperium – Ihr Erfolg wird sich vergrößern, wenn Sie lernen, wie man ein Team aufbaut.

WIE DIE ERFORDERLICHE HILFE ZU IHNEN KOMMT

»Diese Firma hat einfach Glück. Die besten Leute arbeiten alle dort. Kein Wunder, dass sie so viel Erfolg haben«, hörte ich einen gescheiterten, in Unmöglichkeiten denkenden Industriellen sagen. Ich wollte ihn fragen: »Warum arbeiten einige der Männer denn nicht bei Ihnen?« Warum scheinen einige Unternehmen die besten Männer ihres Metiers anzulocken? Ist es Glück?

MÖGLICHKEITSDENKER haben den Mut, daran zu glauben, dass sie die besten und bedeutendsten Männer der Welt für ihre Sache gewinnen können. Bemühen Sie sich um die Besten, die es gibt, und versichern Sie sich ihrer Hilfe.

Wie müssen Sie es anstellen, dass die Hilfe zu Ihnen kommt? Folgendermaßen:

1. STELLEN SIE SICH DARAUF EIN, FÜR DIE BENÖTIGTE HILFE ZU (BE)ZAHLEN.

Nehmen Sie sich vor der negativen Geldfalle in Acht. Sie können es sich wahrscheinlich nicht leisten, *kein* Geld für Hilfe auszugeben.

Ich konnte beobachten, wie Ehen gescheitert sind, weil der Mann und die Frau das Gefühl hatten, sich einen Eheberater nicht leisten zu können, nur um weit mehr Geld, Emotionen, Zeit und Energie für die Scheidung zu investieren.

Ich konnte Geschäftsmänner beobachten, die glaubten, es sich nicht leisten zu können, zu expandieren, nur um die Vormachtstellung an einen aggressiven, expandierenden Wettbewerber zu verlieren.

Ich kenne einen Fabrikanten, der überzeugt davon war, sich keine weiteren Vertreter leisten zu können. Da überrascht es überhaupt nicht, dass seine Fabrik den Bach hinunterging. Vertreter sind das Herzstück im Großgewerbe.

Ich kenne einen Verwaltungsbeamten, der Vorstellungsvermögen und Vision hatte, neue Gelegenheiten zu entdecken, aber er stellte keine Männer ein, diesen Möglichkeiten nachzugehen. Er befürchtete, dass er »Schwierigkeiten haben könnte, mit den neuen Arbeitskräften klarzukommen, die er anstellen müsste«. Heute ist er nur halb so erfolgreich, wie er sein könnte.

Stellen Sie sich darauf ein, dass Topleute auch einen hohen Preis haben. Die Besten sind meistens mehr wert, als sie verdienen. Die besten Männer einzustellen, kommt einem selten teuer zu stehen – sondern zahlt sich fast immer aus.

WARUM SOLLTEN SIE SICH MIT NIEDERLAGEN UND MISSERFOLGEN ZUFRIEDENGEBEN, WENN SIE PERSONEN ANSTELLEN KÖNNEN, DIE IHNEN ZUM ERFOLG VERHELFEN?

2. SCHAFFEN SIE SICH KEIN EIGENES IMPERIUM, SONDERN BAUEN SIE EIN TEAM AUF.

Die Geschäftsführer von heute legen nicht so sehr Wert darauf, dass sie sich einen Namen machen, sondern dass ihr Unternehmen einen Namen hat. Der durchschnittliche leitende Angestellte in Amerikas Industrie ist nicht wirklich bekannt. Er ist erfolgreich, aber sein Name ist kein Begriff. Vor einem Jahrhundert war das anders. Die Männer des Erfolgs sind heute keine Industriemagnaten, die sich ein Imperium schaffen. Ein Industriemagnat zieht selten die Sorte Menschen an, die in ihren Betrieben eine starke Basis bilden, noch hält er sie lange. Die Führungskräfte von heute betrachten sich selbst als Spielmacher einer siegreichen Mannschaft, nicht als König eines riesigen Imperiums, der zu seinem eigenen Ruhm, Stolz und Reichtum die Talente und Fähigkeiten seiner Angestellten und Kollegen ausbeutet. Erfolgreiche Menschen sind Personen, die einen »Team-Komplex« und nicht einen

»Star-Komplex« haben. MÖGLICHKEITSDENKER schaffen sich kein eigenes Imperium, sondern bauen ein Team auf.

3. VERGESSEN SIE STATUS, ANSEHEN UND RUHM.

Führungskräfte, die einen Status erreichen wollen, sich um ihr Ansehen sorgen und nur dem Ruhm nachjagen, beschwören unglaubliche Missgunst herauf. Anstatt ihre Kollegen zu besseren Leistungen zu inspirieren, entfachen sie negative Gefühle, die zu einer katastrophalen Minderung der Produktionsleistung beitragen. Einer der hilfreichsten Sprüche, die ich je gelesen habe, war folgender Satz, den ich vor einigen Jahren irgendwo entdeckt habe:

> **Gott kann großartige Dinge durch den Menschen tun, dem es egal ist, wer die Anerkennung bekommt.**

Der kluge und erfolgreiche Möglichkeitsdenker freut sich, wenn sein Arbeitskollege weiter ist als er selbst. Er duldet es nicht, seine Kollegen als Bedrohung seiner eigenen stolzen Stellung zu betrachten. Er ist sich bewusst, dass dieser Gedanke der Anfang seines eigenen Niedergangs ist. Sie können sich mit fähigen Spezialisten umgeben, wenn Sie einen »Plan zur Teilung der Anerkennung« errichten. Ein Kommandant der Marine sagte mir einmal: »Als Marineoffiziere haben wir ein Motto: KÜMMERE DICH GUT UM DEINE JUNGS, UND DEINE JUNGS WERDEN SICH GUT UM DICH KÜMMERN.«

4. BIETEN SIE IHNEN EINE EINZIGARTIGE HERAUSFORDERUNG MIT GROSSEM POTENTIAL.

Versprechen Sie ihnen die Möglichkeit, etwas Größeres und Besseres zu erschaffen; als es je getan wurde. Als der berühmte Konzertpianist Artur Rubinstein in New York war, wurde er eingeladen, einen Gottesdienst in einer Kirche zu besuchen. Seine Reaktion? »Führen Sie mich in eine Kirche, die mich dazu herausfordert, das Unmögliche zu versuchen.« Große Männer werden von großen Herausforderungen angelockt.

5. GEBEN SIE IHREN TEAMKOLLEGEN VIEL FREIHEIT.

Die bedeutendsten Männer werden von großen Herausforderungen angelockt, die Hand in Hand mit dem Versprechen großer Freiheit gehen. Versprechen Sie ihnen die Freiheit zu planen, zu träumen und ihrer Vorstellung freien Lauf zu lassen. Ein hohes Maß an Freiheit erzeugt die größte Energie und bewirkt einen unglaublichen Einsatzwillen. Wenn ein kreativer Kopf weiß, dass er seine Idee erst einer ganzen Reihe Vorgesetzter »verkaufen« muss, wird ein geistreicher Denkprozess gar nicht erst in Gang gesetzt. Nichts unterdrückt kreatives Denken schneller als die unterbewusste Furcht, dass diese Ideen von autoritären Beamten oder Ausschüssen, die »über einem stehen«, abgelehnt werden könnten. Einige der schlauesten Köpfe und begabtesten Menschen in unserem Land heute befinden sich zweifelsohne in Situationen eingeschränkter Freiheit und würden schnell woanders hingehen, wenn man ihnen ein Arbeitsklima verspräche, das von großem Vertrauen und großer Freiheit geprägt ist.

6. FASSEN SIE DEN ENTSCHLUSS, EINEN GUTEN MANN NICHT ZU VERLIEREN, SOBALD ER IN IHREM TEAM IST.

Ein befreundeter Geschäftsmann erzählte mir kürzlich: »Ich habe meinen Manager schon seit siebzehn Jahren, und die Nummer zwei in der Firma ist seit sechzehn Jahren bei mir.« »Nun, das spricht für dich«, sagte ich. »Wie hast du es angestellt, sie solange zu halten?« Er berichtete mir: »Vor Jahren habe ich festgestellt, dass es ein Unternehmen jedes Mal enorm viel kostet, wenn es einen Mann verliert und ersetzen muss. Deshalb kommt es mir nicht einmal in den Sinn, sie zu verlieren oder gehen zu lassen. Ich setze alle Hebel in Bewegung, damit sie zufrieden sind. Ich bin bereit, viele und häufige Zugeständnisse zu machen, weil ich weiß, dass ich damit das zeitraubende und teure Geschäft umgehen kann, mich alle paar Jahre auf die Entlassung, Neueinstellung und Einarbeitung neuer Angestellter vorzubereiten. Das Ergebnis ist, dass mein Unternehmen in unserer Region ganz an der Spitze steht.«

»Aber was machst du, wenn es Probleme gibt?«, wollte ich wissen.

»Ich arbeite mit ihnen zusammen. Ich versuche, zu helfen.

Ich frage sie zum Beispiel: ›John, was kann ich tun, um Ihnen zu helfen?‹, oder ›John, ich habe mitbekommen, dass der Auftrag nicht fertig geworden ist. Sicher gibt es dafür einen guten Grund?‹ Ich schreibe ihnen nie etwas vor, gebe ihnen keine Anweisungen oder Befehle. Ich versuche, sie zu inspirieren. Wenn sie dann immer noch ein paar Schwächen zeigen, toleriere ich sie geduldig, weil ich weiß, dass wir sie in ein paar Wochen oder Monaten ohne spannungsgeladene Diskussionen ausgebessert haben werden. Ich denke daran, dass jeder, den ich einstellen würde, seine Schwächen hat. Ich würde vielleicht nur eine Unzulänglichkeit durch eine andere ersetzen. Also versuche ich meinen Angestellten gerade da zu unterstützen, wo er seine Schwächen hat. Wenn das nicht funktioniert, fülle ich die Lücke innerhalb der Arbeit, indem ich umstelle und neu strukturiere.«

Ist es nicht wunderbar, wie dieser Mann sein Team aufgebaut hat? Da überrascht es nicht, dass dieser Möglichkeitsdenker äußerst erfolgreich ist.

7. LERNEN SIE, MIT SCHWIERIGEN MENSCHEN UMZUGEHEN; LERNEN SIE VON IHNEN UND LERNEN SIE, MIT IHNEN ZUSAMMENZUARBEITEN.

Vielleicht sind einige der Personen, die sie brauchen, um Ihre Problem zu lösen oder Träume umzusetzen, der Schlag Mensch, mit dem man nicht leicht auskommt. Lernen Sie es, Menschen, die manchmal unangenehm sind, zu schätzen und mit ihnen zu arbeiten. Verzweifeln Sie nicht. Manchmal machen sie das Leben erst interessant. Sie sind häufig attraktive Herausforderungen.

Gewöhnlich diskutieren solche Personen gerne. Versuchen Sie, sich darauf zu verständigen, dass sie einfach unterschiedliche Meinungen haben, wenn Ihre Ansichten auseinanderklaffen. Setzen Sie sich dafür ein, dass diese Meinungsunterschiede nicht in gewaltige Auseinandersetzungen ausarten.

ZEHN EMPFEHLUNGEN, UM AUS MEINUNGSVERSCHIEDENHEITEN KEINE AUSEINANDERSETZUNGEN WERDEN ZU LASSEN

Lassen Sie mich Ihnen zehn Empfehlungen weitergeben, die Ihnen dabei helfen, dass aus einer Meinungsverschiedenheit keine Auseinandersetzung wird. Das könnte nämlich den Zusammenbruch Ihrer Ehe, Ihres Unternehmens, Ihrer Partnerschaft oder Ihres Traums bedeuten.

1. BEGRÜSSEN SIE MEINUNGSUNTERSCHIEDE.

Denken Sie an das Sprichwort: »Wenn zwei Partner immer einer Meinung sind, ist einer überflüssig.« Seien Sie dankbar, wenn Ihre Aufmerksamkeit auf einen Punkt gelenkt wird, den Sie noch nicht in Erwägung gezogen haben. *Unter Umständen ist diese Meinungsverschiedenheit Ihre Gelegenheit, eine Entscheidung zu korrigieren, bevor Sie einen schlimmen Fehler begehen.*

Dies kann auch eine Möglichkeit sein, Ihren Mitarbeitern das Ausmaß Ihrer emotionalen Reife zu beweisen. In einem Bus in Chicago war ein übellauniger Fahrgast gerade dabei auszusteigen, nachdem er dem Fahrer in aller Öffentlichkeit eine schreckliche Szene gemacht und ihn beschimpft hatte. Als er schon fast auf der Straße war, rief dem unerträglichen Mann jemand nach: »Einen Augenblick noch, Sie haben hier etwas hinterlassen.«

»Was?«, wollte der Rüpel wissen.

»Einen sehr schlechten Eindruck«, erwiderte eine freundliche alte Dame.

Andererseits kann eine Meinungsverschiedenheit auch die Möglichkeit bieten, einen glänzenden Eindruck zu hinterlassen.

2. MISSTRAUEN SIE IHREM ERSTEN INSTINKTIVEN EINDRUCK.

Unsere erste natürliche Reaktion bei einer Meinungsverschiedenheit ist eine Verteidigungshaltung. Seien Sie vorsichtig. Bleiben Sie ruhig und nehmen Sie sich vor Ihrer ersten Reaktion in

Acht. Sie zeigt Sie vielleicht von Ihrer schlechtesten und nicht von der besten Seite.

3. HALTEN SIE IHRE GEFÜHLE IM ZAUM.

Ein Freund von mir, der in seinem Geschäft einen wunderbaren Umgang mit seinem Personal pflegt, hat an einem gut sichtbaren Platz ein Schild aufgehängt, so dass es alle Angestellten lesen können: »Man kann die Größe eines Mannes an dem messen, was ihn aus der Fassung bringt.«

4. GEBEN SIE IHREM GEGENÜBER DIE GELEGENHEIT SICH ZU ÄUSSERN.

Lassen Sie ihn ausreden. HÖREN SIE ZU. Seien Sie nicht ablehnend, verteidigen Sie sich nicht und fangen Sie keine Diskussion an. Bemühen Sie sich darum, Brücken zu einem gemeinsamen Verständnis zu schlagen. Errichten Sie keine größeren Hindernisse durch Missverständnisse. Häufige Unterbrechungen werden eine Person, die bereits nervös ist, beunruhigen. Sie werden dazu führen, dass eine unsichere Person noch defensiver und noch gefährlicher wird. Wenn Sie anfangen zu diskutieren, werden Sie diesen Menschen noch mehr dazu reizen, sich Gründe zu ersinnen und auszumalen, warum er im Recht ist. Hören Sie einfach höflich zu.

5. SUCHEN SIE NACH BEREICHEN DER ÜBEREINSTIMMUNG.

Wenn Sie ihn haben ausreden lassen, bleiben Sie zuerst bei den Punkten und den Bereichen, bei denen Sie einer Meinung sind.

6. SEIEN SIE EHRLICH.

Suchen Sie nach Bereichen, in denen Sie einen Fehler zugeben können, und dann sagen Sie es ihm auch. Entschuldigen Sie sich für Ihre Fehler. Dies wird zu seiner Entwaffnung und Verringerung seiner Verteidigungshaltung beitragen.

7. VERSPRECHEN SIE, DASS SIE SEINE IDEEN ÜBERDENKEN UND GENAU BETRACHTEN WERDEN.

Meinen Sie es ernst. Vielleicht hat er recht. Zu diesem Zeitpunkt ist es weitaus leichter, die Zusage zu geben, dass man über seine Punkte nachdenken werde. Geht man zu schnell darüber weg, findet man sich sonst unter Umständen an einem Punkt wieder, an dem Ihr Gegenüber sagen kann: »Ich wollte mit ihm sprechen, aber er hat mir nicht einmal zugehört.«

8. DANKEN SIE IHM IN ALLER AUFRICHTIGKEIT FÜR SEIN INTERESSE.

Jeder, der sich Zeit nimmt, anderer Meinung als Sie zu sein, interessiert sich für dieselben Angelegenheiten wie Sie. Stellen Sie sich ihn als eine Person vor, die wirklich helfen möchte, und er wird sich als Freund erweisen.

9. WENN IHR GEGENÜBER VOM GEBET ÜBERZEUGT IST, SCHLAGEN SIE VOR, GEMEINSAM ZU BETEN.

Bitten Sie ihn, mit Ihnen um göttliche Hilfe und Führung zu beten. Wenn es Ihnen möglich ist, beten Sie laut. Zumindest jedoch beten Sie im Stillen.

10. VERTAGEN SIE DANN EINGEHENDERE DISKUSSIONEN, DAMIT SIE BEIDE DIE ZEIT HABEN, DAS PROBLEM ZU ÜBERDENKEN.

Schlagen Sie ein neues Treffen später am Tag oder am nächsten Tag vor, wenn alle Fakten zum Tragen kommen können.

Wenn Sie sich auf dieses Treffen vorbereiten, *stellen Sie sich einige grundlegende Fragen.*

Könnte mein Gegenüber recht haben? Teilweise recht haben? Kann ich in seiner Position oder Argumentation Wahres oder Vorzüge erkennen? Führt meine Reaktion zu einer Erleichterung des Problems oder ist sie nur ein Ventil, um meinem Ärger freien Lauf zu lassen? Wird er sich durch meine Reaktion weiter von mir entfernen oder wird er Schritte auf mich zugehen? Wird meine Reaktion dazu führen, dass Menschen eine höhere Meinung von mir haben werden? Werde ich gewinnen oder verlieren? Welchen Preis wird es mich kosten, wenn ich gewinne? Wird sich der Konflikt verflüchtigen, wenn ich ihn nicht mehr anspreche? Ist diese schwierige Situation eine Gelegenheit für mich?

Stellen Sie sich darauf ein, *Ihrem Gegenüber Fragen zu stellen.*

Entwaffnende Fragen – »Haben Sie das Empfinden, dass ich bei der Lösung des Problems helfen könnte?«

Brückenschlagende Fragen – »Ich würde Ihnen gerne helfen. Warum versuchen wir nicht, dieses Problem gemeinsam zu lösen?«

Fragen, die Geduld bewirken – »Warum nehmen wir uns nicht ein bisschen mehr Zeit, um darüber nachzudenken?«

Fragen, die Verständnis vermitteln – »Ich bin davon überzeugt, dass Sie gute Gründe haben, so zu denken, wie Sie es tun. Da ich jedoch anderer Ansicht bin, könnten Sie mir die Gründe nennen?«

Wahrheit aufdeckende Fragen – »Sie scheinen besser informiert zu sein als ich. Wann und wo haben Sie denn diese Informationen erhalten?«

Fragen, die Toleranz erzeugen – »Ich sehe hierbei immer noch einen anderen Aspekt. Darf ich Ihnen meine Gedanken dazu weitergeben?«

Fragen, welche die Schwächen und Nachteile Ihres Gegenübers offenlegen könnten – »Sehen Sie mögliche Gefahren, die entstehen könnten, wenn wir Ihren Vorschlag in die Tat umsetzen?«

Fragen, die Ihr Gegenüber in Ihre Lage versetzen – »Was würden Sie an meiner Stelle tun?«

Fragen, die eine Atmosphäre für Kompromisse und Verhandlungen hervorrufen – »Was sind denn Ihrer Meinung nach die Alternativen?« »Können wir noch eine Person hinzuziehen, um eine weitere Meinung zu erhalten?«

Fragen, die Zeit erbitten – »Wenn es richtig ist, was Sie sagen, müssen wir uns Zeit nehmen, unsere Firmenpolitik (oder Einstellung oder Position) neu zu prüfen. Lassen Sie mich Ihre Erkenntnisse genauer ansehen, damit wir uns bald treffen können, um verschiedene Lösungsmöglichkeiten zu entwerfen.«

Vergessen Sie niemals, dass viele Personen, die anderer Meinung als Sie sind und Ihnen Schwierigkeiten bereiten, vielleicht einmal sehr wertvoll sein können. Es ist wichtig, dass Sie im Umgang mit ihnen Geduld haben.

Geduld ist sowohl im Umgang mit schwierigen Menschen ein unersetzliches Werkzeug, als auch enorm wertvoll im Angesicht vieler vermeintlich unüberwindbarer Hindernisse.

Es ist erstaunlich, wie die Zeit Wunder bewirken kann.

XI. Geduld – ein zentraler Schlüssel

Man kann oft das scheinbar Unmögliche erreichen, wenn einem egal ist, wie lange es dauert. Als Menschen sind wir oft ungeduldig. Wir leben in einer rasanten Welt. Der Drang nach unmittelbaren Ergebnissen kann eine kraftvolle Motivation sein. Wir müssen jedoch lernen, dass man Berge nicht über Nacht versetzen kann.

Madame Curie machte beinahe vierhundert mühsame Versuche, bevor sie Erfolg hatte. Die herrlichen, großen Tempel von Baalbek wurden über einen Zeitraum von zweihundert Jahren erbaut. Bis viele der prächtigen Kathedralen Europas vollendet waren, brauchte es Jahrhunderte.

Wenn Sie Ihren Traum wahr werden lassen möchten, mit einem Problem konfrontiert sind oder im Gebet stehen, vergessen Sie nicht, dass Geduld ein wesentlicher Faktor für den Erfolg ist. Es mag der Hauptschlüssel sein. Die Vereinigung der Ingenieure in der US Army hat dieses inspirierende Motto:

Das Schwierige erledigen wir sofort –
das Unmögliche braucht etwas länger.

Eine der inspirierendsten Berichte über Geduld, die ich kenne, ist der von Dr. Wilhelm De Nejs, Vorsitzender des *Dienstes an den Blinden* in Santa Ana in Kalifornien. Dutzende blinder Menschen lernen dank Dr. De Nejs wieder mit ihren langen weißen Stöcken zu laufen. Sie finden wieder neuen Mut zu leben – durch die Ermutigung und Hilfe meines Freundes Wilhelm De Nejs.

»Kannst du dir vorstellen, dass ein Elektriker vollkommen erblindet, es dann lernt, wie er seinen Beruf weiter ausüben kann und nun fähig ist, mit nicht-blinden Menschen zu konkurrieren?«, fragte Wilhelm mich.

»Ist das denn möglich?«, erwiderte ich.

»Alles ist möglich, wenn ein Mensch ausreichend Glaube

und Geduld hat«, antwortete der Doktor. Er erläuterte, wie ein blinder Elektriker in sein Haus kam und ihm beigebracht wurde, weiterhin elektrische Kabel in Neubauten so zu verlegen, wie er es erlernt hatte. Ihm wurde erklärt, wie er das schwarze und das weiße Kabel unterscheiden könne. Die Kabel sind auf unterschiedliche Art gewickelt. Mit dieser Erleichterung als Starthilfe gewann der blinde Arbeiter mit Geduld langsam seine Zuversicht zurück, und heute arbeitet er ebenso schnell und effizient wie ein Mensch, der sehen kann.

Dr. De Nejs hat hunderte blinder Menschen dazu inspiriert, neu anzufangen. Er selbst ist halb erblindet.

Aus einer schwierigen persönlichen Erfahrung hat er die Bedeutung der Geduld erlernt. Die De Nejs lebten in Indonesien, und als Sukarno an die Macht kam, mussten sie fliehen. Wilhelms Vater gehörte zur königlichen Familie in Java. Einige von Sukarnos Verbündeten hatten es sich auf die Fahnen geschrieben, alle Menschen königlicher Abstammung auszumerzen.

»Du musst fliehen, bevor sie dich töten«, rieten ihm seine Freunde. »Nach Anbruch der Dunkelheit kannst du es mit deiner Frau in einem Kanu über das offene Meer nach Singapur schaffen, wenn du nichts weiter mitnimmst. Wir werden uns darum kümmern, dass dein Auto nach Singapur verschifft wird.«

Nachdem er Singapur sicher erreicht hatte, schmiedete Wilhelm Pläne, um in die Niederlande zu kommen, wo seine fünf Kinder studierten. Wie sollte er das schaffen? Er hatte nur ein kleines Auto und etwas Bargeld.

Als er zu einer Versammlung lokaler Rotarier[30] eingeladen wurde, um über die Situation in Indonesien zu berichten, erzählte er den Mitgliedern auch von seinen Plänen. »Ich habe mich dazu entschieden, dass wir mit unserem Auto, einem *Tempo Matador,* nach Holland fahren werden. Ich werde versuchen, unterwegs etwas Geld für Essen und Benzin zu verdienen. Ich hoffe, dass ich dann von Holland aus in die Vereinigten Staaten gehen kann, um neue Methoden zu erlernen, die Menschen helfen, die wie ich einen Großteil ihres Sehvermögens eingebüßt haben. Ich möchte Menschen helfen, sich selbst zu helfen.«

30 Wohltätigkeitsclub, zu dem sich Persönlichkeiten aus allen Bereichen der Gesellschaft zusammengeschlossen haben. Weltweit gibt es etwa 31.000 Rotary Clubs in über 160 Ländern der Welt. (Anmerkung des Übersetzers)

Die Zuhörer waren von diesen starken Glaubensaussagen tief bewegt. Nach der Rede schüttelte ihm ein Zuhörer herzlich die Hand und sagte mit einem zustimmenden Lächeln: »Ich bin Abteilungsleiter bei der *Shell Oil Company*. Ich bewundere Ihren Mut.«

Er griff in seine Hosentasche, zog eine gelbe Karte hervor und reichte sie De Nejs. »Hier ist eine Kreditkarte. Sie können mit dieser Karte alles Benzin und Öl bezahlen, das Sie brauchen, und ich kümmere mich dann um die Rechnungen. Aber«, warnte ihn der Mann, »die befestigten Straßen hören fünfzig Meilen außerhalb der Stadt auf – Ihre Reise wird mich vielleicht nicht viel kosten.«

Die Stadt in Richtung Norden verlassend, begannen die De Nejs ihre Reise in ihrem kleinen Auto, das mit so viel Proviant wie möglich vollgestopft war. Es dauerte nicht lange, bis Frau De Nejs ausrief: »Wilhelm, schau! Die Straße hört auf. Dein Freund hatte recht.«

»Wir werden die offenen Felder als Straße benutzen«, erklärte ihr halbblinder Ehemann. »Wir haben viel Zeit. Auf geht's!«

Sie holperten über die Felder und es dauerte nicht lange, bis die Räder des Autos sich im sumpfigen Boden hoffnungslos festgefahren hatten.

»Und jetzt?«, fragte seine Frau.

Just in diesem Moment erschien eine Gruppe neugieriger einheimischer Bauern aus den umgebenden Bergen, um den seltsamen Geräuschen auf den Grund zu gehen, die das Auto machte, als die Reifen im weichen Schlamm durchdrehten.

»Wir sind auf dem Weg nach Holland«, rief Wilhelm und wies die Besucher auf die Natur ihrer misslichen Lage hin, indem er in die ungefähre Richtung jenes Landes deutete.

Schiebend und ziehend manövrierten die Einheimischen das Auto langsam aus dem Morast auf einen festen Elefantenpfad, der für das kleine Auto gerade breit genug war. Auf Elefantenpfaden und Straßen, wenn sie welche finden konnten, erklommen die De Nejs langsam die malaysische Halbinsel. Immer wieder stießen sie auf Flüsse ohne Brücken. De Nejs prüfte dann gewöhnlich, wie tief das Wasser war. Konnte er hindurchwaten, lief er zurück, um mit dem Auto in das seichte Wasser und durch den Fluss zu fahren. Aber, nicht selten, war das Wasser tief. Dann baute er den Motor aus, packte ihn auf das Dach des Fahrzeugs und schob es mit seiner Frau durch den Fluss. Manchmal halfen ihnen auch Einheimische, die der Anblick jener zwei tapferen Fremden, die sich durch den Dschungel kämpften, neugierig gemacht hatte, ein Floß zu bauen, mit dem sie ihr Auto übersetzen konnten.

Sie setzten ihre Reise immer weiter in Richtung der berühmten Stilwell-Straße fort, von der sie sich eine angenehmere Reise versprachen. Doch durch Erdrutsche, Überwucherungen und mangelnde Nutzung war die Straße fast unpassierbar geworden. Sie taten alles, was in ihrer Macht stand, entfernten Geröll und Gestrüpp und kämpften sich mutig voran. Schließlich erreichten sie die Grenze nach Pakistan und durchquerten mit großer Ausdauer den Osten Pakistans, dann Indien. Über den Khyberpass reisten sie nach Afghanistan, wo die Nächte eiskalt waren.

»Wir müssen das Wasser in der Nacht aus dem Kühler lassen und am morgen so lange warten, bis es wieder aufgetaut ist«, erklärte Wilhelm. Viele Nächte lang wiederholten sie diese Prozedur.

Nachdem sie durch den Iran und Irak gefahren waren, erreichten sie die Grenze nach Syrien. Hier kamen die Grenzsoldaten zu dem Schluss, dass die Papiere der De Nejs den syrischen Anforderungen nicht entsprachen, und ihnen wurde die Einreise verweigert. Es war ein herber Rückschlag. Sollte dies das Ende ihrer Reise sein?

Entschlossen wie sie waren, saßen beide im Auto und beteten leise. Ein Fremder, der ihre missliche Lage mitbekommen hatte, streckte seinen Kopf durch das offene Fenster des Fahrzeugs. »Morgen oder übermorgen – irgendwann bald werden wir einen Sandsturm haben. Dann werden Sie über die Grenze fahren können. Keiner wird Sie sehen. Selbst wenn Sie jemand sieht, wird niemand Sie verfolgen. Sie werden ihr Leben nicht aufs Spiel setzen – diese Sandstürme können ein Kamel töten.«

Also warteten diese beiden geduldigen Personen in ihrem kleinen Gefährt. Und sie warteten. Eines Tages wurde ein kleiner Hauch Sand sanft über die Straße geblasen. Aus dem Hauch wurde ein Wehen. Anfangs noch kaum spürbar, dann immer stärker erhob sich der Wüstenwind, bis der Sturm mit aller Wucht zuschlug. Die Grenzposten zogen sich in ihr Wärterhaus zurück.

»Ich konnte das Wärterhaus nicht sehen. Ich konnte nicht einmal drei Meter weit sehen. Ich ließ einfach nur das Auto an und fuhr geradeaus über die Grenze nach Syrien. Niemand hielt uns auf. Niemand kümmerte sich um uns. Ich fuhr immer weiter, bis ich den Eindruck hatte, dass wir uns weit genug im Landesinneren befanden. Dann warteten wir darauf, dass der Sturm sich legte«, erinnerte sich De Nejs.

»Wo ist die Straße, Wilhelm?«, fragte Marianka.

»Es gibt keine mehr. Sie ist unter dem Sand verschwunden.«

Dann entdeckten sie, was in der Wüste zu ihren Straßenschildern werden sollte, die Beine toter Kamele, die vom mörderischen Sturm überrascht worden waren und nun aus dem Sand der verschwundenen Straße hervorragten. Ich habe Wilhelms bemerkenswerte Fotografien mit den von Geiern angefressenen Gebeinen gesehen.

Noch ehe sie die Wüste durchqueren konnten, ging ihnen das Wasser aus. Zwei Wochen lang lebten sie im Grunde ohne Wasser und tranken pro Tag nur ein paar wenige Schlucke von ihrer mageren Verpflegung. Als sie schließlich zu einer Oase in der Wüste gelangten, beugte sich De Nejs vornüber, um sein Gesicht zu waschen, und er musste feststellen, dass das Wasser bitter war. Also entleerte er das schmutzige, jedoch süße Wasser aus dem Kühler des Autos, trank es und ersetzte die Kühlflüssigkeit mit dem bitteren Wasser.

Durch die Wüste hindurch erreichten sie die Türkei. Sie überquerten den Bosporus und kamen dann über Bulgarien nach Jugoslawien. Hier hatten sie ihren ersten und einzigen Unfall. Auf einer schmalen Straße verlor De Nejs die Kontrolle und der Wagen kippte in einen Graben. »Keiner wurde verletzt«, erklärte er mit einem Lachen, »wir hatten nur ein beschädigtes Auto.«

Nachdem sie die notwendigen Reparaturen erledigt hatten, waren sie sieben Tage später wieder auf der Reise. Drähte verhinderten, dass die Autotüren aufgingen, und mit einem hustenden Motor, der hin und wieder aussetzte, erklommen sie die Alpen Österreichs. Als sie die Berge überquert hatten, erstreckten sich die wunderschönen grünen Hügel und Täler Deutschlands vor ihnen. Sie erreichten eine Stadt, in der die Autofabrik von Tempo Matador ansässig war – genau der Ort, an dem ihr nun arg mitgenommener Wagen drei Jahre zuvor vom Band gerollt war. Der Bericht von De Nejs und die Fotos, die er unterwegs geschossen hatte, überwältigten den Fabrikdirektor so sehr, dass sein Auto kostenlos repariert wurde. Von da an war es eine ruhige und angenehme Fahrt in die Niederlande und in die Arme seiner glücklichen Kinder.

Sie hatten es geschafft. Nach sechs Monaten, zwanzigtausend Meilen, durch Wüsten und Dschungel hindurch, über dutzende Flüsse ohne Brücken hinweg, waren sie endlich am Ziel angekommen.

Was trieb sie Meile um Meile und Monat um Monat an? »Wir haben unser Vertrauen in unseren Herrn gesetzt«, bezeugt De Nejs heute mit einem strahlenden Gesicht. »Wir waren fest davon überzeugt, dass uns nichts unmöglich sein würde, wenn wir nur Geduld und Glauben hätten.«

Wir müssen entdecken, dass wir die Zeit für uns arbeiten lassen können. Wenn dann Monate und Jahre vergehen, werden wir für scheinbar aussichtslose Probleme Lösungen finden.

Folgende Geschichte hat mich in der Vergangenheit immer wieder sowohl zum Schmunzeln gebracht, als auch inspiriert:

Der erste Mann sagte: »Ich habe so einen Hunger – ich könnte einen Elefanten verdrücken.«

Der zweite Mann wollte darauf wissen: »Wie willst du denn einen Elefanten essen?«

Selbstbewusst antwortete da der erste: »Stück für Stück.« Noch prägnanter wird diese Wahrheit durch dieses alte Sprichwort verdeutlicht:

> **»Stück für Stück in Richtung Ziel, dann ist alles nur ein Kinderspiel.«**

Wer im Leben ganz vorne ist, hat sich die Kraft der Geduld zu eigen gemacht. Sie können einen Berg versetzen, hat Jesus Christus gesagt – aber Er hat nicht gesagt, wie lange es dauern wird.

Ich habe eine gute Bekannte, die in ihren Siebzigern einen Herzinfarkt erlitt, der sie beinahe das Leben gekostet hatte. Es bestand kaum Hoffnung, dass sie sich wieder erholen würde. Es wurde sehr viel für sie gebetet. Tatsächlich erholte sie sich wieder. Der Arzt meinte jedoch, dass sie kaum noch mehr als ein paar Monate zu leben hätte. Ihre einzige Hoffnung bestand darin, etwa sechzig Pfund Gewicht zu verlieren. Es erschien unmöglich, diesen ärztlichen Rat in die Tat umzusetzen. »Nun, ich muss nur jede Woche ein Pfund abnehmen, und dann werde ich in etwa einem Jahr das Gewicht erreicht haben«, dachte sie sich.

Mit ihrem Arzt erarbeitete sie einen Plan. Sie nahm ab. Siegreich! Seit jenem Tag erfreut sie sich nun schon fünf wunderbare Jahre lang zunehmender Gesundheit.

Ein junger Mann verlor seine Frau und seine Tochter durch eine Scheidung. Als er in unser Büro kam, war der Ehemann untröstlich. Wir beteten intensiv. »Ich muss zumindest das Sorgerecht für meine Tochter erhalten«, sagte der wundervolle Vater besorgt. »Aber jeder sagt mir, dass es bei uns vor Gericht für einen Vater unmöglich ist, das Sorgerecht für seine Tochter zu bekommen.« Nichts ist unmöglich, erinnerte ich meinen guten Freund. Es kostete ihn zwei Jahre, aber er bekam das alleinige Sorgerecht für seine bezaubernde Tochter zugesprochen. Jeden Tag machte dieser Vater dann die Wäsche, bügelte und erledigte den Haushalt. Er war zugleich Mutter und Vater für dieses bezaubernde Mädchen und arbeitete nachts, um seinen Lebensunterhalt zu verdienen. Während dieser Zeit unterrichtete er auch jede Woche in der Sonntagsschule seiner Kirche. Dann schickte ihm Gott eine Person über den Weg, die für mich eines der besten Beispiele einer christlichen Frau ist, der ich je begegnet bin. Sie war eine wundervolle Frau und verwitwet. Sie heirateten. Für diesen wunderbaren Mann und seine Tochter gab es niemand besseren als Ehefrau und Mutter. Sein Name? Norman Miner. Sein Beruf? Er war fünf Jahre lang Manager des Autokinos von Orange, während ich dort vom Dach des Kiosks predigte. »Pastor, die ersten beiden Jahre, als Sie dort draußen predigten, war ich noch kein Christ. Dann fragte ich mich, worüber Sie denn eigentlich sprachen. Heimlich hörte ich Ihnen in meinem Büro an einem Lautsprecher zu. Wie sehr danke ich Gott, dass ich zu einem Leben mit Ihm geführt wurde. Er hat mich durch die größten Schwierigkeiten gebracht, mit denen ein Mann konfrontiert sein kann.«

Alles in allem dauerte es vier Jahre, bis Norman Miners Gebete erhört wurden. Ich habe oft darüber nachgedacht, wie traurig es gewesen wäre, wenn er aufgrund mangelnder Geduld während jener dunklen Tage aufgegeben hätte.

Es gibt wohl kaum ein Problem, das sich mit Geduld nicht lösen lässt.

Es gibt wohl kaum einen Traum, der mit Geduld nicht in Erfüllung gehen kann.

Sehen Sie sich zum Beispiel einmal den Fall eines Jungen an. Mit seinem Vater hatte er Streit. Sie gerieten aneinander. Monatelang sprachen sie nicht miteinander. Der Vater ging zur Arbeit. Der Sohn besuchte die Schule. Dann entschloss er sich, die Schule abzubrechen, um in die Armee einzutreten. Weit weg tobte ein Krieg, aber auch in seinem eigenen Herzen und in seinem eigenen Haus. Dann kam der Tag, an dem er gehen musste. Als er mit seinem Koffer vor der Haustür stand, hörte er hinter sich ein Geräusch. Er drehte sich um und sah dort seinen Vater stehen. Wortlos blickte dieser große starke Mann seinen Sohn an. Seine nicht mehr ganz jungen Augen füllten sich mit Tränen, als er auf seinen erwachsenen Jungen zu lief und ihn in die Arme schloss. Tränen strömten seine rauen Wangen herunter. Keiner sprach ein Wort. Dann ging der Junge los, um seinen Militärdienst zu leisten. Die Fenster des Busses waren beschlagen. Oder waren nur seine jungen Augen verschleiert? Eines war klar. Dieser junge Mann hatte nur diesen einen Gedanken: »Mein Dad hat mich die ganze Zeit geliebt und ich habe es nicht gemerkt.« Jahre gingen vorüber. Härter geworden kam der Soldat nach Hause. Welche Arbeit sollte ein Schulabbrecher schon finden? Nun, er konnte Lkw fahren. Seine neue Arbeit machte ihm Spaß. Weitaus länger, als es ihm lieb war, fuhr er Obsttorten aus. Dann wurde er inspiriert. Christus trat in sein Leben. Wenn Christus einzieht, zieht Denken in großen Dimensionen ein. »Ich möchte Menschen helfen, ihr verkorkstes Leben wieder in den Griff zu bekommen«, dachte er. »Ich möchte Psychologe werden. Ich WERDE Psychologe! Es ist mir egal, wie lange es dauern wird. Ich WERDE JETZT Psychologe WERDEN! Heute, Jahre später, ist dieser Mann, Dr. Mead, ein praktizierender Seelsorger, der hunderten Menschen durch ihre Schwierigkeiten hindurch hilft.

Stehen Sie in einer schwierigen Zeit Ihres Lebens? Fällen Sie keine negativen, zerstörerischen Entscheidungen. Haben Sie Geduld. Machen Sie sich bewusst, dass die Zeit Wunder wirken kann.

Geduld ist wahrhaftig einer der Hauptschlüssel, die den Weg zum Erfolg bahnen.

Sie werden Geduld brauchen, wenn Sie Ihre Probleme erfolgreich lösen wollen.

Sie werden Geduld brauchen, wenn Sie bei der Umsetzung Ihrer Träume erfolgreich sein möchten.

Sie werden auch Geduld brauchen, wenn Sie Antworten auf Ihre Gebete erhoffen.

Möglichkeitsdenker sind Menschen, die es gelernt haben, an einen lebendigen Gott zu glauben, der Gebete hört und erhört.

Gott erhört Gebete auf verschiedene Art und Weise.

1. Er gibt uns sofort genau das, worum wir bitten.
2. Er gibt uns das, worum wir bitten – Wochen, Monate oder einige Jahre später.
3. Er gibt uns nicht, worum wir gebeten haben, sondern was wir uns wirklich gewünscht haben – auch wenn wir vielleicht gar nicht wissen, was das ist.
4. Er gibt uns weder worum wir gebeten, noch was wir uns wirklich gewünscht haben, sondern das, was das Beste ist.

Persönlich habe ich in meinem Leben absolut wunderbare Gebetserhörungen erlebt. Ich habe bereits darüber berichtet, wie mein Plan einer Walk-In-/Drive-In-Kirche zustande kam. Als ich von dieser neuen Kirche träumte, betete ich, dass Gott uns die Gelegenheit geben würde, ein Stück Land zu kaufen, das in meinen Augen der perfekte Ort für den Bau unserer Traumkirche war. Es war ein wunderschönes Walnussbaumwäldchen. In meinen Augen war es der ideale Platz – nahe am Stadtkern von Garden Grove. Es stand nicht zum Verkauf, aber ich war zuversichtlich, dass Gott es bereitstellen würde, wenn ich nur betete.

Eines Sonntagnachmittags ging ich alleine auf das vier Hektar große Waldstück, öffnete meine Bibel und las den Text *»Alles, was ihr bittet, werdet ihr empfangen.«* (Markus 11,24) Ich fing an zu beten (im Stehen, denn ich hatte meinen besten Anzug an). Mir wurde plötzlich bewusst, dass mein Denken verkehrt war, wenn ich mehr darüber besorgt war, meine Hosen nicht schmutzig zu machen, als Gott dazu zu bewegen, mir zu helfen. Also kniete ich mich auf den staubigen Boden, legte meinen Finger auf den Bibelvers und betete: »Lieber Gott. Bitte lass den Besitzer zustimmen, uns dieses Grundstück zu verkaufen.« Ich stand auf. Ich ging – zuversichtlich, dass wir dieses Land kaufen würden. Nun, wir taten es nicht. Der Besitzer lehnte einen Verkauf kategorisch ab – obwohl wir ihm dreißigtausend Dollar pro Hektar boten.

Einige Monate später wurde uns unser gegenwärtiges

Grundstück angeboten, und wir kauften es für nur 15.500 Dollar pro Hektar. »Nicht ganz zentral, der Ort – ziemlich weit am östlichen Rand von Garden Grove. Das ist das einzige Manko«, bemerkte einer meiner Freunde. Ich war geneigt, ihm zuzustimmen. Dann wurden die Pläne des Bundesstaates für die neuen Schnellstraßen bekannt und wir stellten fest, dass unsere »ländlich abgelegenen vier Hektar« ein Knotenpunkt war, an dem drei Schnellstraßen aufeinander treffen würden. Wir fanden uns zwar nicht im Zentrum einer Stadt mit einhunderttausend Einwohnern wieder, aber im Mittelpunkt des Schnellstraßennetzes im Herzen eines Landkreises von über einer Million Menschen. Gott hatte unsere Gebete – rechtzeitig – erhört. Nicht so, wie wir es erbeten hatten, sondern auf eine viel bessere Art und Weise.

Ich erinnerte mich daran, dass Gott uns nie versprochen hat, uns genau das zu geben, was wir erbitten und WANN wir darum bitten. Jemand sagte einmal:

> **»Wenn Gott etwas aufschiebt, heißt es nicht, dass er es ablehnt.«**

Wie lernen wir Geduld, die wir für einen Sieg brauchen? Indem wir Gott vertrauen, dass Er uns zur richtigen Zeit, auf die richtige Weise, an den richtigen Ort führt.

GOTTES ZEITPLAN IST VIEL BESSER ALS UNSER EIGENER.

Sind wir zu schnell? Oder sind wir zu langsam? Sollten wir eher vorwärtsstürmen – oder warten? Welcher Entscheidungsträger, der vor verschiedenen Möglichkeiten steht, hat sich diese Fragen nicht schon gestellt? Denn Timing ist zu jedem Zeitpunkt des Lebens überaus wichtig. Wenn Gott an Ihrer Seite steht, wird er Ihnen dabei helfen, den richtigen Zeitpunkt zu finden.

Es ist sogar sehr wahrscheinlich, dass Gott einen Zeitablauf so arrangiert, dass Er viele Gebete erhört, wenn Er Ihr Gebet beantwortet. Gott ist groß. So groß, dass Er mit einer Gebetserhörung viele Gebete erhört.

Hier ist mein Zeugnis. Hier ist, was ich erlebt habe. Während ich betete, dass sich unser Traum erfülle, beteten auch viele andere Menschen weit weg, die ganz andere Träume verfolgten, vollkommen andere Gebete.

Auf der anderen Seite der Erde betete ein junger Flüchtling mit Namen Maurice Wiggers in Indonesien, dass er irgendwie die Möglichkeit erhalte, in die Vereinigten Staaten von Amerika zu gelangen. In diesem Land der Freiheit wollte er Arbeit und ein neues Leben finden. Eine halbe Ewigkeit entfernt, in Singapur, betete der großartige Missionar Henry Poppen, der vor seiner Pensionierung stand, dass sich ihm bei seiner Rückkehr nach Amerika eine Gelegenheit bieten würde, weiterhin für Gott zu arbeiten.

In Kanada betete derweil ein junger Einwanderer aus Holland, Peter DeGraaf, für die Gelegenheit, in die Vereinigten Staaten zu kommen, um dort eine eigene Firma zu gründen.

Einen halben Kontinent entfernt betete der junge Geistliche Harold Leestma dafür, weitere und größere Gelegenheiten zu bekommen, um noch mehr Menschen für Jesus Christus zu erreichen.

In Holland, Michigan, spezialisierte sich Pastor Kenneth Van Wyk gerade auf die Gebiete Jugend- und Bildungsarbeit und betete um Führung.

Während Henry Poppen in Singapur betete, betete Maurice Wiggers in Indonesien, Peter DeGraaf in Kanada, Harold Leestma in Indiana und Kenneth Van Wyk in Holland, Michigan. Und ich betete ungeduldig in Garden Grove, Kalifornien. Warum erhörte Gott nicht mein Gebet und ermöglichte es uns, die vier Hektar Walnussbaumwäldchen zu kaufen, damit wir unseren großen Traum verwirklichen konnten?

Mit den Jahren habe ich nun erkannt, dass Gottes Zeitplan so festgelegt war: Als er mein Gebet erhörte, erhörte er gleichzeitig viele Gebete – alle zusammen in einem meisterhaften Zug! Denn heute ist Maurice Wiggers von Indonesien in die Vereinigten Staaten gezogen und ist der Verwalter der Walk-In-/Drive-In-Kirche in Garden Grove. Diese Kirche ist eine Antwort auf sein Gebet. Dr. Henry Poppen wurde nach seiner Rückkehr nach Amerika unser Pastor für die Krankenbesuche. Diese Kirche ist eine Antwort auf sein Gebet in Singapur. Kenneth Van Wyk ist heute unser Verantwortlicher für Jugend- und Bildungsarbeit. Diese Kirche ist eine Antwort auf sein Gebet in Michigan. Harold Leestma ist unser Verantwortlicher für Evangelisation.

Diese Kirche ist eine Antwort auf sein Gebet in Indiana. Peter DeGraaf ist unser Kirchengärtner. Diese Kirche ist eine Antwort auf sein Gebet in Kanada.

Gottes Zeitplan war darauf ausgerichtet, dass viele Gebete durch eine wunderbare Entwicklung erhört wurden. Haben Sie Geduld; Gott arbeitet für alles einen Plan aus. Zur rechten Zeit und auf die rechte Art und Weise wird sich alles zum Besten entfalten.

> Versuchen Sie nicht, Gott zur Eile anzutreiben.
> Berge werden nicht über Nacht versetzt.
> Gestatten Sie Gott die Zeit, Wunder zu vollbringen.
> Ich habe erlebt, wie Gott Bitterkeit aufgeweicht,
> Frustrationen zunichte gemacht,
> einsame Herzen mit neuer Liebe gefüllt
> und Verletzungen weggewaschen hat, so wie
> eine neue Welle Spuren im Sand weg wäscht,
> die von Kinderstöcken stammen.
> Gott kann Sie aus Ihren festgetretenen Pfaden heben,
> auf einen neuen Weg führen,
> über einen Berg hinweg, der unpassierbar
> erschien, wenn Sie Geduld aufbringen.
> Ich habe erlebt, dass Gott aus jungen Straftätern
> großartige Männer gemacht hat,
> aus Kriminellen gute Bürger,
> aus Alkoholikern Kirchenälteste.

Sie war eine wundervolle Frau und mit einem Alkoholiker verheiratet. Nennen wir ihn mal Jim Smith. Sie erzählte mir die furchtbare Geschichte der fünfzehnjährigen Alkoholkrankheit ihres Mannes. »Jetzt ist er verschwunden, Pastor. Er ist vor einer Woche gegangen. Ich habe keine Ahnung, wo er sein könnte. Aber ich kann nicht mehr – ich kann einfach nicht mehr damit leben.«

»Lassen Sie uns beten«, schlug ich vor. »Lieber Gott, wo immer Jim gerade sein mag, berühre Du ihn, komm in seine Gedanken als erlösender Gedanke der Kraft. Errette ihn.« Das war alles, was ich tun konnte. Wir wussten nicht, dass Jim genau zu diesem Augenblick in einem billigen Hotel in Chicago lag. Eine seltsame Kraft überkam ihn. Lassen wir ihn seine Geschichte selbst erzählen. Folgendes schrieb er mir in einem Brief, den ich zehn Tage später erhielt:

Lieber Pastor:

Ich gehe davon aus, dass es etwas merkwürdig ist, dass Sie einen Brief von einer bekümmerten Seele, die so weit entfernt ist, bekommen. Dennoch möchte ich gerne diese Gelegenheit ergreifen, mich mit Ihnen ein bisschen zu unterhalten.
Ich bin Alkoholiker. Meine Vergehen, wenn ich betrunken war, ließen viele moralische Standards weit hinter sich zurück, um es einmal so auszudrücken. Ich habe betrogen, gestohlen, gelogen, und bis auf Mord und Vergewaltigung habe ich alles Schlimme getan, das man sich nur vorstellen kann.
Ich habe meinen Gott gefunden, den Wirklichen, den Einen, von dem ich nicht glaubte, dass er mir einige der schlimmsten Taten je vergeben könnte.
Es hat sich folgendermaßen zugetragen. Ich habe mir diese Frage gestellt: »Wenn ein Mann zu mir käme und vor mir den ganzen Schlamassel seines Lebens ausbreitete, wie würde ich urteilen? Könnte ich, Jim Smith, ihm vergeben, wenn es ihm wirklich leid täte?« Ja, Pastor, ich könnte! Das war meine Antwort auf diese Frage. Daraus ergab sich die nächste Frage. »Wenn ich das könnte, wie kann ich es mir dann herausnehmen, daran zu zweifeln, dass mein Gott mir nicht vergeben kann?«
Mein eigener Schuldkomplex war so groß geworden, dass ich Gott vollkommen ausgeblendet hatte. Zum ersten Mal in meinem Leben ging ich auf meine Knie und bat Ihn, mir zu helfen. Mir erschien weder ein gleißendes Licht, noch hörte ich lautes Donnern oder eine dröhnende Stimme, die sagte: »Ja, mein Sohn, dir ist vergeben.«
Aber ich spürte, wie etwas vom Kopf bis in die Zehenspitzen durch mein ganzes Wesen fuhr. Das war dann die Antwort – mein inneres Selbst, das im Dunkeln schrie.
Ich war sieben Tage und Nächte lang betrunken gewesen. Jetzt bin ich schon sieben Tage und Nächte lang nüchtern. Ich habe meine Frau angerufen. Sie erzählte mir, dass sie mit Ihnen gesprochen hat. Ich weiß

> nicht, was Sie geredet haben, aber ich weiß, dass diese starke Macht uns wieder zueinander geführt hat. In ein oder zwei Tagen werde ich dann genug Geld verdient haben, um nach Hause zu meiner Frau und meinen drei Söhnen zu fliegen.
> Ich werde sehr hart arbeiten müssen, um ihre Liebe und ihr Vertrauen zurückzugewinnen. Aber es wird nie wieder sein, wie es einmal war, wenn ich auf meine Knie gehen und meinen wahren Vater um Vergebung bitten kann.
>
> Hochachtungsvoll
>
> Jim Smith

Gott wirkte also ein Wunder. Heute kann ich berichten, dass sich Jims Leben auf wunderbare Weise verändert hat.

MAN KANN ES NICHT OFT GENUG SAGEN: EIN MENSCH, DER EINEN SIEG ERRINGT, IST JEMAND, DER NIEMALS VERGISST, DASS

> nach der Nacht ein neuer Tag anbricht,
> nach dem Winter ein neuer Frühling hervorkommt,
> nach dem Sturm eine sonnengetränkte Erde entsteht,
> nach der Sünde die Vergebung kommt,
> nach einer Niederlage eine neue Chance erwächst.

Vor einiger Zeit kam ein tatkräftiger Geschäftsmann, den ich jahrelang nicht mehr gesehen hatte, in mein Büro. »Wie schön, Sie wieder zu sehen! Wie läuft es denn so bei Ihnen?«, fragte ich ihn. »Inzwischen ziemlich gut. Danke, Pastor«, sagte er mit einem Funkeln in seinen Augen. »Ich habe eine Weile gebraucht, mich von meinen Rückschlägen zu erholen, aber jetzt habe ich wieder Oberwasser.« Etwas verwundert fragte ich ihn: »Was meinen Sie denn mit Rückschlägen?« Darauf erzählte er mir seine Geschichte. Ein skrupelloser Geschäftspartner, mit dem er bei einem Geschäft zusammenarbeitete, hatte Misswirtschaft mit den Geldern seiner Firma betrieben und sein ganzes Unternehmen in die Insolvenz gestürzt. Folgendermaßen erzählt er seine Geschichte:

Ich versuchte, bei den Gläubigern Zeit zu schinden, indem ich ihnen versprach, dass ich ihnen das Geld plus Zinsen zurückzahlen würde. Ich bettelte um einen Aufschub. Alle vertrauten mir bis auf einen. Es war nur dieser eine unnachgiebige Gläubiger, der mir kein Vertrauen schenkte und mich in eine Situation brachte, in der mein einziger Ausweg der Konkurs war. Es war ein furchtbar erniedrigendes Erlebnis.

Ich fuhr ins Gericht nach Long Beach in Kalifornien, und als ich das Gerichtsgebäude verließ, durfte ich nicht einmal mit meinem eigenen Auto nach Hause fahren! Es war bereits Eigentum des Gerichts. Noch nie in meinem Leben war ich so beschämt gewesen wie in dieser Situation, als ich die Verhandlung mit leeren Händen verließ und nicht einmal mehr den Schlüssel für mein Auto hatte. Ich musste nach Garden Grove zurücktrampen. Ich stand an der Seventh Street in Long Beach und streckte meinen Daumen nach oben, um so nach Hause zu kommen. Ich hoffte nur, dass mich niemand so sah, den ich kannte. Ich dachte mir: »Was soll ich nur sagen, wenn mich jemand danach fragt, warum ich per Anhalter fahre?« Genau in diesem Augenblick hielt ein kleiner Laster an und bot mir an, mich mitzunehmen. Der Fahrer spürte, dass ich entmutigt war und bemühte sich darum, mich etwas aufzuheitern. Ich war leider jedoch kein allzu begeisterter Gesprächspartner. Ich fühlte mich geschlagen und besiegt.

Als ich zu Hause ankam, realisierte ich, dass ich alles verloren hatte. Ich war Mitte fünfzig. Welche Zukunft hätte ich denn noch? Es sah ziemlich düster aus. Dann fing ich an, Gott um Hilfe und Kraft zu bitten. Während ich betete, schien es, als ob ich eine Glocke in meinen Gedanken schlagen hörte. Ich stellte mir vor, dass ich ein Boxer im Kampfring sei, der niedergeschlagen worden war und für einen Moment das Bewusstsein verloren hatte, nur um vom Schlagen der Glocke wieder ins Leben zurückgerufen zu werden. Natürlich. Ich hatte nur eine Runde verloren! Der Kampf war noch nicht vorüber. Ich würde mich auf meine Knie aufrappeln, in meine Ecke zurückkriechen, mein Gesicht mit kaltem Wasser abwaschen lassen und aus der Ringecke zurück in den Kampf kehren! Ich war nicht erledigt, solange ich nicht aufgab; und ich würde nicht aufgeben.

Ich würde Geduld zeigen. Ich würde die Ruhe bewahren. Ich würde abwarten und mich nach neuen Gelegenheiten umsehen. Sicherlich würden sich welche auftun. Ich war nicht erledigt. Noch nicht!

Nun, diese Geduld rettete einen ansonsten ruinierten Mann davor, vom Pessimismus überwältigt zu werden und machte aus ihm einen unerschütterlichen Optimisten. Mit diesen gedanklichen Voraussetzungen kehrte die Begeisterung zurück. Kein Wunder, dass er eine neue Arbeitsstelle fand. Engagierte und enthusiastische Menschen können Arbeit finden. Er konnte genug Geld ansparen, um wieder auf die Beine zu kommen. Schon bald besaß er wieder ein eigenes Auto, und gerade wurde ihm, wie ich im Verlauf unseres Gesprächs herausfand, eine Stelle als nationaler Abteilungsleiter einer großen Organisation in der Industrie mit einem hohen Jahresgehalt angeboten. Er beglich alle Schulden, die ihm vom Konkursgericht auferlegt worden waren.

Denken Sie daran:

Sie haben erst verloren,
wenn Sie die Geduld verloren haben.

XII. Wenn Sie denken, Sie seien am Ende: Halten Sie durch!

WENN ALLES GELD DER WELT, ALLE MENSCHENKRAFT DES PLANETEN ERDE UND ALLE ZEIT DER EWIGKEIT angesichts Ihrer Probleme NUTZLOS ERSCHEINEN – was dann?

Wenn der Weg vor ihm unglaublich finster aussieht, wird der Unmöglichkeitsdenker sich selbst bemitleiden, innerlich in Panik geraten, einpacken und aufgeben. Vielleicht mit einer Schachtel oder einem Fläschchen Pillen.

Der MÖGLICHKEITSDENKER hingegen schafft es irgendwie, weiter zu hoffen.

Ein Jude, der sich wie viele andere vor Hitler versteckt hatte, erlebte eine solch schwere Zeit. Wir wissen weder, wie er hieß noch wie er aussah, aber wir wissen etwas über seinen Glauben. Denn auf der Wand eines deutschen Kellers findet man diese Worte voller Zuversicht:

> Ich glaube an die Sonne, selbst wenn sie nicht scheint.
> Ich glaube an die Liebe, selbst wenn ich sie nicht fühle.
> Ich glaube an Gott, selbst wenn er schweigt.

Wenn die Situation hoffnungslos erscheint, hoffen Sie weiter. Wenn alles unmöglich erscheint, weigern Sie sich, eine Niederlage zu akzeptieren.

Ich lernte diese Lektion an jenem Abend, als ich dem Tornado entkam. Ich war gerade seit einer Woche nach meinem ersten Jahr am College wieder zu Hause in Iowa. Den ganzen Nachmittag über konnten mein Dad und ich ein unglaubliches Grollen hören, das vom dunklen Himmel im Westen stammte. Es war ein unheimliches Geräusch – wie eine große Anzahl von Güterzügen, die hoch oben über den Wolken dahindonnerten. »Klingt so, als ob wir bald einen Hagelsturm bekommen«, ahnte

Dad. Er machte sich um seine preisgekrönten Rosen Sorgen. Um sie zu retten, suchten wir verzweifelt nach leeren Eimern und Holzkisten, um damit alle wertvollen Sträucher abzudecken. Mittlerweile war es sechs Uhr abends. Hastig hatten wir zu Abend gegessen. Vom Rasen vor unserem Haus konnten wir mehr als eine Meile weit das ebene Gelände der Farm überblicken. Der schwarze monströse Sturm im westlichen Himmel schien die Sonne unterdessen verschluckt zu haben: Sie war nicht mehr zu sehen. Mit einer trügerischen Stille kam der Sturm wie ein Tiger, der sich kriechend an seine schlafende Beute heranschleicht, langsam näher. Heiße Windböen wirbelten trockenen Staub auf der Landstraße auf. Der alte Ahornbaum fing an, sich im aufkommenden Wind hin und her zu wiegen. Draußen auf dem Feld konnte ich eine Kuh hören, die verzweifelt nach ihrem Kalb schrie, um es zu sich in Sicherheit zu rufen. Ich sah mein Reitpferd, das auf der grünen Weide stand. Es schien das drohende Unglück zu wittern. Es gab ein stolzes Bild ab, wie es aufrecht mit erhobenem Kopf und majestätisch geschwungenem Hals dastand. Sein leicht gehobener Schweif wehte wild im Wind und es spitzte seine Ohren in die Luft, um Geräusche der Gefahr zu erhaschen.

Plötzlich quoll aus dem finsteren Himmel ein schwarzer Klumpen hervor, der ungefähr so groß wie die Sonne war. Ehe ich es mich versah, streckte er sich zu einem langen grauen Trichter und bewegte sich einer Schlange gleich auf den Boden zu. Einen Augenblick lang hing er wie eine sich wiegende Kobra in der Luft, die kurz davor steht, einem hilflosen Opfer unter sich den Todesstoß zu versetzen. Dad rief Mum zu: »Es ist ein Tornado, Jennie!«

Aufgeregt fragte ich: »Ist das wirklich ein echter Tornado, Dad?« Mein erstes Gefühl war eine freudige Aufgeregtheit. Hier hatte ich etwas, was ich meinen Freunden erzählen konnte, wenn ich im Herbst wieder ans *Hope College* zurückkehrte. Der Trichter schien so klein, dass ich mir die Gewalt, mit der eine solch seltsam anmutende Wolke hereinbrechen konnte, nicht vorstellen konnte.

»Ruf Mutter, Sohn, und sag ihr, dass sie alles einpacken soll, was sie in die Hände nehmen kann und kommt zum Auto. Wir müssen abhauen – sofort!«

Einen Augenblick später fuhren wir so schnell wie wir konnten die Straße hinunter. Wir wohnten am östlichen Ende einer

Sackgasse und mussten erst eine Meile nach Westen fahren – direkt in den Weg des herannahenden Tornados, um eine Straße zu erreichen, die in den Süden führte und damit weg vom Sturm. Wir schafften es. Zwei Meilen südlich stellten wir das Auto auf einem Hügelkamm ab und beobachteten, wie der aberwitzige Wirbelsturm sich mit tödlicher Kraft austobte. Ebenso schnell und leise wie er gekommen war, hob er sich und verschwand. In der Luft lag eine Grabesstille, aber die Gefahr war vorüber. Ein leichter Regen setzte ein. Aus dem hinteren Ende des dunklen Himmels fiel ein beruhigender kühler Regenschauer, als ob der Himmel seinen heilsamen Balsam auf frische Wunden ausgießen würde.

Wir konnten nun wieder nach Hause zurückkehren. (Oh Gott, wird unser Haus noch stehen?) Wir gelangten zur Kreuzung und stießen dort auf eine lange Reihe Autos. Neugierige und Gaffer, die gemerkt hatten, dass etwas Furchtbares geschehen war, kamen bereits zusammen. Sie schauten sich eine benachbarte Farm an, die vollkommen zerstört worden war. Wir fragten uns, ob unser Haus verschont geblieben war und fuhren so die einsame Straße zu unserer abgeschiedenen Farm hinunter. Wir kamen zum Fuß des Hügels, hinter dem unser Haus lag. Von hier aus sahen wir immer die Scheunenspitze, die den Hügel überragte. Aber heute nicht. Noch ehe wir über den Hügel gefahren waren, wussten wir, dass unsere Scheune verschwunden war. Wir gelangten oben auf dem Hügel an. Alles war weg. Wo vor nur einer halben Stunde neun frisch gestrichene Gebäude gestanden hatten, war jetzt nichts mehr. Wo Leben gewesen war, herrschte jetzt eine Todesstille. Alles war verschwunden. Alles war tot. Wir waren wie betäubt; unsere Köpfe waren leer. Nur die weißen Fundamente waren übrig geblieben und ragten aus dem schwarzen Erdboden hervor. Nirgends sahen wir Trümmerteile. Alles war schlicht aufgesaugt und weggetragen worden. In der Einfahrt lag ein totes Schwein. Drei kleine Ferkel, die überlebt hatten, saugten an den Zitzen ihrer toten Mutter. Wir hörten das Stöhnen sterbender Rinder, das einem den Magen umdrehte, und das Zischen von Gas, das aus einem tragbaren Butangastank entwich, der einmal unseren Ofen versorgt hatte. Dann erblickte ich mein Reitpferd – es lag tot am Boden. Ein fast fünf Meter langes Kantholz hatte sich in seinen Bauch gebohrt.

Geschockt saßen wir in unserem Auto. Mein Vater war

schon über sechzig und hatte sechsundzwanzig Jahre lang hart für diese Farm gearbeitet. Die nächste Rate für die Hypothek stand ihm ins Haus. Jetzt schien jegliche Chance, diesen Ort vor den Schuldnern zu retten, zunichte gemacht. Ich sah meinen Vater an, wie er mit schreckensgeweiteten Augen auf dem Fahrersitz kauerte – mein Vater, weißhaarig, untergewichtig, weil er zu viel arbeitete, mit blauen Händen, sich verzweifelt am Lenkrad festklammernd. Plötzlich begann er, mit seinen schwieligen Händen, auf denen die Adern hervorstanden, auf das Lenkrad zu schlagen und er schrie: »Alles ist weg! Jennie! Jennie, alles ist weg! Sechsundzwanzig Jahre, Jennie, und alles hat sich in zehn Minuten in Luft aufgelöst.« Dad stieg aus dem Wagen aus und befahl uns, zu warten. Wir konnten sehen, wie er mit seinem Stock über das leergefegte, vom Tornado weggesaugte Land der Farm ging. Später fanden wir heraus, dass unser Haus eine halbe Meile entfernt auf ein Stück Weideland gefallen war. Es war nur noch ein Haufen Schrott. In der Küche hatten wir ein kleines Schild – eines jener Haussprüche auf einem kleinen gegossenen Gipsschild, das man an die Wand hängt. Es war ein einfacher Leitsatz: »Keep looking to Jesus.«[31] Mein Dad fand die obere Hälfte, die abgebrochen war, und brachte sie zum Auto. Darauf stand schlicht: »Keep looking …«.[32] Nun, das waren Gottes Worte für meinen Vater – Keep looking! Keep looking!

Hör jetzt nicht auf. Schmeiß nicht alles hin. Krempel die Ärmel hoch und gib nicht auf! Genau das hat er getan! Die Meisten dachten, dass mein Vater am Ende sei, aber das stimmte nicht. Er war nicht am Ende, weil Aufgeben für ihn keine Option war. Er hatte einen Glauben mit einer Kraft, die nicht locker lässt! Es gibt eine Zutat, die ein Glaube haben muss, der Berge versetzt, Wunder erzeugt, die Erde erschüttert, Probleme löst und Situationen verändert, und diese Zutat ist BEHARRLICHKEIT. Daher gab Dad nicht auf.

Zwei Wochen später fanden wir in einer Stadt in unserer Nähe ein altes Haus, das abgerissen werden sollte. Ein Teil des Hauses stand immer noch zum Verkauf. Es kostete fünfzig Dollar. Also kauften wir diesen Überrest und zerlegten ihn Stück für Stück. Wir bewahrten jeden Nagel auf. Wir bewahrten jede

31 Wörtliche Übersetzung: Schau immer auf Jesus
32 Wörtliche Übersetzung: »Schau immer weiter« oder »Suche immer weiter«

Schindel auf. Mit diesen Teilen erbauten wir dann dort, wo unsere alte Farm gestanden hatte, ein neues kleines Haus! Eins nach dem anderen wurden weitere Farmgebäude errichtet.

Dieser Tornado hatte neun Farmen zerstört, aber mein Vater war der Einzige, der eine vollkommen vernichtete Farm wieder aufgebaut hat. Einige Jahre später stiegen die Preise überdurchschnittlich an. Landwirtschaftliche Erzeugnisse brachten hohe Erträge. Innerhalb von fünf Jahren war die Hypothek abbezahlt. Mein Vater starb als erfolgreicher Mann! *»Wer beim Pflügen nach hinten blickt, den kann Gott in seiner neuen Welt nicht brauchen.«* (Lukas 9, 62)

Jemand hat einmal gesagt:

> **»Große Menschen sind einfach gewöhnliche Menschen mit einer außergewöhnlichen Portion Entschlossenheit.«**

Der Großteil der Menschen, der im Angesicht scheinbar unüberwindbarer Probleme Erfolg hat, sind Menschen, die schlichtweg nicht wissen, wie man aufgibt.

Wenn sich ein unerwartetes Unglück an Ihren Träumen auslässt und großen Schaden anrichtet, was soll's? Halten Sie sich niemals an das, was sie verloren haben. Falls Sie das tun, werden Sie entmutigt und besiegt werden. Schauen Sie nicht auf das, was Sie verloren, sondern was Sie noch übrig haben.

Im Nordwesten Iowas lebt Walter Greving, ein gut aussehender junger Mann, der schwer an Kinderlähmung erkrankte. Als die Krankheit vorüber war, blickte er auf die bleibenden Schäden. Die Brustmuskeln waren gelähmt. Er würde den Rest seines Lebens in einem künstlichen Beatmungsgerät verbringen müssen. Arme, Beine, Hände und Schultern waren alle unwiederbringlich gelähmt. Er konnte jedoch sehen, denken, hören und reden – und er konnte einen einzigen Finger bewegen.

Statt sich darüber Gedanken zu machen, was er alles verloren hatte, dachte er: »Was kann ich mit dem, was mir geblieben ist, machen?« Er fragte sich: »Was kann ich mit einem Finger anstellen?«

Ich war in seinem Zimmer, und es war eine der großen Inspirationen meines Lebens. Es ist unglaublich, was er alles mit einem Finger machen kann. Mit einem Finger kann er einen Knopf drücken! Das eröffnet ihm wiederum eine beinahe unerschöpfliche Fülle an Möglichkeiten. Mit einem Knopf startet man einen Kassettenrekorder, der es ihm ermöglicht, seine ermutigenden Briefe zu diktieren, die er in alle Welt verschickt. Der Kassettenrekorder, das Radio, der Fernseher, die Stereoanlage, ein »Seitenumdreher«, der ihm die Seiten eines Buches beim Lesen umblättert – alle diese Geräte funktionieren elektrisch und werden durch einen Finger, der einen Knopf drückt, betätigt!

»Vor der Kinderlähmung war ich nicht glücklicher, als ich es heute bin. Ich habe nie wirklich gelebt, bis ich in die eiserne Lunge kam. Ich habe gelernt, anders zu denken«, erzählte er mir, als wir ihn besuchten. Selbstverständlich ist er ein MÖGLICHKEITSDENKER. Ich habe nie einen glücklicheren Menschen in meinem Leben getroffen. Er ist die bekannteste Frohnatur in Sheldon, Iowa, ein Hoffnungsschimmer – eine Person, die schlechte Laune vertreibt und Freude bringt.

Einer meiner Freunde berichtete mir von seinem Besuch eines Leprakrankenhauses in Japan. Viele Patienten, die schon nicht mehr sehen konnten, lernten die Blindenschrift, um zu lesen. Ein erblindeter Leprakranker wollte die Blindenschrift erlernen. Die Krankheit war jedoch bereits schon so weit fortgeschritten, dass er nicht einmal mehr genug Gefühl in seinen Fingern hatte, um die Punkte der Schrift zu ertasten. Aufgeben? Natürlich nicht! Er versuchte es mit seinen Zehen! Dort hatte er jedoch auch nicht mehr genug Gefühl. Was hatte er denn noch übrig? Nichts? Irgendetwas? Natürlich! Ihm fiel ein, das er noch ein feinfühliges Körperteil hatte, dass ihm von Nutzen sein konnte. Er versuchte es. Es funktionierte! Heute liest er seine Bibel in Blindenschrift. Wie er das macht? Mit seiner Zunge!

Drei Jahre lang überlebte Pastor Martin Niemöller die Schrecken von Dachau – den Geruch von verbrennendem Menschenfleisch und den Anblick lebendiger Leichen. Drei Jahre lang saß dieser deutsche Diener Gottes, der es gewagt hatte, sich Adolf Hitler zu widersetzen, in einem der schlimmsten Konzentrationslager der Welt in Einzelhaft.

»Wie konnten Sie das durchstehen, ohne Ihren Verstand zu verlieren?«, wurde Pastor Niemöller Jahre später in einem Interview einer Radiostation in Chicago gefragt. *»Der Mensch weiß nicht, was er aushalten kann, solange er nicht auf die Probe gestellt wird«*, antwortete Niemöller voller Zuversicht und fuhr fort: »Du kannst weit mehr aushalten, als du für möglich hältst.

Du bist viel stärker, als du glaubst – *wenn Gott in deinem Leben wohnt.*«

William James erkannte als erster, dass wir mehrere Erschöpfungsgrade haben. Wenn wir den ersten Grad überwunden haben, werden die matten Gefühle von einer neuen und erstaunlichen Quelle revitalisierender Kraft belebt, die stärker und dynamischer als die ursprüngliche Energie ist. Das ist wie bei einem entkräfteten Läufer, der die zweite Luft bekommt. Wenn alles danach aussieht, dass Sie am Ende sind: Halten Sie durch!

A. J. Cronin beschreibt den Wendepunkt seiner Karriere in einem Artikel in *Reader's Digest*. Er war ein erfolgreicher Doktor, bis ihn eine ernste Krankheit zu einer sechsmonatigen Pause im schottischen Hochland zwang. Hier kam ihm ein großartiger Gedanke. »Um Himmels willen«, sagte er, »das ist meine Gelegenheit. Magengeschwür hin oder her, ich werde einen Roman schreiben.« Er ging in den Dorfladen, kaufte sich einen Bleistift und Papier und machte sich daran, einen Roman zu schreiben. Drei Stunden lang saß er vor seinem Papier und wartete vergebens auf eine Inspiration. Beim Mittagessen kam er zu dem Schluss, dass es eine dämliche Idee gewesen war. Er erinnerte sich jedoch an den Rat eines Schullehrer, der einmal gesagt hatte: »Bring es zu Papier – wenn es in deinem Kopf bleibt, kommt nichts dabei raus. Bring es zu Papier.« Drei Monate lang arbeitete er hart, schrieb und schrieb um, bis er etwa zur Hälfte des Romans das Gefühl bekam, dass alles fruchtlos sei. »Warum mache ich mir mit dieser Aufgabe, für die ich einfach nicht geschaffen bin, das Leben selbst schwer?«, fragte er sich. »Was bringt es denn? Ich sollte mich lieber ausruhen.« Er kam zu dem Schluss, dass es nur ein Haufen Unsinn sei. Niemand würde das Buch lesen. Er warf das Manuskript in den Mülleimer und ging aus dem Haus in den Nieselregen.

Am Ufer eines Sees traf er auf den alten Bauern Angus, der gleichmütig in seinem Graben schaufelte, der sich auf seinem morastigen Stück Land entlang zog. Cronin erzählte seinem Freund vom Land, dass er sein Buch weggeworfen hatte. Er gab nun auf. Er hatte einfach nicht das Talent, die Ausbildung oder das gewisse Etwas, ein Buchautor zu sein. »Sie haben ohne Zweifel recht, Doktor, und ich liege falsch«, sagte der alte Angus, »aber mein Vater hat, solange ich denken kann, in diesem Moor Gräben angelegt, und ich habe nie ein Weideland daraus gemacht. Weideland hin oder her, ich muss einfach weitergraben. Denn mein Vater wusste es, und ich weiß es: Wenn man nur lange genug gräbt, kann man hier Weideland gewinnen.« Ein neuer Schub von Selbstachtung und Entschlossenheit fuhr durch die Seele des jungen Doktors. Er ging zurück zum Mülleimer, rettete das nasse Manuskript, trocknete es am Ofen in der Küche und begab sich wieder an die Arbeit. Einige Wochen später hatte er seine Aufgabe beendet, schickte das Buch an einen Verlag und vergaß es. Dieser Roman war *Hatter's Castle*[33]. Es wurde für die Bühne adaptiert, in neunzehn Sprachen übersetzt und ungefähr drei Millionen Mal verkauft.

Nur Gott weiß, wie viele gute Bücher verbrannt, wie viele inspirierende Ideen in den Mülleimer geworfen, wie viele großartige Projekte, Programme und Ehen ausgemustert und hingeschmissen worden sind von ihren Urhebern, die aufgegeben hatten, kurz bevor etwas Wunderbares geschehen wäre.

Im Leben der meisten Menschen kommen Zeiten, in denen es absolut verrückt erscheint, weiterzumachen. Wenn der gesunde Menschenverstand Ihnen zuzurufen scheint und Ihnen einredet »Sieh es doch ein, du bist am Ende! Streck die Waffen«, dann seien Sie vorsichtig. Das ist der Augenblick, in dem sie eine endgültige Entscheidung treffen. Als mein Vizepräsident, mein Schatzmeister und der Sekretär der Kirche gleichzeitig ihre Ämter niedergelegt hatten, hätte ich ebenso aufhören können. Ich tat es nicht. Ich schöpfte beharrliche Kraft aus Worten, die ich Jahre zuvor von meinem Großvater gelernt hatte.

Er war aus den Niederlanden eingewandert und ein Pionier in den unberührten Ebenen von Iowa. Auf dem Land der Sioux-Indianer kaufte er sich einen Pflug und brach damit die jungfräuliche Prärie auf. Die Kunst bestand darin, eine gerade Furche zu pflügen, wo es keine Begrenzungen gab. Folgendermaßen hat er es angestellt:

Er ging auf die Spitze eines Hügels und trieb einen Pfahl in die Erde. Auf den Pfahl band er ein rotes Taschentuch. Dann stieg er den Hügel wieder hinab und stieß das scharfe Ende des Pfluges in das Gras der Prärie, fixierte mit seinen Augen das rote Fähnchen, das im Wind flatterte, und trieb seine Ochsen mit einer Peitsche und einem lauten »Haaaieh!« an. Auf diese Weise pflügte er seine erste Furche. »Verliere niemals das Fähnchen aus den Augen«, riet er gewöhnlich später ankommenden Pio-

33 Auf deutsch unter dem Titel »Der Tyrann« bzw. »James Brodin« erschienen.

nieren. »Sobald du einmal Erde aufgewühlt hast und dich auf das Fähnchen zu arbeitest, sieh dich nicht mehr um. Selbst wenn du ausrutschst, stolperst, müde wirst und dich hinsetzen musst: Ganz egal, was du tust, SIEH DICH NICHT UM, ODER DU WIRST EINE KRUMME FURCHE PFLÜGEN.«

Dann zitierte mein Großvater gerne diesen kraftvollen Bibelvers: *»Wer beim Pflügen nach hinten blickt, den kann Gott in seiner neuen Welt nicht brauchen.«* (Lukas 9, 62) Blicken Sie nicht zurück. Akzeptieren Sie ein Scheitern nicht. Akzeptieren Sie Niederlagen nicht. Ein bekannter amerikanischer Geschäftsmann hatte Erfolg und scheiterte dann, hatte Erfolg und scheiterte wieder und ist jetzt wieder erfolgreich. Wie schafft er es, immer wieder zurückzukommen? Ein enger Bekannter gab den Grund dafür preis: »Bill weiß einfach nicht, wann er am Ende ist. Also macht er dort weiter, wo es nach allen Schätzungen schon längst aus mit ihm sein müsste. Es scheint so, als ob immer irgendetwas geschieht, während er halbtot weiterkämpft, und er kommt durch.«

In Sacred Heart, Minnesota, gibt es eine wundervolle Baumschule, wo preisgekrönte Bäume und Sträucher in Reih und Glied aufgezogen und überall in den Mittleren Westen verschickt werden. Der erfolgreiche Besitzer hört auf den Namen Clarence Flagstad. Er hat Erfolg, weil er Niederlagen nicht akzeptiert. Es war der Anfang des Zweiten Weltkriegs. Gemeinsam mit seinem Vater und seinen Brüdern versuchte die Familie sich durchzukämpfen, um die Hypothekenrückzahlungen begleichen zu können. Dann kam der Krieg. Sein Bruder wurde eingezogen. Da durch den Krieg die meisten Produkte teurer geworden waren, arbeiteten Clarence und sein Vater einfach härter und hofften, so der steigenden Kosten Herr zu werden. Dann erreichte sie die tragische Nachricht. Der älteste Sohn war gefallen. Er würde nie mehr auf die Farm in Minnesota zurückkehren. »Wir machen weiter, Dad. Das hätte mein Bruder so gewollt«, sagte Clarence. Also machten sie weiter. Dann starb Clarences Vater. Für den jungen Mann war das der härteste Schlag von allen. Er war nun ganz auf sich gestellt, und der Druck der mächtigen Finanzhäuser in Chicago, die überfällige Ratenzahlungen für das Haus einforderten, war fast mehr, als der einsame junge Mann ertragen konnte. Dann kam die letzte Mahnung. Der Brief aus Chicago war eindeutig und schonungslos: Es war eine Verfallserklärung der Hypothek. Clarence betete. »Ich kann diese Farm nicht verlieren. Ich kann es einfach nicht. Was würde mein Dad dazu sagen? Was würde mein Bruder dazu sagen? Ich werde nach Chicago gehen und mit ihnen reden.« Es war eine verrückte Idee. Noch ehe er nach Chicago gereist wäre, würden die Prozessverwalter sich über sein Grundstück hermachen. Hinzu kam, dass er noch nicht einmal das Geld für eine Busfahrkarte hatte. Er erinnerte sich jedoch an Landstreicher, die auf Zügen mitfuhren. Warum nicht? Spät in dieser Nacht warf er seinen schlaksigen Leib auf einen alten Waggon, kurz bevor der langsame Güterzug, der mit Rindern beladen war, aus der kleinen Stadt in Minnesota in Richtung Chicago ratterte.

»Als ich auf diesem Viehwagen saß, betete ich inbrünstig«, sagte er. »Bitte, Gott, hilf mir die Leute zu finden, wenn ich nach Chicago komme.« Er fand das hoch aufragende Bürogebäude – das größte Bauwerk, das er je in seinem Leben gesehen hatte. »Ich möchte den Präsidenten dieses Unternehmens sprechen«, forderte er beharrlich, als er bei der Privatsekretärin war. Als er sich weigerte zu gehen, sprach die Sekretärin mit dem Direktor des Unternehmens, der sich als ein guter Christ erwies. »Lassen Sie ihn hereinkommen«, trug ihr der Präsident auf. Später beschrieb Clarence dann das Treffen: »Nun, dieser wichtige Mann war nett wie ein Honigkuchenpferd. Er sagte: ›Clarence, wir wollen Ihre Farm nicht. Wir möchten nur das Geld mit den Zinsen zurückhaben. Das ist unser Beruf. Setzen Sie sich doch bitte, und wir werden einen Weg finden, dass Sie die Farm bekommen, für die Sie gezahlt haben.‹« Als Clarence Flagstad nach Hause kam, hatte er nicht nur ein neues Finanzierungspaket in der Tasche, das auf seine Bedürfnisse angepasst war, sondern auch einen neuen Glauben daran, dass es sich auszahlt, durchzuhalten, wenn eigentlich alles dafür spricht, aufzugeben.

In der amerikanischen Geschichte haben nur wenige Personen diese Beharrlichkeit besser verkörpert als Theodore Roosevelt. Als Russland und Japan ihre Differenzen nicht aus der Welt schaffen konnten, brachte Teddy Roosevelt ihre Vertreter in Amerika zusammen und, wie es ein Russe ausdrückte, »bearbeitete uns mit einer Eisenfaust, bis er uns so weit ausgehungert hatte, dass wir unsere Probleme lösten.« Zu etwa jener Zeit war der Brite John Morley in Amerika und verkündete bei seiner Rückkehr nach England: »Während ich in der Neuen Welt war, habe ich zwei ungeheuerliche Naturgewalten gesehen – zum einen die Niagarafälle, und zum andern den Präsidenten der Vereinigten Staaten, Teddy Roosevelt. Ich weiß jedoch nicht, welche die Interessantere war.«

Das erinnert uns an eine Aussage von Winston Churchill, als er von einem seiner großen Generäle in Nordafrika sprach. Churchill beschrieb ihn mit folgenden Worten: »Er ist ein Eisenpflock in gefrorenem Boden – unerschütterlich.« Sieger sind Menschen, die beharrlich sind.

Während Abraham Lincoln über eine Präsidentschaftskandidatur nachdachte, wurde der *Missouri Compromise*[34] tragischerweise aufgehoben. Das war im Jahre 1854. Das Unvermögen einiger weniger erfolgreicher Präsidenten hatte dazu geführt, dass dieser Beschluss, der gegen die Sklaverei gerichtet war, aufgehoben wurde. Das bedeutete, dass die Sklaverei unterstützenden Staaten aus dem Gebiet des *Louisiana Purchase*[35], Teil der Vereinigten Staaten von Amerika wurden und Sklaverei folglich von der föderalen Regierung ermutigt und fortgeführt wurde! Zu dieser Zeit zeigte Abraham Lincoln seine große moralische Stärke: »Ich weiß, dass es einen Gott gibt und dass er Unrecht und Sklaverei hasst. Ich sehe, wie ein Sturm kommt und ich weiß, dass Seine Hand darin ist. Wenn Er einen Platz für mich hat – und ich denke, das hat er – dann glaube ich, bin ich bereit.« Also legte Lincoln seine Hand an den Pflug – und der Sturm brach herein! Lincoln war mit einem Mal Präsident der Vereinigten Staaten, von denen sich die Südstaaten lossagten oder damit drohten, sich loszusagen. Er musste miterleben, dass dieser neue Zusammenschluss zerfiel. Es gab solche, die sagten: »Lass den Süden gehen. Leichter werden wir diesen Abschaum nicht los.« Mr. Lincoln reagierte darauf jedoch mit sechs Worten der Beharrlichkeit: »Bleibt fest wie Ketten aus Stahl.« Das Ergebnis? BÜRGERKRIEG! FEUER! Jedoch auch die Rettung des Zusammenschlusses und der Anfang vom Ende der Sklaverei.

Im Kampf des Lebens wird derjenige Sieger sein, der einen beharrlichen Glauben hat.

»Ich werde wiederkommen«, sagte General MacArthur, als er von der Insel Corregidor, die heute zu den Philippinen gehört,

34 Vereinbarung zwischen den Gegnern und den Befürwortern der Sklaverei im Kongress der Vereinigten Staaten aus dem Jahr 1820, der die Sklaverei regulieren bzw. verbieten sollte.

35 1803 kauften die Vereinigten Staaten Frankreich ein 2.100.000 km² großes Gebiet für 15 Millionen Dollar ab.

vertrieben wurde. Das tat er auch. Sehr oft in meinem Leben, wenn ich Beharrlichkeit brauchte, habe ich in meinen Gedanken das berühmte Bild von MacArthur gesehen, wie er mit offenem Hemd, verknautschtem Hut, Maiskolbenpfeife, nach vorne gerecktem Kinn und schwingenden Armen mit kraftvollem Schritt durch die schäumenden Wellen des Strandes watete, um die Insel wieder einzunehmen. Er kam zurück!

Befinden Sie sich gerade in einer schwierigen Situation? Sie stehen vielleicht kurz vor einem Sieg. Wissen Sie noch, was MacArthur sagte, als seine Truppen so weit zurückgedrängt wurden, bis sie nur noch das Meer hinter sich hatten?

Der General wurde gefragt, was ihm angesichts der ausweglosen Lage durch den Kopf ginge, und er erwiderte mit fester Stimme: »Ich war mir noch nie so sicher wie heute, dass wir gewinnen werden.« Wie recht er doch hatte! Die Vorzeichen änderten sich plötzlich und er stürmte voran – zum Sieg!

> Große Menschen sind gewöhnliche Menschen,
> die die Hoffnung einfach nicht aufgeben.
> Was ist denn Hoffnung?
> Es ist
>
> **H**olding **O**n, **P**raying **E**xpectantly[36]

Jahre später blicken die Menschen dann auf ihren dunkelsten Tag zurück und sagen – wie Churchill es über die Kriegsjahre in London formuliert hat: »Es war unsere beste Stunde.«

36 Wörtliche Übersetzung: Beharrlichkeit und erwartungsvolles Gebet. Die Anfangsbuchstaben ergeben das englische Wort »Hope«, auf deutsch »Hoffnung«.

XIII. Wie Sie Glauben bekommen, der Berge versetzt

JETZT haben Sie gesehen, wie Möglichkeitsdenker ihre Träume verwirklicht, Schwierigkeiten in eigene Siege verwandelt und ihr Leben zur Inspiration für die Menschen in ihrer Umgebung gemacht haben.

JETZT können Sie Ihr Leben und Ihre Zukunft verändern – wenn Sie die Kraft eines bergeversetzenden Glaubens für Ihre jeweilige Lebenssituation entdecken und unverzüglich anwenden.

WAS IHNEN HEUTE UNMÖGLICH ERSCHEINT, KÖNNEN SIE ERREICHEN, WENN SIE DIE ACHT SCHRITTE EINES BERGEVERSETZENDEN GLAUBENS BEFOLGEN.

»Wenn euer Glaube nur so groß wäre wie ein Senfkorn, könntet ihr zu diesem Berg sagen: ›Rücke von hier dorthin!‹, und es würde geschehen. Nichts wäre euch unmöglich!« (Matthäus 17, 20)

Es gibt viele Menschen, die behaupten, aus dem Glauben zu leben, jedoch nicht viel zustande bringen. Wir kennen alle Menschen, die den Anspruch erheben, ihren Glauben wahrhaftig auszuleben und dennoch nichts oder kaum etwas erreichen. Was läuft da falsch? Stetes Scheitern ist das Ergebnis eines oberflächlichen Glaubens.

Wenn ich an den Strand gehe, sehe ich Menschen, die ihre Füße vorsichtig ins Meer strecken. Im knöcheltiefen Wasser plantschen sie herum und kehren dann wieder an den Strand zurück, um sich in der Sonne zu baden. Zu Hause erzählen sie dann, dass sie beim Schwimmen waren.

Andere gehen ins hüfttiefe Wasser, bevor sie sich wieder in den warmen Sand legen.

Dann gibt es da noch den wirklich Wagemutigen, der immer weiter in das tiefe Wasser hineingeht, bis es ihm an die Schultern reicht und er zu schwimmen beginnt. Er ist auf eine tiefere Ebene gelangt und kann ehrlich von sich sagen, dass er beim Schwimmen war.

Ein Glaube, der Berge versetzt, ist mehr, als seine Füße ins Wasser zu strecken. Ein Glaube, der Berge versetzt, ist ein Glaube, der sich in tiefe Gewässer wagt.

LASSEN SIE UNS NUN DIE ACHT SCHRITTE EINES BERGEVERSETZENDEN GLAUBENS BETRACHTEN

SCHRITT 1 – TRÄUMEN:

So geht der Glaube seinen ersten behutsamen Schritt. Ein Glaube, der Berge versetzt, fängt mit einem Traum an. Die stärkste Kraft der Welt ist ohne Zweifel die Kraft, die aus einer kreativen Idee stammt. Jeder Erfolg hat seine Wurzeln in einem Traum. Einer der bedeutendsten Lehrer Amerikas war Thomas S. Kelly. Nach Rufus Jones lässt sich das Geheimnis seines wirkungsvollen Lebens auf einen einzigen Moment in Kellys erstem Jahr am College zurückführen, als er einen Traum hatte – und sagte: »Ich werde aus meinem Leben ein Wunder machen!« Jemand sagte einmal: »Es gibt keine bedeutenden Menschen, nur bedeutende Ideen.« Es stimmt: man kann die Größe eines Menschen oft an der Größe seiner Träume festmachen.

Der Glaube fängt mit der Vorstellungskraft an. »Wenn Sie keine Träume haben, wie sollen die Träume dann verwirklicht werden?« Fangen Sie heute damit an, indem Sie diese gottgegebene Kraft in sich nutzen, um ein Bild dessen zu entwerfen, was Sie gerne erreichen würden.

Verwerfen Sie alle Unmöglichkeitsgedanken, alle »beschränkten Konzepte« und all die Komplexe, die Ihnen einreden wollen, dass Sie benachteiligt seien. Stellen Sie sich vor, dass Sie ein Freund der Mächtigen, ein Partner der Wohlhabenden und ein Mitarbeiter Gottes sind. Der Glaube fängt mit einem Traum an. Glaube muss jedoch tiefer gehen, ehe er zum Erfolg führt.

SCHRITT 2 – VERLANGEN:

Der Glaube in tieferen Gewässern bedeutet auch, etwas so sehr zu wollen, dass man weiß, man wird es irgendwann, irgendwie, irgendwo bekommen. Mangelndes Verlangen zerstört den Glauben eher als realer Zweifel.

Niemand wird jemals daran glauben, dass er einen Berg versetzen kann, solange er diesen Berg nicht wirklich versetzen möchte. Ein Mensch, der den Erfolg wahrhaftig will, kann beinahe alles erreichen. Ein altes Sprichwort trifft den Nagel auf den Kopf: Wo ein Wille ist, ist auch ein Weg.

> Wir glauben, was wir glauben wollen!
> Glaube ist Wollen!

Wenden Sie diese Definition des Glaubens auf Ihr Projekt und Ihre Träume an. Zuallererst müssen Sie sich im Klaren darüber sein, was Sie wollen. Viele scheitern, weil sie es versäumt haben sich im Detail vorzustellen, was sie erreichen wollen. Wenn Sie einem unklaren und verworrenen Bild Ihres Zieles nachlaufen, seien Sie nicht überrascht, wenn Sie Schiffbruch erleiden. Aus diesem Grund liegt ein früher Schritt bergeversetzenden Glaubens darin, ein detailliertes mentales Bild Ihres Traums zu entwerfen.

Wenn Sie sich in Ihrer Vorstellung auf die klaren Umrisse Ihres Traumes fokussieren, werden Sie feststellen, dass Ihre Begeisterung noch weiter zunehmen wird.

Wenn Ihr Traum Ihre Wünsche beherrscht, werden Sie so lange planen, arrangieren, umorganisieren und schuften, bis Sie bekommen, was Sie wollen. Ein großes Verlangen führt zu einer großen Entschlossenheit. Erfolg erwartet dann denjenigen, der »niemals nie sagt«. Solange Sie das Verlangen haben, werden Sie nicht scheitern. Glaube bedeutet, etwas mit ganzem Herzen zu wollen.

Wenn Sie wissen, was Sie wollen, müssen Sie diese Wünsche einer Überprüfung unterziehen. An dieser Stelle muss man sich die moralische Frage stellen: »Ist es richtig? Würde Gott es wollen? Kann ich Gott darum bitten, in diesem Unterfangen mein Partner zu sein?« Wenn Sie diese überaus elementaren Fragen mit einem »Ja« beantworten können, wird Ihr Glaube starke Muskeln bekommen.

SCHRITT 3 – WAGNIS:

Häufig ist Zweifel ein Mangel an Mut. Die Angst davor sich bloßzustellen, gepaart mit der Angst involviert zu werden oder die Angst davor, persönlich ein Opfer zu bringen, reicht immer wieder aus, einen Menschen davon abzuhalten, seinen Glauben an eine Idee, einen Traum, ein Projekt oder an eine Sache hängen zu wollen. Mit Gott an Ihrer Seite können Sie es wagen, Risiken einzugehen!

Ein Glaube, der Berge versetzt, ist mehr als Träume und Verlangen; er beinhaltet, das Risiko zu Scheitern einzugehen. Denn Glaube bedeutet, eine Entscheidung zu fällen, ohne eine Erfolgsgarantie zu haben. Wenn der Erfolg bereits gewiss ist, ist ein Vorhaben nicht länger ein Schritt des Glaubens. Glaube ohne Risiko ist ein Widerspruch. Glaube bedeutet, ein Wagnis einzugehen, ehe man sicher weiß, wie alles schlussendlich gelingen soll. Denken Sie daran:

WANN IMMER SIE EINE ENTSCHEIDUNG FÄLLEN, GEHEN SIE EIN RISIKO EIN.

Selbst Unentschlossenheit ist eine Entscheidung. Selbst wenn Sie sich entschließen nichts zu tun, gehen Sie das Risiko ein, möglicherweise ein unbegreifliches Wunder vorüberziehen zu lassen. Vergessen Sie nicht: Die traurigsten Worte, die je gesprochen oder geschrieben worden sind, sind diese: »Es hätte sein können.«

Hätten wir unsere Drive-In-/Walk-In-Kirche nicht gebaut, hätte mich mein Leben lang der Gedanke verfolgt, dass es einer der größten Erfolge meines Lebens hätte sein können. Ich hatte größere Angst davor, eine kostbare und seltene Gelegenheit vorbeiziehen zu lassen, als einen teuren und törichten Fehler zu begehen.

Es ist eine Tatsache, dass viele Menschen scheitern und es nicht einmal merken. Sie gehen durchs Leben ohne einen einzigen offensichtlichen Rückschlag zu erleiden. Sie haben keine Schwierigkeiten oder Anfechtungen. Sie denken, Sie seien erfolgreich. In Wahrheit scheitern sie, da sie sich weigern, die einmalige Chance ihres Lebens zu entdecken und dann weiterzuentwickeln. Sie sind gescheiterte Personen, aber wissen es nicht einmal.

Glaube bedeutet, Enttäuschungen in Kauf zu nehmen. MÖGLICHKEITSDENKER haben die Furcht vor persönlicher Enttäuschung aus ihrem Denken gestrichen! Wie viele Menschen nehmen niemals an einem Wettbewerb teil, messen sich nie im Sport und setzen ihr Leben niemals auf etwas, das bedeutungsvoll sein könnte, weil sie Angst vor einer Niederlage haben?

»Wenn du nie etwas versuchst, wirst du nie verlieren.« Wie schwer wurde es mir ums Herz, als ich hörte, wie ein ansonsten intelligenter junger Mann diesen deprimierenden und falschen Satz sagte. »Das stimmt einfach nicht. Du kannst verlieren, was du hättest haben können«, teilte ich ihm mit.

Es ist so bedauernswert, dass einfach zu viele Menschen ihre Ziele bewusst zu tief stecken, um die Möglichkeit einer Enttäuschung zu verringern. Selbstverständlich müssen unsere Ziele realistisch sein, gleichzeitig aber auch so groß, dass man es ein Wunder nennen kann, wenn wir sie erreichen. Viele Menschen halten sich für erfolgreich, weil sie jedes Ziel im Leben erreicht haben. Tatsächlich sind sie jedoch gescheitert, weil ihre Ziele trügerisch klein waren.

Auf der anderen Seite gelten viele Menschen als Versager, da sie nie ihr höchstes Ziel erreicht haben – ganz einfach deshalb, weil ihr Ziel zu hoch gesteckt war. Sie haben ihr Ziel nicht erreicht, aber ihr Potential voll ausgeschöpft. Das jedoch ist wahrer Erfolg! Erfolg bedeutet nicht notwendigerweise ein Ziel zu erreichen, sondern sein maximales Potential bei den Gelegenheiten, die das Leben bietet, zu erreichen.

Glaube bedeutet, öffentliche Kritik zu riskieren. Jedes Projekt, das Neuland betritt, wird de facto von negativ eingestellten Menschen kritisiert. Nun, man sollte die öffentliche Meinung nicht völlig außer Acht lassen, sondern ihr den Wert beimessen, der ihr zusteht. Wir sollten uns vor Augen führen, dass wir mit einigen Personen eine gewisse Zeit zusammenleben; mit andern verbringen wir einen großen Teil unseres Lebens; mit uns selbst müssen wir jedoch ein Leben lang auskommen, und mit Gott werden wir in Ewigkeit leben! Stellen Sie sich daher die Fragen für eine Entscheidungsfindung in folgender Reihenfolge: (1) Was denkt Gott? (2) Was denken Sie selbst, in Ihrem eigenen Herzen? (3) Was denken Ihre klugen Freunde? (4) Was denkt die Öffentlichkeit? Die Frage nach der öffentlichen Meinung stellt man sich als Letztes – nicht zuerst! Ein MÖGLICHKEITSDENKER trifft daraufhin eine Entscheidung, wohl wissend, dass er damit möglicherweise eine zurückhaltende oder feindselige öffentliche Meinung hervorruft.

Glaube bedeutet, das Risiko einzugehen, nicht perfekt zu sein. »Wenn es nicht zum Bestseller reicht, werde ich es nicht veröffentlichen«, dachte ich zu einer bestimmten Zeit. Bis mich folgender Gedanke durchfuhr:

Lieber tu ich etwas, das nicht vollkommen ist, als nichts zu tun – und das mit Perfektion!

Die traurige Wahrheit ist, dass viele unserer Bemühungen ein überwältigender Erfolg sein könnten, wenn wir es wagten, mittelmäßig zu sein. Was in unseren Augen mittelmäßig erscheint, ist für andere vielleicht hervorragend. Norman Vincent Peale arbeitete lange sehr hart an seinem ersten Manuskript. Schließlich warf er es in den Papierkorb, weil er zu dem Schluss gekommen war, dass es nicht gut genug sei. Glücklicherweise wurde es aus dem Korb gerettet, an einen Verlag geschickt und ist unter dem Titel *A Guide To Confident Living*[37] landesweit in vielen Buchläden erschienen. Es hat sich mehr als eine Million Mal verkauft.

Glaube bedeutet, es darauf ankommen zu lassen. Wissen Sie, was ein MÖGLICHKEITSDENKER noch mehr fürchtet als zu scheitern? Es ist die Furcht, lasch, kraftlos und müde zu werden. Es ist die Furcht vor der Abenteuer und Kühnheit im Keim erstickenden Art und Weise auf Nummer sicher zu gehen.

So werden Sie Erfolg haben:

Risiken einzugehen erzeugt Aufregung. Aufregung erzeugt Enthusiasmus. Enthusiasmus erzeugt Energie. So haben Sie einen Kreislauf des Erfolgs ausgelöst.

37 Freie Übersetzung: Aufforderung zum Glücklichsein. Wie sich alles zum Guten wendet.

Mit einem Mal stehen Sie im Rampenlicht. Die Aufmerksamkeit gilt nie dem bequemen Zuschauer, sondern dem kraftvollen Wagemutigen in der Mitte des Ringes. Je größer dann das Risiko, desto größer das Publikum. Nicht der Würstchen-verdrückende Zuschauer auf der Haupttribüne, sondern der kühne Läufer auf der Bahn bekommt die Aufmerksamkeit, den Applaus, die Aufmunterung und schließlich den Siegespreis.

In der heutigen Welt brauchen Sie die Aufmerksamkeit der Menschen, bevor Sie zum Geschäftlichen kommen. Sie brauchen Publicity, damit die Welt allein schon weiß, dass es Sie gibt.

Da ein kühner Mensch Aufmerksamkeit erhält, zieht er auch Unterstützung an. Mutige Menschen ziehen andere mutige Menschen an. Menschen mit einer großen Fantasie ziehen andere Menschen mit einer großen Fantasie an. Menschen, die in großen Dimensionen denken, werden von anderen Menschen angezogen, die in großen Dimensionen denken. Sie werden bemerken, dass bedeutende und beherzte Persönlichkeiten sich nicht zu den furchtsamen, nichts riskierenden, nichts schaffenden Menschen hingezogen fühlen. Plötzlich stellt dann der himmlische Glücksspieler fest, dass die besten, die bedeutendsten und die mutigsten Männer ihres Metiers ihn beobachten! Aus unerwarteten Richtungen kommen überraschende Hilfsangebote. Wenn Menschen sich abkämpfen, weil sie den Mut haben, etwas Wunderbares zu tun, zieht das bedeutende Personen an. So wird der Erfolg dann möglich, wenn unerwartete Unterstützung angeboten wird. Ich habe gehört, wie neidische Unmöglichkeitsdenker gesagt haben: »Diese Firma hatte einfach nur Glück. Mr. Jones hat sich ihnen angeschlossen, und ohne Mr. Jones wären sie gescheitert.« Warum aber hat sich Mr. Jones denn diesem Team angeschlossen? Warum hat er sich nicht dem Team des neidischen Unmöglichkeitsdenkers angeschlossen? Weil bedeutende Menschen von wagemutigen Personen inspiriert und angezogen werden.

Sie werden bemerken, dass Menschen mit einem Sicherheitsdenken, die sich langsam bewegen, leise reden, klein denken und übervorsichtig sind, den Eindruck erwecken, unsicher und ängstlich zu sein. Kein Wunder, dass sie bedeutende Menschen nicht dazu inspirieren, Teil ihres Teams zu werden. Da der Wagemutige ins Rampenlicht gerückt wird und Unterstützung anzieht, hat er Erfolg. Eines Morgens wacht er dann auf und hat das große Los gezogen – Selbstvertrauen.

Selbstvertrauen bedeutet Sicherheit!

Ist Sicherheit nicht einfach nur eine feste Überzeugung von sich selbst? Ist Unsicherheit nicht einfach nur ein mangelndes Vertrauen in die eigenen Fähigkeiten?

Wie gibt man einer Person ein Gefühl der Sicherheit? Indem man ihr die Möglichkeit bietet, Selbstvertrauen aufzubauen. Wenn man sich selbst vertrauen und auf sich verlassen kann, so ist das wahre Sicherheit. Wenn der Kommunismus Menschen vereint und sie vor Wettbewerb bewahrt, vor der Möglichkeit des Scheiterns beschützt und vor der Möglichkeit der Armut absichert, bietet er dann wirklich Sicherheit? Er mag vielleicht die Angst vor der Armut und dem Verhungern ausmerzen, allerdings darf man Folgendes nicht vergessen:

Die Abwesenheit von Angst ist kein Beweis von Mut.

Menschen mit einem Sicherheitsdenken haben möglicherweise keine Angst. Das bedeutet jedoch nicht, dass sie Mut haben. Was würde geschehen, wenn ihnen Gefahr drohte? Sie würden plötzlich feststellen, dass es ihnen an Mut mangelt. Reale Sicherheit ist Selbstvertrauen.

Selbstvertrauen als unbezahlbares Geschenk kann nur erworben werden, wenn man im Angesicht möglichen Scheiterns erfolgreich ist. Der einzige Weg zu wahrem Selbstvertrauen ist, einem Risiko ausgesetzt zu sein. Man kann Selbstvertrauen nicht erben. Jeder Einzelne, jede Generation, jede neue Regierung muss es sich verdienen. Man kann es sich nur verdienen, indem man ein achtbares Risiko, eine gewagte Sache, ein himmlisches Glücksspiel eingeht. Man kann Selbstvertrauen nicht lehren, es muss gelernt werden! Lernen kann man es nur, indem man Risiken und Wagnisse eingeht. Ein Glaube, der Berge versetzt, kommt durch den Aufbau von Selbstvertrauen und Risikobereitschaft zustande. Ohne Selbstvertrauen wird Glaube nicht wachsen und seine bergeversetzende Kraft demonstrieren.

SCHRITT 4 – ANFANGEN:

Sie haben einen Traum, Sie haben in Ihren Gedanken keinen Platz mehr für Angst – dann gehen Sie los!

Ein Traum, ein Verlangen und ein Wagnis reichen noch nicht aus. Ein Glaube, der Berge versetzt, fängt nun an zu handeln, als ob nichts die Erfüllung des Traumes verhindern könnte. Wir alle kennen Menschen, die großartige Ideen und kühne Träume haben, aber nie in die Gänge kommen. Das mag daran liegen, dass diese großen Blender auf der sicheren Seite stehen, solange sie nicht beginnen.

Glaube muss sich von der Ebene der Vorstellungskraft auf die Ebene des Gesprächs, und dann auf die Ebene der konkreten Umsetzung bewegen. Fangen Sie an! Tun Sie etwas!

Ich habe beobachtet, dass eine Sache erst dann wirklich Unterstützung findet, wenn wir anfangen, einen aggressiven Glauben auszuüben.

Gott wirkt selten ein Wunder, solange wir es nicht versuchen. Es gehört außerdem zu einem großen Glauben, dass wir uns in eine Richtung bewegen, wo wir es riskieren zu scheitern, möglicherweise unser Gesicht verlieren oder eine Niederlage einstecken. Gott lässt es nicht zu, dass uns ein demütigendes persönliches Unglück widerfährt, wenn wir ein praktisches und inspirierendes Glaubensprojekt, das einer menschlichen Not begegnet, gewissenhaft und im Gebet verfolgen. Jemand sagte einmal:

Selbst eine Schildkröte läuft nicht los,
ohne ihren Kopf herauszustrecken.

Einen der hilfreichsten Sätze, den ich je gehört habe, stammt aus dem Mund von Professor Milton Hinga, einem Geschichtsprofessor am *Hope College* in Holland, Michigan. Als er herausfand, dass noch kein Student seines Geschichtskurses mit seiner abschließenden Hausarbeit begonnen hatte, erhob er sich, lief mit ausholenden Schritten durch den Raum und sagte: »Ich werde Ihnen jetzt etwas erzählen, das wichtiger ist als alles, was Sie je hören werden!«

Man hätte eine Stecknadel fallen hören können, als sich alle Augen auf ihn richteten und auf seinen großartigen Spruch warteten. Er redete gedämpft, aber mit fester Stimme. »Es ist mir egal, ob Sie durchfallen. Es ist mir egal, ob Sie alles vergessen, was ich Ihnen in diesem Kurs beibringe. Ich möchte aber, dass Sie diesen Satz niemals vergessen.« Nach einer Kunstpause rief er laut:

»Begonnen ist halb gewonnen!«

Haben Sie eine gute Idee? Haben Sie darüber schon mit klugen Menschen gesprochen? Sind Sie zudem davon überzeugt, dass es eine praktische, inspirierende und außergewöhnliche Idee ist? Sind Sie bereit, die damit verbundenen Risiken einzugehen? Dann fangen Sie heute an.

Zu beschäftigt? Dann ist es vielleicht an der Zeit, jemanden einzustellen oder um Hilfe zu bitten.

Das ist oft der erste Schritt. Wenn Sie eine gute Idee haben, wenn kluge Menschen sich positiv dazu geäußert haben, dann zahlt es sich für Sie vielleicht aus, jemanden anzustellen, der das Projekt erfolgreich umsetzen kann. Es kann sich sogar auszahlen, Geld zu leihen, um jemanden anzustellen, der das Projekt erfolgreich ankurbelt. Das könnte ihr erster Schritt sein.

Was immer Sie auch tun – fangen Sie an! Begonnen ist halb gewonnen.

Ein Zuschauerglaube hat nicht einmal die Kraft, einen Maulwurfshügel zu bewegen. Wir können nicht erwarten, dass Gott einen Berg versetzt, wenn wir nicht einmal genug Interesse daran zeigen, anzufangen.

SCHRITT 5 – ERWARTUNG:

Viele Menschen denken, reden und fangen sogar an, nur um dann zu scheitern, weil ihr Glaube nicht groß genug war, um bis zur Erwartungsebene des Glaubens zu gelangen. Sie hatten genug Glaube, um ihre Vorstellungskraft einzusetzen. Sie hatten genug Glaube, um aufschlussreiche Gespräche mit klugen Menschen zu führen. Sie hatten genug Glaube, eine Struktur zu schaffen und das Projekt auf den Weg zu bringen. Sie hatten Vorstellungskraft, Gespräche und Strukturen. Was ihnen jedoch fehlte, war eine Erwartungshaltung. Nachdem sie ihr Unternehmen aus der Taufe gehoben hatten, fingen sie an, sich Sorgen zu machen, zu hinterfragen und daran zu zweifeln, ob sie wirklich jemals Erfolg haben würden.

Dr. Norman Vincent Peale bemerkte dazu: »Hoffnung ist die große Kraft, die Sie zum Erfolg führt. Warum? Weil eine Person, die damit rechnet zu gewinnen, sich nicht zurückhält, sondern alles in das Projekt investiert, was sie zu geben hat. Die meisten

Menschen scheitern nicht aufgrund mangelnder Fähigkeiten, Intelligenz oder Gelegenheiten, sondern sie scheitern, weil sie nicht alles geben, was sie haben.«

Wenn Sie mit dem Erfolg rechnen, dann halten Sie nichts zurück, sondern investieren Ihren letzten Groschen, hoffen auf die zweite Luft und setzen, in der Gewissheit, dass Sie es schaffen werden, Ihren unbezahlbaren Ruf aufs Spiel. Eine solch radikale Einsatzbereitschaft führt fast immer zum Erfolg. Es werden Ihnen Menschen beistehen und Ihnen zum Sieg und Gelingen verhelfen, weil sie gesehen haben, dass Sie für Ihre großartige Idee alles gegeben haben. Einer der größten gläubigen Staatsmänner überhaupt hat mit folgendem Zitat Berge versetzt:

Versuche Großes für Gott zu tun
und erwarte Großes von Gott.

Das bedeutet nicht, dass wir immer unsere Ziele erreichen werden. Es bedeutet, dass wir an unserem maximalen Potential unserer höchstmöglichen Effektivität angekommen sind. Selbst wenn das höchste Ziel nicht erreicht wird, wird die bewerkstelligte Errungenschaft zeigen, wie groß unsere maximalen Fähigkeiten sind.

Lassen Sie sich nicht entmutigen, wenn Sie nicht alles umsetzen, was Sie geplant hatten.

Wenn Sie natürlich nicht mit Erfolg rechnen, werden Sie nicht Ihre ganze Kraft, Leidenschaft und Energie einsetzen. Die Menschen, die Ihnen zum Triumph weiterhelfen könnten, werden sich unmittelbar zurückziehen. Ihre konservative und übervorsichtige Einstellung wird sich in einem ängstlichen Gesichtsausdruck niederschlagen, der andere Menschen irritieren wird und sie nicht ermutigt, Ihnen zu helfen.

Es gibt zwei Hauptgründe, warum Menschen scheitern. Beide haben ihre Wurzeln in einem fehlenden Berge-versetzenden Glauben. Menschen, die scheitern, sind häufig Personen, die (1) unentschlossen sind. Ihnen fällt es schwer, rasch eine Entscheidung zu treffen, hinter der sie stehen können. Manche Gelegenheit ist an ihnen vorübergezogen, ehe sie sich – zu spät – dafür entschieden haben. (2) Dann gibt es entschlossene Menschen, die scheitern, weil sie es nach einer Entscheidung versäumen mit einer zuversichtlichen Erwartungshaltung voranzugehen. Sie ergreifen die Gelegenheit, nur um dann die Nerven zu verlieren, kalte Füße zu bekommen und sich darüber den Kopf zu zerbrechen, ob sie die richtige Entscheidung getroffen haben. Sie haben die Hand an den Pflug gelegt, aber jetzt sehen sie sich um.

Möchten Sie erfolgreich sein? Entwickeln Sie die Fähigkeit, Gelegenheiten versiert einzuschätzen, schnell wahrzunehmen und sie dann mit Zuversicht voranzutreiben.

SCHRITT 6 – BEKENNTNIS:

Glaube bedeutet, Erfolg zu bekennen, bevor er kommt. Glaube bedeutet, den Sieg zu beanspruchen, bevor er erlangt ist. Das ist sehr schwer, aber außerordentlich wichtig.

Normalerweise hält uns ein inneres Gefühl der Bescheidenheit und Aufrichtigkeit davon ab, uns öffentlich zu einem erwarteten Erfolg zu äußern. Wir empfinden jegliche Bekundungen eines Erfolgs, der noch nicht direkt vor unseren Füßen liegt, als sündige Anmaßung und stolze Angeberei. Deshalb fühlen wir uns ganz natürlich dazu gezwungen, nichts zu sagen, auf das Beste zu hoffen und erst dann die frohe Botschaft zu verkündigen, wenn wir triumphiert haben.

War der heilige Paulus bescheiden, als er sagte: *»Ich vermag alles durch den, der mich stark macht – Jesus Christus«?* Hat er vielleicht ein bisschen übertrieben? Hat er dieses Bekenntnis wirklich wortwörtlich gemeint? Oder war das eine radikale Ausübung einer Berge-versetzender Glaubensaussage?

In Wahrheit sind Menschen, die Berge versetzen, Personen, die mutig den Erfolg voraussagen. Sie wissen, dass »Ratten das sinkende Schiff verlassen«. Sie wissen, dass nichts so erfolgreich ist wie der Erfolg selbst. Sie wissen, dass niemand gerne einem Verlierer nachfolgt. Sie wissen, dass sie ein Gewinner-Image vermitteln müssen, sonst werden sie nie eine Gefolgschaft aufbauen können, die sie zum Erreichen ihrer Ziele brauchen. Ihre mutige Voraussage, ihre ungenierte Bekundung ist daher keine Überheblichkeit – noch ist es Unaufrichtigkeit – noch hochnäsiger Stolz – es ist TIEFER GLAUBE! Es ist ein Glaube, der den sechsten Schritt wagt.

Bekenntnis – das ist ein Glaube, der Begeisterung erzeugt.

Starke Bekenntnisse vergrößern die Erwartungshaltung und rufen große Begeisterung hervor.

Wenn Sie den Erfolg bekennen, werden Sie sich selbst dabei sehen, wie sie gewinnen. Wenn Sie sich selbst beim Gewinnen sehen, wird diese unergründliche Kraft der Begeisterung mit einem Mal ihr Sein durchströmen.

Da begeisterte Menschen glückliche Menschen sind, haben sie Energie und große Ambitionen.

Begeisterte Menschen sind daher Personen, die eine Wohltat für die Seele sind, die Stimmung fördern, Talente anziehen und Hoffnung erzeugen.

Da überrascht es nicht, dass begabte Menschen von diesen bekennenden Menschen wie von einem Magneten angezogen werden und diese großzügig ihre Fähigkeiten, Zeit und Geld zur Verfügung stellen, um mitzuhelfen, den aufregenden Traum zu erfüllen.

»Erzähle den Menschen mit Überzeugung, dass du gewinnen wirst«, riet ich einem jungen Mann, der bei einer politischen Wahl antrat. »Wenn ich aber verliere? Was soll ich denn dann sagen?« Meine Antwort kam wie aus der Pistole geschossen: »Wenn du verlierst, gehe direkt auf sie zu und sage: ›Zumindest habe ich daran geglaubt, dass ich gewinnen werde!‹ Kannst du dich an irgendwen erinnern, der eine Wahl gewonnen hat und vorher seinen Sieg nicht vorausgesagt hat?«

Eines ist sicher: Wenige Menschen können ganz alleine Berge versetzen. Sie werden nie Menschen dazu begeistern oder inspirieren, Ihnen zu helfen, solange Sie ihnen keine große Hoffnung auf einen letztendlichen Erfolg machen können.

Ist Ihr Glaube groß genug, dass Sie den Erfolg voraussagen, ehe er in greifbarer Nähe liegt?

SCHRITT 7 – WARTEN:

Der Glaube, der Berge versetzt, ist ein Glaube mit großer Durchhaltekraft.

Sie haben das seichte Wasser hinter sich gelassen, jetzt reicht es Ihnen bis über den Kopf, Sie haben den großen Sprung gewagt, Sie haben keinen Boden mehr unter den Füßen, haben jedoch auch noch nicht angefangen zu schwimmen. Das ist die Phase des Glaubens, in der man ins Schwitzen gerät.

In jeder Entwicklung erreicht man einen Punkt, wo Sie etwas gedacht, angefangen, erwartet und bekannt haben. Jetzt haben Sie einen Punkt erreicht, wo Sie nicht mehr umkehren können, aber auch noch nicht wissen, ob Sie letztlich Erfolg haben werden. Große und unerwartete Probleme stellen sich Ihnen in den Weg. Sie können jedoch nicht mehr zurückweichen, Sie können nicht davonlaufen, Sie können nur noch weitermachen und auf das Beste hoffen.

Warten – das ist Glaube in tiefen Gewässern. Beinahe jedes Vorhaben macht eine Zeit durch, in der die Probleme überwältigend sind. In dieser Zeit müssen Sie sich daran erinnern, dass ein Berge-versetzender Glaube ein Glaube ist, der die Kraft für Warteschleifen hat.

Entmutigte Menschen haben mich immer wieder gefragt: »Pastor, ich habe gebetet, aber bei mir scheint das nicht zu funktionieren. Ich habe versucht, an Gott zu glauben, aber das bringt mich wohl auch nicht weiter. Was stimmt mit meinem Glauben nicht?« Fast jedes Mal muss ich ihnen den Rat geben, dass ihrem Glauben eine wesentliche Zutat fehlt. Diese kräftigende Zutat ist Geduld.

Glaube ist Geduld!

Wirklich erfolgreiche Menschen sind Personen, die wissen, dass jedes Projekt durch Zeiten geht, in denen man nichts als warten kann. Die Gefahr dieser aufzehrenden Zeiten liegt in der Versuchung, alles hinzuwerfen.

Vor neun Jahren teilte ich einem klugen Freund meinen Traum von einer Kirche mit und bat ihn um Rat. Er sagte mir: »Nun, Robert, das ist eine großartige Idee. Das Einzige, was du jetzt wohl machen kannst, ist warten, damit sich das Vorhaben ganz natürlich entfalten kann.« Es war ein gesunder, vernünftiger und nachvollziehbarer Rat. Ich werde es nie vergessen, wie er das Wort »entfalten« betont hat. Jedes Projekt, jedes Problem, jedes Unternehmen kommt an einen Punkt, an dem wir nichts weiter tun können, als zu warten.

Das trifft insbesondere zu, wenn wir – wie es scheint – einen Misserfolg oder einen herben Rückschlag erlebt haben. Erfolgreiche Menschen sind Personen, die sich weigern, an Niederlagen zu glauben. Ihre unendliche Geduld erzeugt eine fantastische Widerstandsfähigkeit. Wo der Durchschnittsmensch aufgeben würde, hält der MÖGLICHKEITSDENKER dagegen, weil er sich sicher ist, dass irgendwie, irgendwann eine neue Gelegenheit des Weges kommen wird, die ihn aufrichten und zum Erfolg führen wird.

Gehen Sie in Ihrem Privat- oder Berufsleben gerade durch eine harte Zeit? Wenn Sie einen geduldigen Glauben haben, werden Sie diese großen Schwierigkeiten überwinden und sich durchsetzen. Die Zeit beweist immer wieder, dass ein scheinbarer Rückschlag in Wirklichkeit Glück ist, das sich verkleidet hat.

Ein Berge-versetzender Glaube ist ein Glaube, der in der Warteschleife verharren kann, wenn der Druck immer größer und stärker wird und uns überwältigen will.

Ein starker Glaube ist schlicht ein Glaube, der nicht aufgibt.

Wenn Sie einfach nicht mehr können, sind Sie womöglich für die tiefste Ebene des Glaubens bereit. Denn es gibt Zeiten, in denen Glaube eines bedeutet – Kapitulation.

SCHRITT 8 – ANNAHME:
(MANCHMAL AUCH KAPITULATION GENANNT.)

Wir alle befinden uns manchmal in Situationen, in denen sich unser Berg, trotz all unserer Bemühungen, nicht im Geringsten bewegt.

Dann, so scheint es mir, bleibt uns eigentlich nur noch übrig, das durchdringende Gebet des Glaubens zu sprechen, das Jesus Christus als Erster sprach. Als Ihm der Tod durch Kreuzigung unmittelbar drohte, sprach Er dieses glaubensschwangere Gebet: »Mein Vater, alles ist Dir möglich. Doch nicht mein, sondern Dein Wille geschehe!« »Dein Wille geschehe« überragt alle menschlichen Äußerungen als die höchste Bekundung des Glaubens in seiner größten Tragweite!

Ein Berge-versetzender Glaube bedeutet Kapitulation – loszulassen und Gott übernehmen zu lassen. »Dein Wille geschehe« ist fraglos die stärkste Glaubensaussage, die je aus dem Munde eines Menschen kommen kann.

Vielleicht fehlt Ihnen genau das, wenn sich Ihr Berg nicht rühren will. Wenn Ihr Berg sich trotz all Ihrer Bemühungen nicht bewegt, möchte ich Ihnen empfehlen, dieses wunderwirkende Gebet zu sprechen: »Dein Wille geschehe.«

Vor nicht allzu langer Zeit verlor ein attraktiver junger Mann seine Frau. All unsere Versuche schlugen fehl, ihm dabei zu helfen, den Berg seiner Trauer zu überwinden, der einen dunklen Schatten der Verzweiflung auf seine Seele warf. Dann kam der Tag der Beerdigung. Im Stillen betete ich leise für ihn. Nachdem alle die Kapelle verlassen hatten, stand ich mit dem trauernden Mann allein vor dem Sarg. Dann geschah das Wunder. Mit tränenüberströmtem Gesicht blickte er nach oben und betete: »Herr, ich gebe sie Dir zurück.« Sein Glaube erhob sich in schwindelerregende Höhen. Mit einem Mal stand er wieder aufrecht und gerade! Während er seine Fassung auf faszinierende Weise wiedererlangte, sah er mich an und sagte: »Sie ist jetzt in guten Händen.« Er verließ die Kapelle mit erhobenem Haupt und starken Schrittes. Er hatte kapituliert und sie Gott anvertraut. In der Kapitulation fand sein Glaube die Kraft, den Berg der Trauer fortzubewegen. So fiel der warme Sonnenschein des Friedens in sein Herz.

Wie können Sie Ihre Träume oder Ihre Probleme Gott übergeben? Ich kann Ihnen nur berichten, was mir geholfen hat. Je länger ich mich mit dem Wesen des Menschen befasse, desto mehr realisiere ich, dass nur Gott wirklich weiß, was gut und was schlecht für uns ist. Die bekannte Geschichte vom Chinesen, der ein Pferd und einen Sohn hatte, gehört zu meinen Lieblingsgeschichten. Eines Tages riss sein Pferd aus und verschwand in die Freiheit der Berge. An diesem Abend versammelten sich die Nachbarn und redeten so daher: »Dein Pferd ist ausgebrochen? Was für ein Unglück!« »Warum?«, erwiderte der alte Chinese. »Woher wollt ihr denn wissen, dass das ein Unglück ist?« Tatsächlich kehrte das Pferd in der kommenden Nacht zu seiner vertrauten Koppel zurück, um wie immer gefüttert und getränkt zu werden – gefolgt von zwölf wilden Hengsten! Der Sohn des Bauern bemerkte die dreizehn Pferde auf der Koppel, schlich sich heraus und verschloss das Gatter. Mit einem Mal hatte er dreizehn Pferde anstatt einem. Die Nachbarn erfuhren die gute Nachricht und kamen sich unterhaltend zum Bauern: »Oh, du hast dreizehn Pferde! Was für ein Glück!« Darauf antwortete der alte Chinese: »Woher wollt ihr denn wissen, dass das Glück ist?« Einige Tage später versuchte sein starker junger Sohn einen der wilden Hengste zu zähmen, nur um abgeworfen zu werden und sich das Bein zu brechen. An jenem Abend kamen die Nachbarn von der Arbeit nach Hause und urteilten schon wieder vorschnell: »Dein Sohn hat sich das

Bein gebrochen? Was für ein Unglück!« Wiederum erwiderte der kluge Vater: »Woher wollt ihr denn wissen, dass das ein Unglück ist?« Einige Tage danach kam jedenfalls ein chinesischer Kriegsherr durch die Stadt und zog alle körperlich gesunden jungen Männer ein, nahm sie in den Krieg, und sie kehrten nie zurück. Der junge Mann jedoch wurde gerettet, weil er sein Bein gebrochen hatte. Gott allein weiß, was gut und was schlecht für uns ist.

»*Das eine aber wissen wir: Wer Gott liebt, dem dient alles, was geschieht, zum Guten.*« (Römer 8, 28) Wenn wir diese Lektion lernen, können wir auch das Kapitulationsgebet des tiefsten Glaubens sprechen: »Dein Wille geschehe.«

Wenn sich Ihr Berg einfach nicht bewegen will, dann kapitulieren Sie und geben Sie ihn an Gott ab. Er wird ihn dann entweder versetzen oder Ihnen zeigen, wie Sie daraus eine Goldmine oder ein Denkmal machen können.

»Ich bin wieder schwanger. Vielleicht wird es ja ein Mädchen, das wir uns immer gewünscht haben. Unsere vier Jungs freuen sich so!« Es war Sara Rasmussen, die meine Frau anrief. »Weißt du«, fuhr sie fort, »wir hatten die Hoffnung auf ein weiteres Kind beinahe schon aufgegeben.« Lachend sagte sie noch: »Wir üben Möglichkeitsdenken. Es ist einfach möglich, dass wir noch eine Tochter bekommen.«

Die Frauen aus der Kirche planten eine Babyshower[38] für Sara. »Think pink«[39] war das Motto der Party, das allen eingeladenen Frauen gegeben wurde. Als die überraschte Mutter in spe in den Raum kam, sah sie rosa Blumen, rosa Bändchen, und alle Geschenke waren in rosa Papier eingewickelt.

Einige Wochen später, zum Klang von Weihnachtsmusik, rief ihr Mann Norm mit der aufregenden Neuigkeit an: »Wir haben unsere Tochter! Sie heißt Leah. Sowohl Mutter als auch Kind geht es gut.«

Als Norm zwei Wochen später wieder anrief, ging meine Frau Arvella ans Telefon. Dieses Mal sprach er stockend und bekümmert. »Der Arzt hat uns heute eine furchtbare Mitteilung gemacht. Leah leidet am Down-Syndrom. Sie wird wahrscheinlich nur ein paar Jahre alt werden.«

38 Amerikanischer Brauch, bei dem die Freundinnen einer werdenden Mutter eine Party ausrichten und ihr Geschenke für das Kind überreichen.

39 Freie Übersetzung: Sieh alles rosarot

Ich fuhr bei ihnen vorbei. Sara öffnete mir auf mein Klingeln. Sie hatte feuchte Augen, brachte aber ein tapferes Lächeln zustande. Wir setzten uns hin. Zusammen beteten wir das Gebet der Annahme: »O Gott, gib uns den Mut, zu verändern, was wir ändern können, den Glauben, anzunehmen, was wir nicht ändern können, und die Weisheit, das eine vom anderen zu unterscheiden. Dein Wille geschehe. Amen.«

Ich erinnerte Sara an Dale Evans und Roy Rogers: Wie Gott ihnen ein kleines Baby schenkte, das wie Leah ein besonderes Kind war; wie dieses kleine Wesen ein paar Jahr später starb, und wie Dale die Geschichte in einem Buch mit dem Titel *Angel Unawares*[40] zusammenfasste.

Als man Sara und Norm nahelegte, Leah in ein Heim zu geben, beteten sie um Führung und berichteten mir von ihrer Entscheidung: »Für einige Familien wäre das die richtige Entscheidung, aber wir sind stark und die Jungs lieben das Baby so sehr. Wir wissen, dass es Gottes Wunsch ist, dass sie bei uns zu Hause bleibt, wo wir sie alle lieben können.«

Das war vor acht Jahren. Letzte Woche erhielt meine Frau wieder einen Anruf von Sara. »Wie geht's dir, Sara? Wie geht's Leah?« Mit der lauten Stimme einer viel beschäftigten Hausfrau antwortete sie: »Leah geht's gut. Weißt du, ich habe jetzt vier.« »Vier? Was meinst du damit?«, fragte meine Frau. »Nun, wir haben drei weitere außergewöhnliche Kinder wie Leah gefunden, deren Eltern sie nicht aufziehen konnten oder wollten. Wir haben sie als Pflegekinder aufgenommen. Ich habe mich für eine Karriere als Hausfrau entschieden, die ihre Liebe an andere weitergibt. Deshalb haben wir diese Kinder bei uns zu Hause aufgenommen. Leah liebt sie einfach. Sie ist nicht mehr einsam. Wir waren nie so glücklich wie heute.«

Als ich Norm fragte, ob ich ihre Geschichte meinen Lesern erzählen dürfe, erwiderte er: »Ja, und sag ihnen, dass sich in jeder Situation, die Gott des Weges kommen lässt, wunderbare Gelegenheiten für Liebe und Freude verbergen. Wir *lieben* Leah nicht mehr als die vier Jungs, aber wir *freuen* uns mehr an ihr. Weißt du, wir haben Leah vollkommen als Person akzeptiert. Wir rechnen damit, dass sie beizeiten schwierig ist, deshalb regen uns ihre schwierigen Tage auch nicht auf. Wir erwarten von ihr nicht, dass sie perfekt ist. Also lieben wir sie so, wie sie ist –

40 Wörtliche Übersetzung: Unerwarteter Engel

mit all ihren Fehlern! Seit wir gebetet haben ›Dein Wille geschehe‹, ist sie einer der größten Segen unseres Lebens geworden.«

Ein Glaube, der Berge versetzt, besteht aus Träumen
Verlangen
Wagnis
Anfangen
Erwartung
Bekenntnis
Warten
Fügung

Wie bekommen Sie einen solchen Glauben?

Indem Sie den GRÖSSTEN MÖGLICHKEITSDENKER ALLER ZEITEN kennenlernen.

XIV. Der größte Möglichkeitsdenker aller Zeiten

Alles schien dagegen zu sprechen, dass ER je ein MÖGLICHKEITSDENKER sein würde.

Erstens war Er Jude. Die Welt war den Juden jedoch übelgesinnt. Er hatte keine Chance. Besonders weil Er hinter dem »römischen Vorhang« lebte. Er war Nazarener. Selbst die vornehmen Juden in Jerusalem schauten auf einen Nazarener aus Galiläa herab. Armer Kerl, Er kam einfach im falschen Viertel auf die Welt. Jeder wusste, dass Nazareth die schmutzigste und heruntergekommenste Stadt im ganzen Land war. Sie war der Verkehrsknotenpunkt der Welt, und das war gleichbedeutend mit Verdorbenheit. »Kann aus Nazareth etwas Gutes kommen?«, fragten die Hochnäsigen.

Sein Vater war ein einfacher Handwerker. Infolgedessen wuchs Er in Armut auf. Tag und Nacht musste Er arbeiten, um genug Geld zu verdienen, damit Er seine Steuern bezahlen konnte. Nie besaß Er ein eigenes Zuhause. Einmal sagte Er: *»Die Füchse haben ihren Bau, die Vögel ihre Nester, aber der Menschensohn hat keinen Platz, an dem er sich ausruhen kann.«* (Lukas 9, 58) Es schien Seine Lust am Leben jedoch nicht im Geringsten zu verringern.

Das Wunder Seines Lebens war, dass Er von dem ansteckenden geistigen Zustand, den wir UNMÖGLICHKEITSDENKEN nennen, nicht einmal infiziert wurde. Von Natur aus hätte Er jeden erdenklichen Grund gehabt, ein Unmöglichkeitsdenker zu werden.

Er hätte sich darüber hinaus beschweren können, dass Er eigentlich nie wirklich gute Gelegenheiten gehabt hatte. Ihm war es nie vergönnt, eine der großen Städte zu besuchen – Alexandria, Athen oder Rom. Als kleiner Junge war Er einmal in Jerusalem gewesen. Er stattete dem Tempel einen Besuch ab. Das hatte einen großen Eindruck auf Ihn hinterlassen. Er selbst hinterließ auch einen großen Eindruck bei den Rabbinern.

Das Schlimmste jedoch war, dass Er keine »Beziehungen« hatte. Er kannte die richtigen Personen schlichtweg nicht. Er konnte keinen Eindruck schinden, indem Er große Namen fallen ließ. Es wäre Ihm nicht einmal möglich gewesen, ein solcher Wichtigtuer zu sein. (Einmal davon abgesehen, dass der Allmächtige und Er sehr gute Freunde waren.) Zu welchem Menschentyp fühlte Er sich hingezogen? Nicht zu den VIPs. Nicht zu den Mächtigen von Industrie, Politik, Gesellschaft, Regierung, Erziehungswesen, des Handels oder der Religion.

Zu welchem Menschentyp fühlte Er sich hingezogen? Zu jedem Menschen, der in großen Dimensionen denken und glauben und sich große, wundervolle Träume vorstellen konnte.

- Ein Fischer, der fähig war zu glauben, dass er Jemand sein konnte.
- Eine kranke Frau, die es wagte, an ihre Heilung zu glauben.
- Eine Prostituierte, die sich vorzustellen wagte, eine Dame zu sein.
- Ein unehrlicher Politiker, der es wagte zu glauben, dass er seine verlorene Würde wiederherstellen könne.

Warum zogen Ihn diese Menschen an? Weil Er nur dieser Art von Menschen helfen konnte! Es waren auch die einzigen Menschen, die Ihm helfen konnten. Er wollte das Unmögliche vollbringen. Er wollte die Welt verändern. Er war davon überzeugt, dass Er es mit den richtigen Menschen und mit der richtigen Einstellung schaffen kann, die Welt auf den Kopf zu stellen. Es mussten jedoch MÖGLICHKEITSDENKER sein.

Er bemühte sich darum, aus ihnen MÖGLICHKEITSDENKER zu machen: »*Wenn euer Glaube nur so groß wäre wie ein Senfkorn, könntet ihr zu diesem Berg sagen: ›Rücke von hier dorthin!‹, und es würde geschehen. Nichts wäre euch unmöglich!*« (Matthäus 17, 20)

»Ihr könnt alles erreichen, Männer, solange ihr es nicht allein versucht. Keiner kann alles allein schaffen. Gott ist in mir und Gott kann auch in euch sein. Ihr braucht Gott. Eine Rebe kann keine Früchte tragen, wenn sie vom Weinstock abgeschnitten ist. Ihr seid Kinder Gottes. Ihr seid Gottes Weinstöcke in dieser Welt. Ihr könnt ein fruchtbares Leben führen. Versucht aber nicht, euch von seiner Kraft zu trennen. Er ist die Wurzel. Ihr seid die Zweige.«

»Denn ohne mich könnt ihr nichts ausrichten« (Johannes 15, 5), sagte Er. Sie schenkten Ihm ihr ganzes Vertrauen, als Er sagte: *»Ihr seid das Licht der Welt. Ihr seid das Salz der Erde.«* (Matthäus 5, 13-14) Niemals hat Er sie »Sünder« genannt. In jedem dieser Männer sah Er einzigartige Möglichkeiten. Wie sehr versuchte Er, ihnen das Gefühl für Selbstwert und Wurde zu vermitteln, das ihnen gebührte! Schließlich waren sie doch Menschen, Kinder Gottes.

Ja, Er hätte ein Unmöglichkeitsdenker sein können. Denn Er hatte nicht wirklich viel Zeit, etwas Bedeutendes zu tun. Er wurde mit nur dreiunddreißig Jahren getötet. So starb er. Unverheiratet. Kinderlos. Bettelarm. Die Römer, die Ihn ans Kreuz geschlagen hatten, würfelten um sein Gewand. Danach gab es nichts mehr. Die Menge ging nach Hause. Er war nun tot. Selbst dieser Tod war für Ihn jedoch Seine große Gelegenheit! Was für ein MÖGLICHKEITSDENKER! *»Wenn ich aber erhöht sein werde, werde ich dafür sorgen, dass alle bei mir sind«* (Johannes 12, 32), hatte Er gesagt.

Ja, Er sah alles als eine Gelegenheit an! Als Er mit seinen Händen an ein Holzkreuz genagelt war, benutzte er Seine Kreuzigung als eine beispiellose Gelegenheit, der Welt ein für alle Mal zu sagen:

Es gibt keine Schuld, die Gott nicht vergeben kann.

Deshalb betete Er: *»Vater, vergib Ihnen, denn sie wissen nicht, was sie tun.«* (Lukas 23, 34) So wurde das Kreuz zu einem freudigen Symbol, das die Welt daran erinnert, dass Gott jede Sünde vergeben kann, wenn Er imstande ist, diese furchtbare Folter an einem unschuldigen Christus zu vergeben. Nachdem Er gestorben war, nahmen Ihn ein paar Freunde vorsichtig ab, wickelten Seinen nackten Körper behutsam ein und legten Ihn in ein geliehenes Grab.

»Das war es dann!«, dachte die Menge, die ihre blutige Tat vollbracht hatte. »Gut, dass wir Ihn los sind«, dachten seine Feinde. Er hatte Feinde. Es gab ein Übel, das Er nicht tolerieren konnte: »scheinheilige Religion«. Darauf legte Er immer wieder seinen Finger, und das hatte ihn in Schwierigkeiten gebracht.

Die Kreuze wurden abgebaut. Schon bald würden Staub und Sand die Löcher im Boden füllen. Wie Sein Körper waren Seine »große Idee«, Sein grandioser Traum und Sein übertriebenes

Reden tot. Seine Nachfolger hatten sich in alle Winde zerstreut. Sie waren, ganz offen gesagt, vor Furcht erstarrt. Würden sie als nächstes dran glauben müssen? Keine Bewegung war offensichtlich so sehr am Ende wie Seine an jenem Tag. Denn Er war gestorben. Er hinterließ keine Aufzeichnungen. Keine Organisation. Kein Land. Kein Hauptquartier. Nur den gewaltigen Gedanken, dass jeder Mensch beinahe alles erreichen kann, wenn er nahe bei Gott lebt und genug Glauben hat.

Das war seine große Idee.

Sein Tod schien Ihn jedoch eines Besseren zu belehren. Doch dann geschah etwas.

Was auch immer es war, seine besiegten und geschlagenen Kameraden, die am Boden zerstört gewesen waren, waren auf einmal von einem so starken Glauben in Brand gesetzt, wie es ihn in der Geschichte der Menschheit noch nicht gegeben hatte.

Denn er war ihnen wieder erschienen. Er lebte!

Dieser große MÖGLICHKEITSDENKER!

»Natürlich gibt es einen Gott! Ich habe Ihn gesehen!«

»Natürlich gibt es ein Leben nach dem Tod! Ich war dort, um ein für alle Mal eine Antwort zu geben!«

»Natürlich hört und erhört Gott Gebete!«

»Natürlich könnt ihr losziehen, um die Welt zu verändern! All das ist möglich!«

Er kehrte zurück, um ihnen das zu sagen, und diese mutlosen Nachfolger wurden die kühnsten Männer der Geschichte. Sie verließen ihre Verstecke und gingen auf die Straße. Eines steht fest: Sie waren davon überzeugt, dass sie ihren Lehrer lebend wiedergesehen hatten. Sie waren alle so sehr davon überzeugt, dass sie an den Straßenecken predigten, wo sie ein paar Tage zuvor Angst hatten, sich überhaupt zu zeigen. Es kümmerte sie nicht, ob sie dabei ihr Leben aufs Spiel setzten. »Ihr seid doch betrunken«, sagte jemand.

»Wohl kaum«, antworteten sie. »Tatsache ist, dass Christus, der hingerichtet worden ist, immer noch lebt! Wir haben Ihn gesehen. Wir haben mit Ihm gesprochen.«

Aus diesen Unmöglichkeitsdenkern wurden so die größten MÖGLICHKEITSDENKER der Welt. Nichts konnte sie aufhalten. Nichts konnte sie davon abhalten, Erfolg zu haben. Sie hatten endlich den Geist ihres MÖGLICHKEITSDENKENDEN Meisters vollkommen übernommen. Sie waren nun veränderte Menschen.

Die inspirierende Geschichte des jüdischen Volkes ist voller

Erzählungen vieler beherzter, herausragender und tapferer Männer. Aber diese Schar von Gott inspirierter Juden bleibt unübertroffen, was Mut, Zuversicht und Entschlossenheit betrifft.

Denn nun hatte sie endlich die Kraft Seines lebendigen Geistes überwältigt! Seine letzten Worte waren: »Geht nun in alle Welt und predigt dieses Evangelium jeder Schöpfung. Fangt hier in Jerusalem an. Geht dann an die äußersten Enden der Erde.«

Wenn sie die moderne Terminologie verstanden hätten, hätte er vielleicht gesagt: »Ich erwarte, dass wir eines Tages Zweigstellen in London, Berlin, Paris, Rom, Tokio, Rio de Janeiro, New York, Chicago und Los Angeles haben.«

In welch großen Dimensionen dieser Mann dachte! Was für ein großartiger Plan! Was für ein Vorhaben, die Welt zu erobern! Der größte MÖGLICHKEITSDENKER der Welt!

Auch wenn Er sich dessen nicht bewusst war, stand dieser MÖGLICHKEITSDENKER kurz davor, Sein größtes Problem zu lösen. Er hatte nämlich ein bedeutendes Problem auf dieser Erde. Es schien ein »unlösbares Problem« zu sein. Er konnte zu einem bestimmten Zeitpunkt immer nur an einem Ort sein.

Kürzlich sagte jemand zu mir: »Es ist einfach schade, dass Er heute nicht da ist. Wir könnten Ihn wirklich gebrauchen.« Traurig fügte er hinzu: »Warum musste Er eigentlich sterben?« »Sterben? Er ist nicht tot«, erwiderte ich. »Mir scheint Sein Geist heute sehr, sehr lebendig zu sein.«

»Er ist einfach Seinen Körper losgeworden«, erklärte ich weiter und fügte hinzu: »Das war das größte Problem, dem Er gegenüberstand. Er hatte einen Körper, womit Er zu einer gewissen Zeit nur an einem bestimmten Ort sein konnte. Während Er im Norden war, hätte Er auch im Süden sein sollen. Ich glaube, dass Er sich oft gedacht hat: ›Ich wünschte mir, ich hätte eine Million Körper. Eine Million Herzen. Eine Million Zungen. Zwei Millionen Hände. Ich wünschte mir, ich könnte an einer Million Orte zugleich sein.‹«

Also dachte Er sich diesen brillanten Plan aus, wie er das Problem Seines Körpers lösen könnte, und sandte Seinen lebendigen heiligen Geist in die Gedanken vieler Millionen von Menschen jeden Volkes, in jede Stadt, in jedes Land und auf die ganze Welt! Das war Sein Weg, wie Er an vielen Millionen Orten zugleich sein konnte!

Sie werden es vielleicht nicht glauben! Er lebt heute – in gerade diesem Moment – und schickt Seine Botschaften in die Gedanken der Menschen. Ihr Gehirn wurde ganz bewusst so geschaffen, dass es die geistlichen Signale Gottes in Gestalt von Ideen, Impulsen und Stimmungen empfangen kann. Jesus Christus ist gerade damit beschäftigt, Ihnen eine Nachricht zu senden. Sie nimmt in Ihrem Kopf die Gestalt eines »Möglichkeitsgedanken« ein. Hören Sie darauf! Reagieren Sie darauf, und Christus kann in Ihnen leben!

Jesus Christus wäre gerne immer dort, wo Sie sind. Er kann dort sein, indem Er ein Teil Ihrer Gedanken, Gefühle und Handlungen wird. Lassen Sie Christus in Ihr gesamtes Sein kommen und

- *Sie werden Dinge äußern*, die Sie schockieren.
  »Habe ich das gerade gesagt?«, werden Sie sich fragen.
- *Sie werden plötzlich auf Ideen kommen*,
  die Sie in Erstaunen versetzen werden.
  »Ist mir das gerade eingefallen?«, werden Sie sich wundern.
- *Sie werden starke Gefühle entwickeln*
  für Menschen, die Ihnen bisher gleichgültig waren.
  »So bin ich eigentlich nicht«, werden Sie sich eingestehen.
- *Ihnen werden plötzlich Impulse kommen*,
  den weniger Glücklichen zu helfen,
  Ihre schlechten Gewohnheiten zu ändern.
  Und langsam begreifen Sie, dass
  CHRISTUS TATSÄCHLICH IN IHNEN LEBT!

Wie ein anderer Jude es bereits vor Hunderten von Jahren ausdrückte, werden auch Sie sagen: *»Ich vermag alles durch Christus, der mich stark macht.«* Selbstverständlich! Christus schickt Ihnen weiterhin großartige Möglichkeitsgedanken. Wenn wir mit unüberwindbaren Hindernissen konfrontiert sind, »kommt uns ein Gedankenblitz«. Wir können einfach nicht geschlagen werden, wenn wir mit diesem lebendigen, großartigen Wesen in Verbindung stehen. Wir entdecken unzählige Gelegenheiten um uns herum. Immer. Alle Tage unseres Lebens. *»Gehört jemand zu Christus, dann ist er ein neuer Mensch. Was vorher war, ist vergangen, etwas Neues hat begonnen.«* (2. Korinther 5,17)

Es gibt Millionen solcher Menschen auf der ganzen Welt. Sie sind von Christus erfüllt. Jesus Christus ist heute wahrhaftig lebendiger als vor zweitausend Jahren.

Christus lebt und arbeitet also in dieser Welt.

Er lebte in den Gedanken der ersten amerikanischen Astronauten, die durch das Weltall schwebten.

Indem Er den Verstand, die mitfühlenden Herzen und den starken Willen bewährter Männer und Frauen benutzt, lehrt, heilt, erfindet, verhandelt, vergibt und beruhigt Er auch heute noch. Wo immer Sie sich gerade befinden und was immer Sie gerade tun – wenn Sie in irgendeiner Hinsicht mit einer anderen Person in Kontakt stehen – können Sie sicher sein, dass Christus Sie gebrauchen kann. In Ihnen und durch Sie möchte Er auf dieser Erde weiterleben. Das ist die alles überragende Möglichkeit des menschlichen Lebens.

> Christus hat keine anderen Hände als unsere Hände, um Sein Werk heute zu tun.
> Er hat keine anderen Füße, als unsere, um die Menschen auf dem Weg zu begleiten.
> Er hat keine andere Zunge als unsere Zungen, um den Menschen zu erzählen, wie Er starb.
> Er hat keine weitere Hilfe als unsere, um die Menschen zu sich zu ziehen.

XV. Und jetzt – Erfolgreich sein als Möglichkeitsdenker

Sie haben nun gelernt, wie Sie erfolgreich sein können, wenn Sie:

AUFHÖREN mit der selbstzerstörerischen und trügerischen
Gewohnheit, Ihre Fehler zu verteidigen,
eine Erklärung für Ihre Sünden zu finden,
Ihr Scheitern zu entschuldigen und
Ihr mangelndes Urteilsvermögen zu beschönigen.

SCHAUEN Sie tief in sich selbst
und erkennen Sie die schlummernden Möglichkeiten, die darauf warten, geweckt zu werden.

ACHTEN auf konstruktive Kritik,
auf sinnvolle Hinweise und ehrliche Ratschläge,
die Ihnen echte und aufrichtige Freunde schon seit Jahren zu geben versuchen.

ERKENNEN UND ERGREIFEN SIE NUN DIE MÖGLICHKEITEN, DIE IN IHNEN STECKEN

Wenden Sie Möglichkeitsdenken an, um Gefühle der Minderwertigkeit, Unzulänglichkeit und Bedeutungslosigkeit zu überwinden. Werden Sie selbstbewusst und überraschen Sie sich und die Menschen in Ihrem Umfeld. Lernen Sie, mit sich selbst zu leben und genießen Sie es. So wird es Ihnen gelingen:

1. VERSTEHEN SIE SICH SELBST und die Menschen in Ihrer Umgebung. Lassen Sie sich nicht täuschen. Die Menschen sind an Ihrem Äußeren nicht so sehr interessiert, wie an Ihrer Persönlichkeit. Sie können zwar Ihr Aussehen nicht verändern, Ihre Persönlichkeit allerdings schon.

2. BRECHEN SIE DEN BANN: Sie haben sich vielleicht jahrelang eingeredet, dass Sie entweder unzulänglich, minderwertig, unattraktiv, uneffektiv, unbegabt und nicht intelligent sind, oder zu wenig Optimismus, Charme, Würde und Gelassenheit haben, bis Sie selbst all diese negativen Lügen geglaubt haben! Wenn das Ihre Gedanken sind – ändern Sie sie.
3. BRECHEN SIE DEN BANN, INDEM SIE SICH WIEDER HYPNOTISIEREN mit Gott-gefüllten Bestätigungen: *»Ich vermag alles durch Christus, der mich stark macht.«*
4. NEHMEN SIE SICH SELBST AN. Hören Sie damit auf, gegen Ihre Abstammung zu kämpfen. Hören Sie damit auf, Ihre Vergangenheit zu hassen. Ganz egal, wo Sie geboren wurden, welche Hautfarbe Sie haben oder welchen Dialekt Sie sprechen: Gott hat Sie so geschaffen, wie Sie sind, weil Er wollte, dass Sie anders sind! Unterscheidbar! Er mag Seine Schöpfung. Warum tun Sie das nicht auch?
5. BILDEN SIE SICH FORT. Nichts unterstützt Ihre Selbstachtung so sehr wie Fortschritte, die Sie machen. Lesen Sie jede Woche etwas, das Ihren Verstand herausfordert. Vergrößern Sie Ihr Wissen und Ihr Verständnis von Menschen und Dingen. Kurz gesagt: Hören Sie nicht auf zu wachsen. Hören Sie nicht auf, Ihre Interessensgebiete zu erweitern. Solange Sie nicht den Entschluss fassen, mit dem Wachsen aufzuhören, sind Sie nicht alt. Stillstand führt zu Selbstverdruss.
6. WERDEN SIE IN IRGENDEINEM BEREICH HERAUSRAGEND. Wenn wir das Gefühl haben durchschnittlich oder mittelmäßig, in keinem speziellen Bereich wirklich gut zu sein, dann schätzen wir uns selbst gering und leiden daran. Versuchen Sie, in irgendeinem Bereich herauszuragen – seien Sie z. B. die rücksichtsvollste Person im Wohnviertel oder die freundlichste, netteste oder verständnisvollste Person im Kreis Ihrer Freunde und Kollegen. Sie können in einem Bereich herausragend werden, wenn Sie es versuchen.
7. WERDEN SIE TEIL von etwas Größerem. Einige machen das, indem sie einem Club oder Verein beitreten. Werden Sie Teil einer Kirchengemeinde. Sie werden spüren, was es bedeutet, einer Gruppe zugehörig zu sein, in der Gott lebt und wirkt.
8. TEILEN SIE IHR LEBEN mit anderen. Bauen Sie tiefe Freundschaften. In der heutigen Welt haben nur wenige Menschen Zeit für eine tiefe Freundschaft. Wir kennen dutzende Menschen nur oberflächlich und auf größere Distanz. Investieren Sie sich in Freundschaften mit ein paar Menschen, mit denen Sie Interessen teilen. Vergewissern Sie sich zudem, dass Jesus Christus Ihr bester, engster und vertrautester Freund ist.

9. VERGESSEN SIE SICH JETZT. Das Geheimnis von Selbstrespekt liegt in Selbstvergessenheit. Investieren Sie sich in die Liebe und in den Dienst an den Menschen, und Sie werden keine Zeit dafür haben, an einem selbstzentrierten Denken zu erkranken.

ENTDECKEN UND ENTWICKELN SIE DIE MÖGLICHKEITEN, DIE IN JEDER KONSTRUKTIVEN IDEE ZU FINDEN SIND.

Es müsste Ihnen klar sein, dass es nicht schlau ist, einen Rat rigoros abzulehnen. Erst müssen Sie die Möglichkeiten, die in diesem Vorschlag enthalten sein könnten, sorgsam durchdacht haben. Schulen Sie sich selbst darin, positiv über jede Idee zu denken. So funktioniert es:

1. HÖREN SIE GUT ZU. Bleiben Sie offen, bis die Person die Erklärung ihres Vorschlags beendet hat.
2. MISSTRAUEN Sie Ihrer ersten negativen Reaktion – es ist höchstwahrscheinlich defensives Denken Ihrerseits. Es kann vielleicht sogar Vorurteilsdenken sein.
3. SCHÜTZEN SIE SICH VOR DER TENDENZ; SICH INNERLICH vor dem möglichen Wert einer Idee ZU VERSCHLIESSEN, weil sie mit Ihren Plänen in Konflikt gerät.
4. Erteilen Sie einer Idee NICHT VORSCHNELL eine Absage, wenn sie auch nur den geringsten Wert hat.
5. VERGEGENWÄRTIGEN SIE SICH, dass es kaum konstruktive Vorschläge gibt, die fehlerlos sind.
6. LEHNEN SIE eine Idee mit konstruktivem Inhalt NICHT RIGOROS AB, nur weil sie Ihnen nicht gefällt, Sie nicht glauben, dass sie gelingen kann oder Sie einen Fehler entdecken.
7. SUCHEN SIE NACH DEN POSITIVEN MÖGLICHKEITEN DES VORSCHLAGS. Sichten Sie sofort das Gewinnpotential des Vorschlages. Wenn Sie überhaupt nichts Gutes finden können, fragen Sie sich, ob Sie noch immer wie ein Unmöglichkeitsdenker urteilen.
8. SUCHEN SIE NUN NACH HANDLUNGSMÖGLICHKEITEN, um mit den widersprüchlichen, unerwünschten oder gefahrbergenden Gegebenheiten der positiven Idee gut umgehen zu können. Finden Sie Personen, die klüger sind als Sie, um mögliche Wege zur *Isolierung, Beseiti-*

gung, Absonderung, Neutralisierung oder Sublimierung der unangenehmen Aspekte des Vorschlags auszuarbeiten.

9. ERSINNEN SIE NUN VIELE WEGE UND MITTEL, um aus dem wertvollen Potential des positiven Vorschlags Kapital zu schlagen.

Während all dieser mentalen Manöver werden Sie NIEMALS zulassen zu denken oder zu glauben, dass irgendetwas unmöglich sei. Das Ergebnis? Sie werden Ideen aufgreifen, die andere vorschnell als zu gefährlich, kostspielig oder ungeeignet abgelehnt haben, und werden aus diesen Ideen großartige Gelegenheiten machen.

FINDEN UND ERGREIFEN SIE DIE MÖGLICHKEITEN IN DEN GELEGENHEITEN, DIE SICH IHNEN BIETEN.

Gebrauchen Sie Möglichkeitsdenken, um aus Ihren Gelegenheiten einen Erfolg zu machen. So sollten Sie dabei vorgehen:

1. ZURÜCKWEISEN. Weisen Sie Ihre Tendenz zu Minderwertigkeitsdenken zurück. Treten Sie Ihrer großen Chance mit verstärkter Selbstsicherheit entgegen, anstatt sich von der Aussicht möglichen Scheiterns ins Bockshorn jagen zu lassen. Weisen Sie Unmöglichkeitsgedanken zurück wie »Ich bin nicht klug genug« oder »Ich habe nicht die richtigen Kontakte« oder »Ich habe nicht die richtigen Beziehungen« oder »Ich habe einfach nicht das Talent dazu« oder »Ich habe eine Behinderung«.
2. EINIMPFEN. Impfen Sie sich Gedanken ein, die zuversichtlich machen, wie »Ich vermag alles durch Christus, der mich stark macht«, »Alles ist möglich, wenn ich nur glaube«, »Wenn ich den Glauben eines Senfkorns habe, kann ich zu diesem Berg sprechen: Bewege dich, und nichts wird mir unmöglich sein«.
3. AUSWÄHLEN. Wählen Sie Ihre unmittelbaren und langfristigen Ziele aus. Erstellen Sie dann eine ausführliche Liste aller erdenklichen Wege, wie Sie Ihre erwünschte Endabsicht mit Erfolg erreichen könnten.
4. ENTWERFEN Sie einen Plan. Fangen Sie an. Kündigen Sie es öffentlich an. Erzählen Sie so vielen Menschen davon, dass Ihre Ehre es Ihnen dann verbietet, wieder aufzuhören. Sie wissen ja, dass der erste Schritt der schwierigste Schritt ist.

5. BESCHAFFEN Sie sich Zeit, Geld, Energie und geistige Kompetenzen für die Ausführung der Aufgabe. Umgeben Sie sich mit zuverlässigen und begabten Partnern.
6. ERWARTEN Sie Erfolg. Setzen Sie alles, was Sie haben, auf eine Karte. Verfolgen Sie Ihren Traum von ganzem Herzen.

Weigern Sie sich, an Niederlagen zu glauben, und Sie werden aus Ihrer Gelegenheit ein ertragreiches und attraktives Unterfangen machen.

ENTDECKEN SIE DIE POSITIVEN MÖGLICHKEITEN IHRER PROBLEME UND STELLEN SIE SICH IHNEN.

Bewahren Sie eine Möglichkeitshaltung, wenn Sie Ihren Problemen mit kreativer Gelassenheit entgegentreten. Sie werden Möglichkeitsdenken anwenden, um:

1. SICH DARAN ZU ERINNERN, dass jedes Problem ein unbefriedigtes Bedürfnis ist.
2. DARAN ZU DENKEN, DASS ERFOLG BEDEUTET, EIN BEDÜRFNIS ZU FINDEN UND ES ZU BEFRIEDIGEN.
3. Ihr Problem als verkleidete Gelegenheit ZU BETRACHTEN.
4. Ihr Problem als Richtschnur oder Herausforderung ZU BEGRÜSSEN.
5. IRGENDWO JEMANDEN ZU SUCHEN UND ZU FINDEN, der Ihnen dabei hilft, dieses Problem zu lösen oder zu klären.

Wenn Sie in der Nähe des Meeres leben, beobachten Sie einmal die hereinbrechenden Wellen. Vielleicht sehen Sie dann einen ängstlichen Schwimmer, der beim Anblick einer sich aufbauenden riesigen Welle in Panik gerät, umkehrt und davonläuft, nur um Sekunden später von einem schäumenden Berg aus Wasser erfasst und Hals über Kopf in die Brandung gestürzt zu werden. Achten Sie nun einmal auf den Surfer. Lange sucht er und entdeckt schließlich eine gewaltige Welle am Horizont. Wie Kaleb heißt er die Welle willkommen: *»Gib mir einen Berg!«* (Josua 14, 12) Ganz gelassen wartet er dort mit dem Surfbrett in der Hand. Wenn die anschwellende, heranstürmende Welle am größten ist, begibt sich dieser Möglichkeitsdenker auf diesen Wasserberg und wird emporgehoben und weit getragen!

Treten Sie Ihren Problemen mit kreativer Gelassenheit entgegen, und nichts wird Sie unterkriegen können.

VERSUCHEN SIE, KONSTRUKTIVE MÖGLICHKEITEN IN EINER PERSÖNLICHEN TRAGÖDIE ZU ENTDECKEN

Wie kehren Möglichkeitsdenker nach einer persönlichen Tragödie wieder ins Leben zurück? Glauben Sie mir: Ich habe als Pastor Hunderte tapferer Menschen beobachten können, die eine Tragödie in eine inspirierend Erfahrung verwandelt haben. So gelingt es Ihnen:

1. WERDEN SIE IMMUN GEGEN SELBSTMITLEID. Warum glauben Sie, vor Schmerz verschont zu bleiben? Gott hat uns keinen »immer blauen Himmel und blumenbedeckte Pfade auf allen Lebenswegen« versprochen. Selbstmitleid wird nur Ihren Geist töten.
2. QUÄLEN SIE SICH NICHT MIT SCHULD. Schuldgedanken gehen immer Hand in Hand mit Trauer. Das ist ganz natürlich, aber gefährlich. Tun Sie sich nicht noch mehr weh, indem Sie sich Vorwürfe machen. Vorwürfe helfen niemandem, und Sie verletzen damit nur sich, sondern auch andere. Wenn Sie wirklich eine Schuld trifft, geben Sie diese in einem aufrichtigen Gebet an Jesus Christus ab. Vergebung ist sein Spezialgebiet. Aus diesem Grund ist das Kreuz für Christen ein so wunderbares Symbol. Vergeben Sie nun sich selbst!
3. MIT EINEM KÜHLEN KOPF ERINNERN SIE SICH NUN DARAN, DASS DIESE TRAGÖDIE »MICH, WENN ICH ES ZULASSE, ZU EINEM SCHLECHTEREN MENSCHEN MACHT«. Aus Schwierigkeiten werden Sie nicht unverändert hervorgehen. Sie können Sie als bittererer, zynischerer, härterer und kälterer Mensch verlassen, wenn Sie das so möchten. Gebrauchen Sie aber Ihren Verstand und machen Sie sich bewusst, dass Ihr Leiden so erst zustande kommt. Denn ein zynischer und bitterer Mensch ist nicht glücklich. Wappnen Sie sich also gegen diese zerstörerische, emotionale Reaktion namens Bitterkeit. Machen Sie die Situation für sich und andere nicht noch schlimmer.
4. BEKENNEN SIE LAUT: »ICH LASSE ES ZU, DASS DIESE TRAGÖDIE MICH ZU EINEM BESSEREN MENSCHEN MACHT.« Das wird dann auch ge-

schehen. Sie werden eine weitaus einfühlsamerer, sympathischerer und ermutigenderer Mensch für Ihr Umfeld sein. »Im Dienste der Liebe stehen nur zerbrochene Herzen.« In dieser Tragödie steckt die Möglichkeit, Sie zu einem freundlicheren und glanzvolleren Menschen zu machen, der mehr liebt und mehr Mitleid empfindet.

5. DENKEN SIE NACH: DIESE TRAGÖDIE WIRD SIE ENTWEDER NÄHER ZU GOTT HIN ODER VON IHM WEG FÜHREN. Der große hebräische Prophet Jesaja fand Zuversicht im Angesicht von Trauer: »*Es war in dem Jahr, als König Usija starb. Da sah ich den Herrn auf einem hohen, gewaltigen Thron sitzen*« (Jesaja 6, 1), schreibt der Prophet. Viele Menschen bestätigen, dass sie in den Zeiten der größten Leiden die tiefsten Begegnungen mit dem lebendigen Gott hatten.

Lassen Sie sich von Ihren Sorgen näher zu Gott hinführen. Kommen Sie Christus ganz nahe. Er lebt, liebt, leitet und richtet auf!

Sie werden die Freude erleben, die jene erfahren, die tief lieben, weil sie tief verletzt worden sind.

Die Tragödien des Lebens werden Sie nie besiegen können. Durch Möglichkeitsdenken wird Ihr Leben zu einer Inspiration und zu einem Triumph!

HOUR OF POWER

Seit über vierzig Jahren feiert der evangelisch-reformierte Pastor Robert Harold Schuller mit ***Hour of Power***, den meistgesehensten Fernsehgottesdienst der Welt. In den Gottesdiensten von ***Hour of Power*** predigen neben Pastor Schuller verschiedene Redner, die eine kraftvolle und ermutigende Botschaft von Jesus Christus für den Alltag der Menschen haben. Dadurch kann ***Hour of Power*** ein breites Spektrum und eine Vielfalt an positiven, erbaulichen Botschaften bieten, die die Menschen in aller Welt auf ganz neue Weise inspirieren. Unter diesen Predigern befinden sich Bill Hybels, Lee Strobel, John Maxwell und Walt Kallestadt, um nur einige zu nennen.

Was ursprünglich mit einem »Open Air«-Gottesdienst in einem Autokino anfing, wird heute aus der weltberühmten Glaskathedrale (Crystal Cathedral) in Garden Grove, Los Angeles, in über 20 Mio. Haushalte in aller Welt übertragen. ***Hour of Power*** ist ein 60-minütiger Gottesdienst. Er enthält verschiedenste Elemente wie traditionelle Orgelmusik, ein 60-köpfiges Profi-Orchester, prominente Gesangssolisten, interessante Interviewgäste aus Politik, Sport und Gesellschaft sowie eine motivierende Verkündigung von Gottes Wort.

In der Predigt wird lebensnah auf alltagsrelevante Themen eingegangen, um Menschen auf der Grundlage des Evangeliums zu positiven Gedanken zu bewegen, und ihnen so neue Kraft für ihr Leben zu geben.

Ein Hauptanliegen von ***Hour of Power*** ist es, Gott den Menschen näherzubringen und sie zu einem Leben in der Nachfolge Jesus zu ermutigen und auch die Botschaft eines positiven Christentums zu verkündigen.

Unter anderem gibt es in Deutschland und in der Schweiz Büros von ***Hour of Power***. Die Büros sind neben der Beantwortung von Anfragen auch zuständig für die Betreuung der Spender und Zuschauer.

Hour of Power kann nur mit der Unterstützung und den Spenden der Zuschauer ausgestrahlt werden. Die Produktion der Gottesdienste ist mit hohen Kosten verbunden. Von daher bemüht sich ***Hour of Power*** um den Aufbau eines Unterstützer- und Freundeskreises. Unser regelmäßig erscheinender Rundbrief hält alle Freunde und Spender mit aktuellen Informationen auf dem Laufenden. Ziel der deutschsprachigen Vereine von ***Hour of Power*** für die nächsten Jahre sind die komplette Finanzierung der Ausstrahlung und der deutschen Produktion sowie die professionelle Übersetzung und Verarbeitung der sehr ermutigenden Bücher von Dr. Robert H. Schuller.

Die Gottesdienste von *Hour of Power* können Sie wie folgt sehen:

Sonntags	8 Uhr auf RHEIN-MAIN TV	(in Deutsch)
Sonntags	8 Uhr auf STAR TV (nur CH)	(in Deutsch)
Sonntags	10 Uhr auf DAS VIERTE	(in Deutsch)
Sonntags	12 Uhr auf CNBC	(mit deutschen Untertiteln)
Sonntags	15 Uhr auf BW family	(in Deutsch)
Sonntags	16 Uhr auf RHEIN-MAIN TV	(in Deutsch)
Sonntags	21 Uhr auf DAYSTAR	(in Englisch)
Freitags	Mitternacht auf BW family	(in Deutsch)
Samstags	8 Uhr auf DAS VIERTE	(in Deutsch)
Samstags	18 Uhr auf TBN	(in Englisch)

(Stand 09/2009)

Informationen zum Dienst von ***Hour of Power*** erhalten Sie unter:

Hour of Power Deutschland
Steinerne Furt 78
86167 Augsburg
Tel. 0 18 05 / 70 80 99*
Fax 0 18 05 / 70 80 98*
E-Mail: info@hourofpower.de
Webseite: www.hourofpower.de
NewHopeLine: 0 800 / 55 077 00 (gebührenfrei)

Die *NewHopeLine* soll all denen Hilfen bieten, die Rat und Unterstützung suchen. Mitarbeiter aus dem Bereich Seelsorge, Gemeindearbeit und Psychologie stehen täglich, auch am Wochenende, von 18 bis 22 Uhr, für Hilfe suchende Menschen zur Verfügung.

Spendenkonto:
Baden-Württembergische Bank
Konto: 289 48 29
BLZ: 600 501 01

(Ihre Spenden sind steuerabzugsfähig.)

* (Dieser Anruf kostet 14 Cent pro Minute aus dem deutschen Festnetz und ggf. abweichendem Tarif aus dem Mobilfunknetz)

Hour of Power Schweiz
Seestrasse 34 (Zentrum Edelweiss)
3700 Spiez
Tel.: 033 / 655 06 36
Fax: 033 / 655 06 37

E-Mail: info@hourofpower.ch
Webseite: www.hourofpower.ch

Spendenkonto:
Postscheck Zürich
PC 17-260489-8

Das Neue Testament für Möglichkeitsdenker

Das Neue Testament in der »Hoffnung für Alle«-Übersetzung

Diese besondere Bibel ist in ein schönes Ledercover eingebunden. Sie beinhaltet 82 persönliche Gedanken, Geschichten und Erklärungen von Robert Harold Schuller, die Sie sonst in keiner anderen Bibel finden werden.

DIE BIBEL! Sie ist Gottes Wort und hat im Leben von vielen Millionen Menschen eine positive Veränderung bewirkt. Die Bibel, Gottes Wort, hat auch eine Antwort für Ihre Situation!

Dieses Neue Testament, in dem Robert H. Schuller auch alle mutmachenden Bibelverse hervorgehoben hat, wird Ihnen eine Hilfe für Ihren Alltag sein und Sie inspirieren, den Schwierigkeiten des Lebens mit der Zuversicht aus dem Wort Gottes zu begegnen.

Ledereinband

Wirf dein Morgen nicht weg!

Lebe Gottes Traum für dein Leben

Robert Harold Schuller

Vor 50 Jahren gründete Robert H. Schuller eine Kirche mit der Idee, dass mit Glauben und Ausdauer alle unsere Träume wahr werden können. Er ist ein unermüdlicher Anwalt dieser positiven Botschaft. Unter seiner Leitung wurde die Crystal Cathedral zu Amerikas berühmtester Kirche. Er widmete sein Leben seiner Familie und seinem Dienst. Dr. Schuller hat Millionen von Menschen die Kraft des Glaubens gelehrt. Er ist ein begabter und begnadeter Redner und bietet durch dieses Buch die Weisheit an, die er durch ein von Optimismus und Hingabe geprägtes Leben erlangt hat.

In diesem sehr persönlichen und inspirierenden Buch beschreibt Dr. Schuller die universellen Prinzipien, die sein Leben und seine Arbeit geformt haben und die auch uns weiterführen können. Die Botschaft des Buches beinhaltet die universellen Ideale wie Optimismus, die Wahl positiver Werte, ausgerichtet zu bleiben, offen für klare Kommunikation zu sein und – am wichtigsten – nach einer höchsten Autorität zu suchen.

Paperback, 204 Seiten

Geh in deinen eigenen Schuhen!

Entdecke Gottes Führung für dein Leben

Robert Anthony Schuller

Die Herausforderung Ihre Berufung im Leben zu finden und zu erfüllen, ist vielleicht die wichtigste Aufgabe, mit der Sie konfrontiert werden. Robert Anthony Schuller begleitet Sie in diesem Buch auf Ihrem Weg, die Person zu werden, zu der Gott Sie berufen hat.

Entdecken Sie, dass das Leben eine Reise und nicht das eigentliche Ziel ist. Der Pfad Ihrer einzigartigen Persönlichkeit und Einmaligkeit, so wie Gott Sie sieht, wird sich fortwährend durch Ihr ganzes Leben hindurch entwickeln.

Paperback, 310 Seiten

Gebete für jeden Tag des Jahres

Robert Harold Schuller

Eine Minute für Gott IV

365 Gebete

Dieses Büchlein beinhaltet 365 »Eine-Minute-Gebete«, die aus dem öffentlichen und privaten Gebetsleben von Robert Harold Schuller gesammelt wurden. Für jeden Tag des Jahres finden Sie dort ein Gebet, das Ihnen für Ihr eigenes persönliches Gebetsleben eine Hilfe und eine Unterstützung sein kann. GEBET ist eine sehr kraftvolle und ermutigende Art und Weise Ihren Glauben täglich zu stärken.

»Eine Minute für Gott«, klein genug, um in Ihre Tasche zu passen …

… und stark genug, um Ihr Leben zu verändern.

Lassen Sie es zu, dass das Wort Gottes in Ihrem Leben wirkt und Sie zum Positiven verändert!

370 Seiten, Paperback

Eine Minute für Gott V

Die mittlerweile fünfte Ausgabe der »Eine Minute für Gott«-Reihe beinhaltet wieder 365 »Eine-Minute-Gebete«, die aus dem öffentlichen und privaten Gebetsleben von Robert Harold Schuller gesammelt wurden. Außerdem finden Sie in diesem Büchlein zusätzlich für jeden Tag einen inspirierenden Bibelvers, der Sie durch den Tag begleiten wird.

Paperback, 370 Seiten